古代歷史文化 研究輯刊

二八編

王明蓀 主編

第 **12** 冊

清帝國時期北部邊疆的書寫與表徵

苗 壯 著

國家圖書館出版品預行編目資料

清帝國時期北部邊疆的書寫與表徵／苗壯 著 -- 初版 -- 新北
市：花木蘭文化事業有限公司，2022〔民111〕
序 6+ 目 4+260 面；19×26 公分
（古代歷史文化研究輯刊 二八編；第12冊）
ISBN 978-626-344-086-9（精裝）
1.CST：邊疆問題 2.CST：清代
618　　　　　　　　　　　　　　　　　　111010283

ISBN-978-626-344-086-9

9 786263 440869

古代歷史文化研究輯刊
二八編　第十二冊　　　　　ISBN：978-626-344-086-9

清帝國時期北部邊疆的書寫與表徵

作　　者　苗壯
主　　編　王明蓀
總 編 輯　杜潔祥
副總編輯　楊嘉樂
編輯主任　許郁翎
編　　輯　張雅淋、潘玟靜、劉子瑄　美術編輯　陳逸婷
出　　版　花木蘭文化事業有限公司
發 行 人　高小娟
聯絡地址　235 新北市中和區中安街七二號十三樓
　　　　　電話：02-2923-1455 ／傳真：02-2923-1452
網　　址　http://www.huamulan.tw 信箱 service@huamulans.com
印　　刷　普羅文化出版廣告事業
初　　版　2022 年 9 月
定　　價　二八編 27 冊（精裝）新台幣 80,000 元　　版權所有 · 請勿翻印

清帝國時期北部邊疆的書寫與表徵

苗壯 著

作者簡介

苗壯，1983 年生，遼寧省瀋陽市人。文學博士，南昌大學人文學院副教授，碩士生導師。《日中文化學報》雜誌主編，日本早稻田大學文學學術院共同調查員，東京大學人文社會系研究科外國人研究員。日本中國出土資料學會、日本六朝學術學會、日本漢字學會、中國比較文學學會、中國訓詁學研究會會員。學術專攻為中國古典文學與海外漢學研究。著有《文化研究視域中的清代東北文學圖景》（吉林大學出版社，2020）。

提　要

　　清帝國的北部邊疆，是指自清乾隆二十四年（1759）統一天山南北之後，清帝國所統轄的從滿洲、經內外蒙古諸部一直延伸到甘肅、新疆以及阿爾泰山以北的廣闊疆域。這一區域空間與傳統中國所統轄的中原內地不同，它是在清帝國統治時期所形成的新的中國疆域。

　　北部邊疆是一個由政治、軍事、殖邊、考古、遊歷、歷史記憶、景觀描述等諸多符號混雜的、能動的知識場域，在清帝國有效地控制了北部邊疆這一廣闊區域之前的幾個世紀，中國的知識精英們對那裡的瞭解非常有限，也並不把這一領域視為傳統中國的組成部分。當清帝國在軍事和政治上開始殖拓這一區域之時，中國的知識精英們進入到北部邊疆區域，他們的書寫活動也隨之展開。

　　邊疆書寫將零散的邊疆知識依照不同的類別和書寫預期整合成為相應的文本，其背後支配的力量則是清帝國國家主義的話語。中國的知識精英們通過書寫整合北部邊疆知識的過程，即是一個清帝國國家意義在北部邊疆被不斷創制的過程。正是經歷了這樣的書寫活動，中國知識精英們視野下的邊疆知識日益豐富，邊疆的形象也逐漸清晰——一個附屬於清帝國的北部邊疆通過書寫被建構起來，並在隨後的歷史中成為了中國的必然組成部分。

序　言

黃卓越

　　「北部邊疆」作為一種模糊的觀念性存在，自秦漢既有，這與匈奴、東胡、月氏等游牧勢力的崛起有關，也是從中原的視角出發對北部邊地的一個地理上的定位，不過歷代的表述並不一致，除了用語有殊，也是因為域界本身即處在不斷的變動之中。明代元而興，早期的勢力範圍還相對廣一些，並曾一度插入草原的深處，但由於在與蒙元舊部的摩擦與較量中歷歷受挫，至後來只能退縮到長城以內，以「九邊」為守。所謂的九邊，即遼東、薊州、宣府、大同、三關（偏頭、寧武、雁門）、榆林、寧夏、甘肅、固原九鎮，將之貫通並連接為一線，便大致可以界定出明朝後來在北部實際控攝的界線，如在天順間官修的《大明一統志》繪出的「大明一統之圖」中，北部的上限已止於宣府與遼東。嘉靖中魏煥作《皇明九邊考》也曾明確提到「九邊外則夷類部落君之」。從地理上看，西北似還有些伸縮的餘地，東北部的邊境則已逼近京師，雖然邊疆的概念仍在使用，但很難說存在著一個「內部邊疆」。

　　清祚肇於遼東，經歷代帝王，尤其是康、雍、乾三代的闢疆開土，所據疆域有了極大的拓展，除將西部的藏青等地正式囊入域內，於北部，先後使漠南蒙古諸部與漠北喀爾喀內附於己，隨之又牙旗西指，勘定新疆準噶爾與回部。這一動態性的拓邊進程，大致以 1759 年平定塔里木盆地一帶的和卓叛亂而告一段落，由此而在「九邊」之外開闢出了一片東起庫頁，中經內外蒙古，一直延伸到新疆天山南北的遼闊版圖，將原分屬於不同地理版塊中的異族整合到「大一統」的中國框架之內，並有了一個「內部邊疆」的提法。當然，在「混一寰宇」的大格局中，這片新的疆域還是被看作與內地有著較大區別的，這不僅源自歷史上沿襲而來的傳統認知，也體現在各自於地貌、氣候、

生態、種族、體質、勞作方式、生活形態、文化與信仰等多個方面所存在的差異上，因此在清人的敘述中，往往多用「中土」與「外藩」、「九州」與「塞外」等別之，有時也簡稱為「中／外」。有關於此，似無須詳加舉證，僅以乾隆間續修《大清一統志》為例，即將京師與原內地各省（統部）歸為一類，另又單獨闢出一「外藩各部」的層次，以安置新入的那些少數族裔地區。這些歸類是重要的，然而也不是那麼絕對的，其中，最為特殊是東北地區（盛京等），雖然在當時屬於「夷夏之所交」之域，但又為龍興之地，在政治上固然有其特殊的地位，因此在《一統志》中未入外藩之列，然而，從地理緯度上看，則與蒙古、西域正好排成一列，有不少的地區還甚至更加靠北，在漢人的眼裏與九邊之外的蒙古和西域並沒有太大的區別，這也造成其在政治定位與地理、文化、族性等定位上的某種錯位，因而，如以後者為座標，將之歸在北部邊疆的範疇中似也未嘗悖理。比如拉鐵摩爾 1940 年所撰《中國的亞洲內部邊疆》（*Inner Asian Frontiers of China*）一書，便將東北劃在邊疆地帶的敘述中，只是他的邊疆概念所指更廣，還含括了西藏等地，這與其設定的研究範圍以及當時的時局均有關係。此外，我也注意到拉氏還有一個很有價值的分層法，即在總體上的內部邊疆中又依據中央政府與藩部的轄屬關係等，區分出「內邊疆」結構與「外邊疆」結構兩大塊，從而為我們對偌大一塊疆域的分化式理解提供了更為深入的視角。既然如此，從橫斷面上，將北部邊疆抽繹出來加以考察與分析，無論於事理還是學理上看，均是可以成立的，儘管它與西部邊疆（藏青地區）的聯動仍然還是相當頻繁的，也可另再貫通起來考察。

　　不言而喻，這裡所謂的北部邊疆，與當代人想像的畫面是大不一樣的，我們可以借助康熙至乾隆後期中外製作的一些輿圖，對這片由清初逐漸拓闢出來的新的邊域取得一更為直觀的認知，其疆域之廣，幾與九邊之內各省累加的總和相埒，逶迤萬里，氣勢壯觀。雖然人丁與人際密度要遠遜於內地，但也非如時人所臆想中的那樣，僅僅以「地廣人稀」、「荒陬絕徼」等一組類似的空洞化概念就能打發過去的，而是同樣充斥著激盪的歷史與極為複雜的信息含義。自 20 世紀 30～40 年代以來，在幾代學人的努力下，或從大的框架入手或執著於各種細部的發掘，經過鑿井汲泉、縫短補缺式的多種努力，目前我們對這片廣泛地域的認識已漸趨成熟，一個內含豐富、相對完整的中國北部邊疆的概貌也從歷史的深處浮現於水面。這當然不是指對之的研究已有明確的定論，事實上不盡人意之處還是相當之多的，從某種意義上來看，

這與我們所使用的一套帶有支配性的闡述模式有很大的關係，尤其在那些宏觀性研究中，舊的、平庸化的思路一直制約著我們處理與解釋文獻的方式，因此，如果想要在已有的基礎上再推進一步，也會面臨範式上的危機，關於這點，在近些年來一些中外學者的思考中也有所觸及。以我個人的看法而言，在實證性積累愈趨豐厚的情況下，最為需要關注的還是是否能夠提出一些新的思考路徑，將該領域的研究帶入到一個更具多樣性與對話活力的場域之中？

　　苗壯的這項研究也可歸在新的嘗試之列。集中起來看，他所提出的屬於自己的問題意識，就是我們目前所能見到的、或以之為據的有關清代北部邊疆的各種文獻與文本，是在怎樣的一種語境與語義下被書寫下來的？在過去的研究中，我們更多偏向於關心的是那些留存下來的文獻與本文本身提供的信息，而在引入書寫的概念之後，則等於說是闢出了另一個新的層次，從而將研究的視野從文本主義的立足點轉向於對文本「生產機制」的考察。這裡所說的「書寫」與德里達《書寫與差異》中試圖定義的「自我言述」不是一碼事，指的是由一整套流程構成的文本編碼方式，涉及物質化載體與工具的使用、語言裝置、知識配置、書寫技術等，最後，還將有賴於一套自成一體的「話語」，才能將零散的符碼或意義組合成或編織為一系統化的整體。話語也是可以分級的，也就是說它的開合是可大可小的，並非只有一種話語形態，但凡是話語，又都是群體性的，或由習慣性觀念傳遞而來，或是被有意識地製造出來的，為此，在有的理論表述中將之稱為「集體表象」（collective representation），或譯作「集體表徵」。「話語」本身是抽象的，看不見的，需要通過表徵即書寫的表象資料才能呈現在我們的眼前，這也說明在我們的觀感世界中，其實並不存在著獨立自持的話語，只有與表徵黏連在一起的話語，話語只是經過分析並從表徵上被剝離下來後留下的那層意義。當然，既然在後來的研究中，我們始終都是在運用分析的手段，因此，將表徵與話語等同起來看也未嘗不可，此外，如果用「觀念模式」這個詞語去解說話語，似乎看起來會更易為人理會。

　　借助以上疏解，我們或許已能見出苗壯研究的一個基本理路，雖然，他的研究中也引述了大量的個體性材料，其中也會包含一些帶有個體色彩的「言說」，但作者的最終目標，則是想要去發見內嵌於當時各種與北部邊疆相關的書寫文獻或文本之中的、帶有某種群體共識性的「觀念模式」或「集體表徵」，

及其在建構「帝國」（這一詞語在清晚期也常被國人使用，如「大清帝國等」）這一宏大工程中起到的作用。以清人的立國為端點，我們可以將對這片邊域之地的重新疆域化分為三個步驟來看，首先是領土的疆域化，其次政治上的疆域化（雖然幾大藩區的建制有所不同），再後是書寫的疆域化，只有在這些都一一落實之後，才算最後完成對這片異域空間的統轄。書寫的疆域化，或說是帝國的文本化，既是對陌生之域的一個認知過程，同時也是對之的一個重新「賦義」的過程，具有實用性與合法化論證的雙重意義。關於這點，在苗壯的研究中有精彩的分析，並將之歸為技術性書寫與表意性書寫兩個方面，而帝國正是借助於這種以知識主義與文化主義為導向的一系列編碼活動，才確定地將原來游離於中土之外的疆域攬入到一個具有可控性的「國家」概念之中（「國家」這一稱謂也可見於乾隆的多次表述），儘管差異性仍然會一直保存於這個我者／他者的雙重敘述的話語模式中。藉此，我們應當已可明瞭，以書寫為切入點的這項研究絕非出於某種臆想，而是本來就扎根於歷史的條貫之中，其重要性是毋庸置疑的。

當然，苗壯對自己的論域也有一明確的界定，即他所涉及的均是漢語書寫，而非其他語種的書寫，在清代這樣一個多語並行的語境中，這一限定是很有必要的，因而，正如我們所見，作者實際上關注的主要還是從稔熟於漢語書寫的朝廷精英，或說是從「內地」、「中土」的位置出發看待邊域的視角，這也導致了在其敘述的過程中有必要插入另一個新的，也是十分關鍵的分析要素，即「身份」，就此，也可將該項研究稱為是一種身份話語或話語身份研究。鑒於明初尤其是清中期以來，特別是在漢人與滿人之間，語言身份與族裔身份之間已然出現的部分重疊與混合，因此這一語言上的設定看似更便於操作，其實也將自己置身於一種更為複雜的境遇中，並不可避免地要去面對一些頗為糾纏的話題，譬如說，儘管滿族統治精英也常用漢語書寫，但他們與漢人之間究竟在哪些主要的方面達成了共識，哪些方面還存在著一些難以縫合的裂際，又譬如，在漢滿雙方都將對方視為「他族」的情況下，他們對於邊疆的共識又是如何在一條並不齊整的曲線上建立起某種平衡感的等等，凡此，也都需要作者在研究中予以悉心察知，有所慮及。

以上只是我拜讀苗壯書稿後的一個撮要式感想，文內的論述自然要繁富與深入得多，也還可進一步商榷。雖然我在早期做明清研究時也對相關的問題有過一些思考，但還是在這部著作中學習了很多。想起當年向年輕學者

「發配」這樣一個大題，還是首先考慮到苗壯潛在的稟賦與能力，想讓他有更多的磨礪，但畢竟也將之推向了一極富挑戰性的前沿，事後想來，多少會有些「不忍」。最初還只是一十分籠統的意向，隨著研究的展開，眉目變得越來越清楚，而遇到的困難也比早先的預期大得多，在這種情況下，就需要將自己的全部能量調動起來，才能抵達希望的彼岸。當然，從某種意義上講，或許，提出一系列的問題要比找到問題的答案是更有價值的，因為事實上也不可能有全備的答案在遠處等待著誰的到來。這也是一部我很喜讀的著作，原因不少，從敘述的層面上講，其中有一點似可一述，即作者還是能夠很好地將理論感與史料感結合在了一起。這裡所謂的理論感，指的不是對理論模式或理論術語的使用或套用，而是指在將理論消化之後使之變成一道審視之光，由此而去照亮靜臥在未知中的那片歷史，從而使歷史成為一種「可思」的對象，而非看似已做過各種處理、提煉等卻仍然是趴在原處、低處的一堆史實。所謂的史料感，儘管也是建立在大量閱讀經驗甚至於某種考據癖基礎上的，但僅限於此，還是比較拙笨的，因此，我在這裡更指的是對歷史場域與各種條理關係等的那種敏悟感，如果循此以進，也就很易突破各種預設性觀念，或使理論在被語境化之後得以重新編排，最終形成一套新的，並直接針對某一具體化歷史的解釋秩序。不知這樣的理解，與苗壯自己的體會是否相合？

黃卓越
2020 年 4 月於海淀

目

次

緒　論

第一節　清帝國北部邊疆問題的展開

所謂清帝國的北部邊疆，是指自清乾隆二十四年（1759）統一天山南北之後，清帝國所統轄的從滿洲、經內外蒙古諸部一直延伸到甘肅、新疆以及阿爾泰山以北的廣闊疆域。這一區域空間與傳統中國所統轄的中原內地不同，它是在清帝國統治時期所形成的新的中國疆域。

伴隨著上個世紀，特別是近四十年來，國內邊疆研究的整體推進，對清帝國北部邊疆及相關問題的研究也取得了長足的進展。這一進展主要表現在學術共同體和專屬刊物先後出現、研究論著不斷豐富、研究課題不斷開拓等諸多方面。在已有了相當豐富的研究成果的基礎之上，近些年來，無論是歷史學科還是文學學科，對於清帝國北部邊疆及其相關問題的研究都出現了一系列試圖打破常規模式、並且在新的方法論路徑下試圖探尋新領域、新問題、新視角的悸動。這一系列新變的出現，既同歷史學科和文學學科學術路徑自身的進展相繫，也與北部邊疆研究的特殊性以及已有研究成果的積累有關。

從歷史學科來看，近些年的新變大致包括兩個方面：其一是學術界對傳統以實證研究或史料編纂學為主體的研究模式應用過於普泛化，致使對許多問題的解釋愈顯牽強，從而驅使學科自身對之進行反思與調整的結果；其二則是對以往研究中過分關注架構於社會日常生活之上的政治、經濟、文學、文化、軍事、宗教、民族性格等一系列較為宏大事件的論述，而忽視了這些表層之下更為立體靈動的社會情況諸種問題的反撥等等。

另就史學學科的邊疆研究這一支脈來看，自二十世紀三四十年代開始，中國的研究家們就有計劃地對中國歷代邊疆問題展開系統性的研究。比如 1934 年顧頡剛等學者創辦了《禹貢》半月刊，並且在 1936 年 1 月的《禹貢》雜誌全文刊載了《禹貢學會研究邊疆計劃書》這一具有學科指導意義的文獻，以有步驟地對邊疆問題進行研究，顧頡剛、譚其驤、史念海等許多卓有見識的研究家都參與其中。〔註1〕這一研究延續至今，對於北部邊疆問題的討論已經形成了一個規模龐大的、包含了諸多門類的專門史領域。

由於現代意義下中國歷史學科的興起亦參與到民族國家的建構之中，在總體上看，這就使得民族主義的歷史觀一直縈繞於邊疆研究之中，以致許多邊疆歷史問題的專門討論，最終都歸結到民族國家的維度上來。從其實踐意義上講，這無疑有效地推動了民族國家的構建，維護了民族國家的獨立和統一。但是在客觀上，這一態度也使得邊疆研究過於依賴「統一的多民族國家」的理念，在一定程度上忽視了歷史本身的多元性，以及在歷史事件發生時期事實上所具有的多種可能性。基於以上原因間或還有一些其他因素，當下的研究家們開始有意地從交流史、學術史、思想史、文化史等其他維度介入邊疆問題，以打破民族主義邊疆研究的固定話語模式，推進北部邊疆研究範式的多樣化等等。

同樣，文學學科也出現了一系列學術發展的新動向。其中最主要的一個特徵即是對於傳統「文學審美性」的反思。在過去的數十年中，審美主義一直是文學界定自身最重要的標尺，而近些年來，對於「文學是什麼」的反思，致使愈來愈多的研究家有意地破除「純文學／審美主義」的藩籬，將原來的許多邊緣性的文本都納入到文學的研究中來。這既是學科發展的自身要求，又受到更大範圍內文學研究向文化研究轉向的影響。由此，當下的文學研究同史學以及其他許多相關學科的邊緣界限開始日漸模糊，展現出跨學科、多視角等研究特徵。

與史學學科相比，文學學科在邊疆研究中起步更晚，至今也尚未形成一個學術界普遍公認的「北部邊疆文學」或者「北部邊疆文化」研究的整體構架。從現有研究的大體狀貌上來看，除了針對某一固定群體（如流人、少數族裔作家群等）進行考察，或在諸如東北、西北某一固定的區域內對某一時間段

〔註 1〕孫喆《〈禹貢〉半月刊與 20 世紀三四十年代的中國邊疆研究》，《中州學刊》，2012 年第 4 期。

邊疆文學／文化的特徵予以描述之外，一般的介入視角皆是對生長或遊歷於邊疆區域的個別作家之生平做一定的描述、對其作品進行文辭考辨或文學價值的解讀等等，此類研究的成果數量非常之多。

從某種程度上講，這些研究勾勒出部分邊疆區域文學或文化的大致面貌，也為後人的深入研究打下了一定的基礎，其價值自不待言。不過，就其方法論而言，這些研究一般都缺少某種宏觀架構的價值定位，也缺乏行之有效、深入或細緻的討論，成果顯現出單一化、零散化、薄弱化等特點，其結論也缺乏普遍性或歸納性的意義。可以說，其中的許多研究尚停留在一種介紹性或是表面化陳述的層面。雖然在當下的文學／文化理論和批評中引入的新理解範式已經非常豐富，但是將之應用於邊疆文學／文化的研究並未有效地開展起來，故而，亦有引入新範式以帶動邊疆文學／文化研究深入化之必要。

在中國國內史學學科和文學學科發生著這一系列新變的同時，海外漢學研究也有部分學者，比如美國的「新清史」的研究家們〔註2〕，也開始關注到清帝國北部邊疆的相關問題。在整個漢學研究範圍內來看，雖然海外漢學視域下的清帝國北部邊疆研究依然比較弱，但是一些相關的漢學論著被譯介到國內，並得到中國學界的積極響應和廣泛討論。而更主要的是，這些研究北部邊疆問題的海外漢學研究家們所使用的諸如後殖民主義、新歷史主義、新文化史等學術工具和研究視角，正迎合了國內清帝國北部邊疆研究新動的趨勢，對北部邊疆問題的推進具有某些啟發的價值。

本書正是在國內外的學術動向之中，對清帝國北部邊疆研究提出的一種新嘗試，即從一個書寫的維度介入邊疆研究。

以書寫的維度介入邊疆研究是基於這樣的一種理解：清帝國的北部邊疆

〔註 2〕由於「新清史」的研究在下文某些段落中還將提及，因此在此予以簡要介紹。
新清史研究大致興起於上個世紀七十年代，其研究特徵大致可以這樣描述：
「（新清史）著重強調了清帝國與眾不同的滿洲元素及其獨特性質，傾向於把
清王朝描繪為一個有意識的多民族的帝國，從早期近代和殖民主義的角度去
探索清朝，從邊緣的觀點審視清朝歷史發展……其共同之處就是都否認清朝
曾經表現出的漢化過程，否認滿洲統治者在與漢文明的雙向互動過程中已將
自身的滿洲元素融合與放置於中華文明的歷史情境之中。質言之，『新清史』
就是強調清朝與歷代漢人建立的王朝的區別，強調清朝統治中的非漢族因素，
對『中國』、『中國人』及『中華民族主義』的基本概念和基本準則提出挑戰，
並對『中華民族』及國家的認同提出質疑」等等，見劉鳳雲《清朝的國家認
同·序言》，載劉鳳雲、劉文鵬編《清朝的國家認同：「新清史」研究與爭鳴》，
北京：中國人民大學出版社，2010，1～2 頁。

絕非是單一自然存在的實體，它同樣是由書寫所建構起來的邊疆知識圖繪。所謂書寫即是由單一書寫者或群體書寫者對邊疆進行書寫的行為，書寫者將零散而具有多重闡釋意義可能性的邊疆事物，組織成一套系統化的知識文本。

從表面上看，書寫行為似乎是自主的，但是如果將之推向深層次的考察就會發現——書寫是可以按照其相似性進行分類的。每一類型的書寫都會受到既定觀念力量的支配。這種既定觀念可能是傳統範式的延續，也可能是某種宏大的知識權力，從現代學術的話語上來描述，也稱之為「意識形態」。可以說，書寫在生產知識文本的同時，也在知識文本中建構了意識形態的意義，書寫的過程亦即一個意識形態話語表徵化的過程。

對於具體的清帝國時期的北部邊疆來說，北部邊疆是一個由政治、軍事、殖邊、考古、遊歷、歷史記憶、景觀描述等諸多事項混雜在一起的、能動的場域。在清帝國有效地控制了北部邊疆這一廣闊區域之前的幾個世紀，中國的知識精英們對那裡的瞭解非常有限。他們也並不完全把這一領域視為傳統中國的組成部分。當清帝國在軍事和政治上開始殖拓這一區域的同時，中國的知識精英們也進入到北部邊疆區域，他們的書寫活動也隨之展開。

邊疆書寫將零散的邊疆知識依照不同的類別和書寫預期整合成為相應的文本，其背後支配的力量則是清帝國國家主義的話語。中國的知識精英們通過書寫整合北部邊疆知識的過程，即是一個清帝國國家意義通過這些書寫文本在北部邊疆被不斷創製的過程。正是經歷了這樣的書寫活動，中國知識精英們視野下的邊疆知識日益豐富，邊疆的形象也逐漸清晰——一個附屬於清帝國的北部邊疆通過書寫被建構起來，並在隨後的歷史中成為了中國的必然組成部分。

從這一研究的學術價值來看，之前我們對於清帝國時期北部邊疆的研究都是基於書寫者留下的邊疆文獻作為基礎研究資料而展開的。過去許多研究幾乎很少去反思諸如這些文獻——從哪些視角入手、擇取了哪些知識、如何敘述、何以生成等一系列問題，而更多地是以一種先驗的真實性、不加細緻批判的態度直接應用這些文獻進行當下的研究論證。若從書寫這一維度入手，我們會發現，知識同其背後的意識形態話語時刻都是纏繞在一起的，當這些邊疆文獻向當下提供知識的同時，我們仍舊無法迴避編織在知識之中的意識形態意義。那麼，現在的研究直接應用這些文獻並將之視為絕對的真實或是事實的記錄，就是非常危險的了。

　　故而，我強調書寫研究的重要性。如果說當下的清帝國北部邊疆研究都是以當時寫作的邊疆文獻提供的知識為基礎的話，那麼，對於邊疆書寫的研究則是對文獻基礎價值予以重新批判和再認識的過程。可以說，對於邊疆書寫的研究是在叩問當下邊疆文獻自身的歷史，並將之放置在一個更為宏大的時空框架下，考察這些邊疆研究的基礎性資料形成的過程。無論是史學學科還是文學學科，當介入到邊疆研究時都無法迴避這一過程。在這一層面上看，邊疆書寫研究已經超越了史學與文學的固有學科壁壘，或者說已經將史學與文學等視域都囊括其中，展現出一種跨學科、綜合性研究的特徵。

　　基於上述的看法，本書將從北部邊疆書寫這一問題入手，來考察清帝國時期是如何通過書寫建構起帝國北部邊疆這一空間區域的表徵意義的。同時，也期待為清帝國時期的北部邊疆研究提供一個書寫維度上的理解實踐。

　　在展開具體論述之前，我想，首先有必要檢討一下以往邊疆研究中習見的幾種模式。它們對清帝國北部邊疆乃至更宏大意義上的中國疆域研究都具有相當重要的方法論指導意義，並且至今仍舊在學術界中廣泛應用。只有通過盤點這些研究模式的特徵，指出各自的價值和問題之所在，才能夠從整體上對以往的研究思路和進展程度做出一個宏觀且較為清晰的把握，隨後在此基礎上本書將對使用的研究方法做出具體的說明。

第二節　三種研究模式的檢討

一、民族主義模式

　　民族主義的邊疆研究無疑是當下邊疆研究影響最大的模式之一。自十九世紀末二十世紀初民族主義在中國普遍興起，民族主義對歷史疆域的解析就直接參與到現代民族國家的建構過程之中。如今有關民族主義如何介入、解析以及建構古代疆域歷史的論說已蔚為大觀，在這裡無需多談〔註3〕。僅就邊疆研究中民族主義使用的普遍研究方法來看，可以大致這樣描述：民族主義邊疆研究基於一種回溯性的視角，即以現代民族國家的特徵為範型，釐定

〔註3〕此類研究可以參看杜占奇（Prasenjit Duara）《從民族國家拯救歷史：民族主義話語與中國現代史研究》，第一章《線性歷史與民族國家》，南京：江蘇人民出版社，2008；王柯《民族與國家：中國多民族統一國家思想的系譜》，第八章《構築「中華民族國家」》，北京：中國社會科學出版社，2001 等等。

歷史上中國的邊疆狀貌。在歷史疆域與當今民族國家的邊界之間尋求知識上的契合點，以期在知識的再生產中建構起邊疆歷史對於當下的價值和意義。

民族主義邊疆研究設定了紛繁多樣的討論議題，若從總體性的思路上來把握，其最為關注的問題集中在主權和民族這兩個焦點上。

首先，是對主權核心價值的強調。民族主義模式，將近代以來國際法意義下的主權概念應用於邊疆歷史的解釋之中。在這種解釋中，主權的合法性以先驗的、不言自明的方式統攝歷史的敘述。由於民族國家主權統轄的區域範圍是以明確的、固定化的邊界作為標識的，故而希圖標識出明確的邊疆界限一直是民族主義邊疆研究的重點。在這種研究思路的影響下，古代帝國往往被籠統地擬構成為民族國家的形態，帝國的邊疆也往往直接等同於當代主權觀念下的邊界以內的領土範圍。這就導致了一種看似合理，實質上並不能夠在歷史中得以完全確立的認識：即古代帝國的邊疆相當於主權統治下的固有領土，帝國對邊疆具有毫無爭議的所有權。在這種理解中，一旦邊疆地域遭遇入侵或是徹底喪失，都被直接歸結為對於國家主權的侵害。

就清帝國的北部邊疆來看，現代的學術話語已將清帝國建構的宏闊北部邊疆共同體視作當今民族國家統轄的領土疆域，並認為二者之間具有必然的承繼性。在有關於清帝國北部邊疆統轄範圍更變的討論中，最能明顯地體現出這種理解與民族主義的關係。比如較早以現代學術方法介入邊疆研究並對後世的研究模式產生巨大影響的著作——《中國疆域沿革史》（1938 年）。在這部著作中，顧頡剛這樣描述了清帝國中後期邊疆情勢的變動：

> 惜中葉而後，國力漸衰，列強環伺，外侮日多，卒至藩屬離去，疆土被割，遺禍無窮！〔註 4〕

> 及至鴉片禍起，割地賠款，遂使外人知我國家之柔弱，政府之無能，紛至沓來，皆挾其所欲而去，奪我藩屬，割我良港，造成空前之恥辱，貽吾族以無窮之患難，吾人述此期之情形，誠不禁心痛神愴也。〔註 5〕

這種以主權觀念審視邊疆變革的敘述，折射出當時學者以史為鑒，面對國土喪失的悲憤之情，其維護國家疆土之意義，卓然可表。在過去相當長的歷史時段中，這一直作為描述清帝國北部邊疆危機的主流態度，至今也被相當

〔註 4〕顧頡剛《中國疆域沿革史》，北京：商務印書館，1999，207 頁。
〔註 5〕顧頡剛《中國疆域沿革史》，218 頁。

數量的研究著述所沿襲。不過，在清帝國進入到國際法的萬國體系之前，邊疆對於中原帝國而言，其最外側的邊緣一直都不是一條明晰的界限。邊疆的穩定性取決於中原帝國與域外族裔或國家在經濟、社會、文化以及軍事等諸多方面所實現的某種平衡。〔註6〕同時，至少在十九世紀中葉之前，帝國的知識精英們還未能形成現代意義上的主權意識，也就是說當時的人們並不是完全這樣看問題。

其次，強化民族在建構疆域過程的中心地位，也是民族主義邊疆研究的重心。民族主義以民族作為國家內部的整合力量，經過上個世紀百餘年的努力，「統一的多民族國家」這一概念，業已成為民族主義研究模式的主要表述方式；以中原漢族為中心、多民族共存——這一現代性的認識，被直接應用到古代中國的疆域構成論之中。按照邊疆研究家譚其驤在《歷史上的中國和中國歷代疆域》中所構築中國歷史疆域範圍來看：

> 我們如何處理歷史上的中國這個問題呢？我們是拿清朝完成統一以後，帝國主義侵入中國以前的清朝版圖，具體說，就是從18世紀50年代到19世紀40年代鴉片戰爭以前這個時期的中國版圖作為我們歷史時期的中國的範圍。不管是幾百年也好，幾千年也好，在這個範圍之內活動的民族，我們都認為是中國史上的民族；在這個範圍之內所建立的政權，我們都認為是中國史上的政權。〔註7〕

這種說法在當下的中國邊疆研究中已經被普遍接受。基於這種說法，在今天中國版圖上生活著的多民族的歷史即是中國的歷史，多民族長期生活的區域即是中國疆域研究討論的必然範圍。那麼，在清帝國北部邊疆著居的滿蒙、回、維吾爾、鄂倫春、達斡爾等諸多民族的歷史都可以納入到邊疆的研究之中，這無疑為邊疆的研究提供了宏闊的區域，而其研究成果又支持著——「中國是我們各族人民共同締造的，是五十六個民族共同的」〔註8〕——多民族國家共同體的凝聚力與合法性。

但是，對於多民族國家共同體的強調，無疑又導致了一種習見的危險：以中原漢族為中心、多民族共存的表述，隱藏了一種以中原民族為核心的

〔註 6〕拉鐵摩爾《中國的亞洲內陸邊疆》，南京：江蘇人民出版社，2005，303 頁。
〔註 7〕譚其驤《歷史上的中國和中國歷代疆域》，《中國邊疆史地研究》，1991 年第 1 期。
〔註 8〕譚其驤《歷史上的中國和中國歷代疆域》。

價值取向（許多學者願意將之稱為「中原中心觀」）。它希圖以中原為核心統攝邊疆，意識形態統一性的構想時常壓抑周邊民族非一致性的敘述。同時，它將歷史上非漢人的邊疆族裔直接等同於當下的少數民族，又希求歷史上邊疆的各個族裔之間的統一和諧、相互和解，因此得出的研究結論往往過於理想或浪漫，甚至為了意識形態上的統一性有意迴避了某些歷史的真實；而對於應當如何較為合理地解析諸如邊疆地區的族裔衝突，少數族裔脫離中華帝國、建立起獨立的政治共同體等問題之時，其解析經常前後矛盾，這不能不說是民族主義研究模式難以自圓其說的困境。

二、結構主義模式

民族主義的研究模式強調多民族國家意義下的統一性，客觀上造成了對周邊民族或邊疆地域自我敘述和區域特徵的壓抑。與此相反，在結構主義的敘述中，它強調邊疆自身建構的特徵及其非中國的獨立性，統一性的構想被「邊疆／中國」的關係所取代，從而在「邊疆／中國」二元結構對比上進入研究。結構主義模式大致有兩種比較典型的研究策略。

其一，是在朝貢體系（Tributary System）的框架之下討論邊疆地區同傳統中國之間的關係秩序。這一研究模式，以美國漢學家費正清（John King Fairbank）的論述最具有代表性。1941 年，費正清與鄧嗣禹在《哈佛亞洲學報》第二期發表《論清代的朝貢體系》，專門論述了朝貢體系及其相關的一系列問題。此後，在美國漢學界，朝貢體系的視角被一直沿用至今。

大體而言，朝貢體系是指中華帝國以其文化中心主義所建立起來的一套權力秩序。這套秩序以天子的權威為中心，拓展出一個具有等級差別的同心圓。域外各國或各民族，依據其與中華帝國交往程度的不同，被分別放置在同心圓內由近及遠的幾個不同區域之中。這套體系雖然包含著具體的政治行為、貿易往來等等，但是最重要的一點則是權力話語上的認同。在儒家理想的秩序框架下，通過一系列的禮儀和話語規範，「將外邦番王納入中華帝國尊卑有序的體制之中」〔註9〕。在具體執行中：

> 中國被視為中心的王國，而其餘的國度則被打上屬國的標籤。
> 中國皇帝被認為比所有其他統治者優越，後者通過定期向中國君主朝貢來表達對中國皇帝的尊崇，承認他們的「屬國」地位。貢使的

〔註 9〕費正清《中國：傳統與變遷》，北京：世界知識出版社，2002，222 頁。

週期、每次使團的人數、進京的路線，所有這些細節都為中國當局無一遺漏地規定好了。覲見皇帝時，要行跪拜禮，這是一種表示接受中國的世界秩序的象徵。〔註10〕

不可否認，這種宗主國地位只具有象徵性，並且在相當多的情況下，中華帝國的實際權威也遠沒有話語中所讚頌地那般強大。不過在整個古代東亞世界中，朝貢體系卻是中華帝國對外最重要的外交方式之一。數十年來，在這一視角之下，中外學界已經湧現出了大量有關於邊疆研究方面的著作和論文。值得注意的是，在近些年一些研究家開始從不同角度對朝貢體系的研究模式提出了一些質疑。比如東亞世界存在多個核心，中國只是其中影響較大的一個；中國的朝貢關係也只是擬構出來的，並不能有效地施行等等。

在這一趨勢下，日本研究家濱下武志的成果值得重視。他保留了朝貢體系同心圓框架的存在，同時也指出：

這種關係並不能完全包容所存在的各種關係，例如處於中國周邊位置上的，自成體系的衛星朝貢關係的存在就不止一個，因此形成了既有包容關係又有競爭關係的立體複雜的地域圈〔註11〕。

這也就是說，中國在朝貢體系中居於核心地位，但是周圍的區域也各具特色。這些區域如同環繞星球的衛星一般，同中國保持著既一致又有距離的複雜聯繫。濱下武志從經濟史的角度出發，在應用朝貢關係分析明清帝國權力下的亞洲朝貢體系構造之時，強調北方游牧民、東三省、蒙古、西藏、回部等邊疆區域的獨立性和自主性。在之前朝貢體系的研究中，這些區域經常被更為廣闊視域下的域外諸國同中國的朝貢關係所掩蓋。

濱下武志將中國的朝貢體系描述為由中央、地方、土司土官、藩部、朝貢、互市向外拓展的同心圓，其中北方游牧民同東三省、蒙古、西藏和回部又各自形成了一個不完全等同於中國、獨立的圓形封閉區域。這些獨立的圓形封閉區域，既跨越了土司土官、藩部、朝貢、互市等以中國為核心的朝貢體系的部分，同時又與周邊的諸如朝鮮、斯拉夫俄羅斯、歐洲、伊斯蘭圈等其他圓形封閉區域互有交涉之處。這一研究強調了北部邊疆並不完全依賴於

〔註10〕費正清、劉廣京編《劍橋中國明代史》下卷，北京：中國社會科學出版社，2006，196 頁。

〔註11〕濱下武志《近代中國的國際契機：朝貢貿易體系與近代亞洲經濟圈》，北京：中國社會科學出版社，2004，36 頁。

中國，而是具有某種相對的獨立性，進而從一個更為多元化、交互式的立場上，描繪出明清帝國時期邊疆地域的特徵。

其二，相比朝貢體系下的邊疆研究，另一種結構主義研究模式對邊疆的描述，則徹底擺脫了中國對邊疆的決定性影響，而把中國與北部邊疆的關係放置在「亞洲內陸」這一更為宏大的地理空間內來建立研究框架。

這一研究模式主要來源於美國中國學研究所提供的視角。在這種模式下，中國不再是無可爭議地作為歷史敘述和統治力量的中心，它只是位於面向太平洋的東亞區域中的一部分。在北方，長期與中國相對抗的——亞洲內陸草原生活的游牧部族，成為這類研究所關注的焦點。拉鐵摩爾（Lattimore）、巴菲爾德（Thomas Barfield）等研究家的著作都是這種研究模式的範例。

拉鐵摩爾的《中國的亞洲內陸邊疆》是較早以「少數民族游牧社會／漢族農耕社會」二元對立的結構模式研究中國邊疆問題，並對後世產生卓越影響的著作。他認為：

> 關於中國亞洲內陸邊疆的問題，一定要從亞洲內陸及中國這兩方面來看。兩種基本的勢力在影響著這個邊疆。漢族本身的經濟、社會、文化的影響，像他們的政治力量一樣，越過長城而發散到草原上去。在那一邊，已經發展其本身獨立潛力的草原，也開始發揮其影響力，對抗漢族的勢力。〔註12〕

在他看來，游牧民族存在的根基是亞洲內陸的草原。拉鐵摩爾形象地將內陸草原比喻為游牧制度的「貯存池」，它與中國的農耕社會不相隸屬、彼此對立，卻又交互影響。在兩者之間的過渡地帶存在著混合文化區域——「混合文化是草原與中國之間的橋樑，兩方由此相互影響。但是這兩個世界的聯繫，似乎只是在橋的中間，而在兩個橋頭上，它們依然還是兩個不同的世界。」〔註13〕由此，在「中國／邊疆」之間構築起對話性和交互式的動態結構模式。

巴菲爾德在《危險的邊疆：游牧帝國與中國》中，承繼了拉鐵摩爾對話性、交互式的理解。他指出，「內陸亞洲是一塊有著強烈彼我觀念的兩個相互對抗的文化之間長期互動的區域」，在相互對抗區域的兩端分別是游牧帝國與中國。游牧帝國以內部聯盟協商的方式組織起來，形成了由首領、各部落監督官員、部落首領組成的三層行政等級制度，並構築起國家的形態。這同

〔註12〕拉鐵摩爾《中國的亞洲內陸邊疆》，305 頁。
〔註13〕拉鐵摩爾《中國的亞洲內陸邊疆》，351 頁。

中華帝國的官僚體制建立的國家形態形成了鮮明的對比。

　　由於各自經濟構成和組織方式的不同，游牧帝國和中國「都保持著其自身文化價值與生活方式的優勢」〔註14〕，展現出一種共生而非寄生的關係。這種關係在清帝國中葉時期徹底結束，其標誌性的事件即是作為游牧帝國的準格爾政權在與清帝國的征戰中的覆滅，清帝國佔有了亞洲內陸的大部分區域，形成了清帝國、俄羅斯帝國兩種「定居力量」在新的世界經濟體系中的角逐。狄宇宙（Nicola Di Cosmo）《古代中國與其強鄰：東亞歷史上游牧力量的興起》，臺灣學者王明柯《游牧者的抉擇：面對漢帝國的北亞游牧部族》等，也都是結構主義研究路徑上的延拓。

　　結構主義邊疆研究模式最重要的價值在於重視邊疆地區的獨立性或獨特性，它將「邊疆／中國」放置在平等的地位上予以審視。這對本書具有重要的啟發和借鑒的意義。僅就這一點來說，結構主義的邊疆研究也彌補了民族主義研究模式的不足。

　　不過，結構主義的研究模式仍舊存在著一定的問題。比如說，這種研究模式在建立邊疆結構體系的時候，必然需要使用諸如民族、經濟、政治、文化等基礎概念作為結構的基石，而這些概念本身具有多重含義，這就使得在具體研究中很難完全有效地把握這些基礎概念的全部意涵，一旦闡釋過渡，結構的基石也就不再牢靠。而更主要的是，結構主義研究有一個過於模式化的問題，它確立的二元結構幾乎成了分析一切問題的基礎，對於邊疆獨立性的強調，致使邊疆更像是一個域外國家，而忽略了在許多層面上邊疆與中國的一致性。另外，結構主義的邊疆研究模式確立的宏大敘述結構，在處理微觀問題的時候大多情況下只能希圖以小見大——從微觀的事件中看出宏觀結構的意義，因此，在許多微觀問題的處理上有效性也會大打折扣，甚至無從入手。

三、舊文化史模式

　　在邊疆研究中，還有一種比較常見的研究模式，即舊文化史下的邊疆研究模式，它可以視為是舊文化史研究的一個分支。之所以稱之為舊文化史，是同上個世紀八十年代以來興起的新文化史研究模式對立稱呼的。新舊文化史的

〔註14〕巴菲爾德《危險的邊疆：游牧帝國與中國》，南京：江蘇人民出版社，2011，
　　　　2～3頁。

區別，其最核心的問題之一即是如何理解——「文化」，這一根本性的問題。

對舊文化史而言，其所研究的對象到底應該是什麼，至今學術界也尚未能形成有效的共識。從某一較為普遍的看法來說，文化的內容大致可以被區分為廣義和狹義兩種。在二十世紀初中國文化史研究興起之時，這種廣義文化和狹義文化的區分就已經出現，並被當時的研究學者明確界定。關於廣義文化和狹義文化我們分別解釋。

首先，就廣義文化而言，廣義的文化一般可以囊括人類的一切活動。比如梁漱溟在《中國文化要義》中所言：

> 俗常以文字、文學、思想、學術、教育、出版等為文化，乃是狹義底。我今說文化就是吾人生活所依靠之一切。[註15]

陳序經在《文化學概觀》中亦稱：

> 文化既不外是人類適應各種自然現象或自然環境而努力於利用這些自然現象或自然環境的結果，文化也可以說是人類適應時境以滿足其生活的努力的結果。[註16]

在陳序經的論述中，無論是政治、經濟還是倫理、宗教等各個方面都應當被涵蓋在文化之中，文化所研究的對象即是政治、經濟、倫理、宗教等人類行為的「特質」[註17]。這種一切人類活動皆是文化的看法，在早期的一些文化史著作中應用非常普遍，對後世的研究影響也很大，以致後世相當多的邊疆文化研究論著都是從這一角度進入，這無疑為邊疆文化史的研究提供了廣闊的領域。在隨後那些冠以「邊疆文化」為題的論著中，文化史涵蓋了諸如政治史、經濟史、軍事史、宗教史、哲學史、文學史、民族史等諸多學科成果，對各個分支的細緻梳理，共同構成了邊疆的文化史。

這就使此類研究陷入了一種極為尷尬的境地：邊疆文化史可以涵蓋邊疆的一切，它似乎什麼都是。因為其學科邊際不夠明晰，又缺乏用以觀照一切人類活動行之有效的理論，這就使得文化史失去了貫穿自身的「主軸」和清晰的「路標」[註18]，成為了一個龐大而空泛的研究對象。如葛兆光所言：

〔註15〕梁漱溟《中國文化要義·緒論》，民國叢書第一編，上海：上海書店，1989，1 頁。

〔註16〕陳序經《文化學概觀》，北京：中國人民大學出版社，2005，28 頁。

〔註17〕陳序經《文化學概觀》，254 頁。

〔註18〕葛兆光《文化史應該怎麼寫——讀〈法國文化史〉筆記》，《中華讀書報》，2012年 06 月 20 日，第 9 版。

「文化」變成了一個沒有國境、沒有國土、沒有人民，甚至沒有一切的虛幻國度，看起來好像什麼都管，卻實際上什麼也管不了，要麼就把「文化史」的領域無限擴張，成了代替歷史的龐然大物，最後只能是捆綁各種專門史來湊成一個大拼盤。〔註19〕

在此類研究中，邊疆文化史大多只能以實證性的研究態度，逐一地描述邊疆地區的政治、經濟、軍事、宗教、哲學、文學、民族等各個方面的歷史狀貌，希圖通過數量的累積獲得質量上的有效性。可以說，在這些邊疆文化史研究中，所謂之「文化」既缺乏具體的形態和構造，也缺乏行之有效理論的引導，因此，無法充分地體現出文化史研究與其他學科的差別，也難以凸顯邊疆文化在社會中獨特的意義或價值。

其次，與此相比，舊文化史中狹義的文化概念則限定地較為明確。舊文化史中的狹義文化，是人類整體活動中某些偏重於思維層面上非物質性的東西。從大的方面來看，以此作為文化史研究的立足點，其主要特徵之一還是對傳統史學中過分偏重於政治事件、政治制度等研究取向的反撥，如顧康伯、柳詒徵等早期研究家的《中國文化史》等。特別是在馬克思歷史唯物主義引入中國之後，馬克思的歷史觀將文化放置在經濟決定論的大廈之中，使文化直接等同於上層建築的意識形態。如一種典型的見解這樣描述「文化」：

（文化）含有廣義與狹義的雙重內容。就廣義而言，指社會實踐過程中所創造的物質財富和精神財富的總和。就狹義而言，指社會的意識形態（如思想、道德、風尚、宗教、文學藝術、科學技術、學術等等）以及與之相適應的制度和組織……廣義的文化史，指人類物質文明和精神文明發展的歷史，實際上與社會發展史相近似；狹義文化史則指社會意識形態以及與之適應的制度的發展史，也即精神文化及精神文化的物化現象的發展史。〔註20〕

以這樣的理解路向介入邊疆研究，文化史就成了精神層面及其相關問題的研究。文化史可以討論邊疆研究中的「繪畫、雕塑、建築、音樂、舞蹈、

〔註19〕葛兆光《古代中國文化講義・後記》，上海：復旦大學出版社，2006，212頁。

〔註20〕《中國古代文化史論》，轉引自常金倉《窮變通久：文化史學的理論與實踐》，瀋陽：遼寧人民出版社，1998，38頁。

戲劇、曲藝、電影、工藝美術、書法篆刻等等」諸多藝術門類〔註21〕，理順這些門類事項在邊疆區域內發展的來龍去脈，發掘其對於邊疆地域文化的價值或意義。

這些門類的研究同民族主義等研究雖有交涉，但是它卻可以策略地規避單一民族主義的牽扯，進而強調邊疆文化非中原的獨立性，以從多重角度建構起邊疆少數族裔的文化或邊疆的地方特徵。從已有的相當豐富的研究成果上來看，諸如東北文化、蒙古文化、新疆文化、西域文化乃至北方民族文化等邊疆區域性研究課題，已經成為邊疆文化史研究的共同認識和旨趣。

不過，這種文化的界定卻又使舊文化史研究模式陷入了一種新的危險。其一，從其所使用的狹義文化的含義上來看，大多數情況下舊文化史研究所使用的「文化」含義都採取這樣的一種策略：即在社會生活的共同體中抽取出所需的要素，按照精神或審美性等意識形態價值的要求加以重新編排或整合，以此擬構出文化的面貌。文化的理解過於單一，有機的社會生活共同體往往被簡化為文化展開的背景，文化與社會之間的關係缺乏細密、能動的分辨和梳理。其二，從文化的屬性上來看，狹義的文化概念使之固化為政治、經濟結構性的直接產物或是附庸。文化本身是被動的，成為了浮動於社會之上的碎片或知識縮寫，其對社會的干預能力極為有限。雖然在理論的說明中，也有一種觀點在反覆強調文化反作用的能力〔註22〕，但是其前提依舊是政治、經濟對文化具有決定性的作用，因此在舊文化史的著述中文化很少被視為一種參與性的力量，很難主動地介入社會生活共同體之中。其三，從已有的文化史研究成果來看，其內容看似豐富，但是大多屬於描述性或介紹性的研究，對於邊疆文化的討論缺乏實質性和卓有價值的觀照，更多研究仍舊拘泥於諸如審美意象之類的討論，其成果也趨於單一化、流於表面化。

以上各種研究模式雖然都存在這樣或那樣的問題，但是其在各自擅長的領域中使用的有效性都值得吸收和接納。進而，我提出在書寫史意義下研究邊疆問題的主張。

〔註21〕朱維錚《中國文化史研究散論》，《復旦學報（社會科學版）》，1984 年第 4 期。

〔註22〕如朱維錚所言：「我們把文化定義為觀念形態，在承認當作觀念形態的文化是一定社會的政治和經濟的反映的同時，又承認它給予影響和作用於一定社會的政治和經濟。」見朱維錚《中國文化史的過去和現在》，《復旦學報（社會科學版）》，1984 年第 5 期。

第三節　書寫史意義下的邊疆研究

　　從某種意義上看，書寫當視為一種能動的文化活動，書寫史的研究亦涵蓋於文化史研究的範疇之中，但是書寫史的研究與舊文化史研究又有明顯的差別。就書寫史的特徵來看，邊疆書寫即是通過書寫對邊疆予以文本化的文化行為，它試圖打破舊文化史研究模式中「文化」被限制在社會的政治、經濟等結構基礎之上的固有模式，而將「文化」視為社會生活共同體中的有機組成部分。因此，從理論層面上來看，書寫史意義下的邊疆研究倡導多元文化理論的共同實踐，歷史人類學、後殖民主義、符號學、心態史、書籍史、閱讀史等理論範式都可以納入到書寫史的方法論之中，其理論的包容性、雜糅性為書寫史的具體研究提供了相對寬鬆的理論應用空間。從這一點上來看，書寫史意義下的邊疆研究也接近於「新文化史」〔註23〕的研究路數。

　　具體而言，書寫史意義下的邊疆研究即是通過書寫這一文化活動，以考察邊疆是如何通過文字被建立起來的。「邊疆」一詞不再停滯於政治地理的意義下單純的、政治性的、固定的疆界，而成為了一個依靠文字寫作建構起來的文化空間。既然如此，傳統意義上對於邊疆的理解，已不能完全適應書寫史意義下邊疆研究的範疇。為此，首先有必要從一個新思路上重新對「邊疆」一詞做出定義。之後，再對書寫史的研究方法加以說明。

一、邊疆的含義

　　從當下普遍使用的邊疆（frontier）一詞來說，其含義大體是指靠近國家邊界（boundary）以內的領土。當代已有的許多研究成果也都是從這個含義出發，切入到清帝國時期北部邊疆問題的討論之中的。民族主義研究模式長期

〔註23〕新文化史（New Culture History）是指上個世紀80年代以來，由林‧亨特（Lynn Hunt）、彼得‧伯克（Peter Burke）等研究家所推動的研究方法。由於新文化史的研究家提倡在多元理論中研究歷史，故而至今對新文化史的理論性的概括也眾說紛紜，不過從總體上來看，大致可以形成這樣的一些認識：在理論上，它對機械唯物論過於誇大經濟功能強烈反對，強調文化在歷史進程中的主動性及其普遍、重大和微妙的作用；在內容上，注重社會性的心態透視、語言功能、話語分析和政治文化的研究，重視對文化象徵與符號史（文化認同史）、社會性別和醫療文化等與「身體」有關的歷史，以及大眾文化和邊緣文化等的研究。在方法上，熱衷於文化敘事，強調史學的文學性，講求微觀研究的視角，對現代性知識、觀念、思想採取懷疑態度，重視多元理論的應用等等。見黃興濤《文化史研究的再出發》，載《文化史的追尋——以近世中國為視域》，北京：中國人民大學出版社，2011，11頁。

熱衷使用這種含義，它背後隱含的依舊是現代主權意義下國家疆界以內的邊緣區域。不過，如前所述，在清帝國進入到萬國體系之前相當長的時段之中，人們幾乎很少在這個意義上理解邊疆。可以說，邊疆一詞，如果不加以細緻界定而直接使用其普遍含義，並試圖通過這個詞彙及其相關義旨來解決和推定當時的現象或問題，無論如何都是不夠嚴謹的。同時，若將書寫視為建構邊疆文化意義的具體手段，那麼就必須在政治地理意義上對邊疆的理解中也將文化的性質考慮進來。為此，我為本書的論說提供兩種邊疆的含義：

首先，邊疆最直接呈現出來的是一個政治地理意義上的概念，這也是以往研究中所長期沿襲的視角。就清帝國的北部邊疆而言，它是指自清乾隆二十四年（1759）統一天山南北之後，清帝國在疆域上所統屬的從滿洲、經內外蒙古諸部一直延伸到甘肅、新疆及阿爾泰山以北的廣闊空間區域。稱這一區域為邊疆，是以傳統的中原內地為視角向域外審視的結果。

當清帝國入主中原，清帝國的統治者和中原的知識精英們都普遍形成了清帝國就是中國這一看法之後，邊疆區域相對於中國來講的確成為了帝國總控疆域的邊緣地帶。同時，在清帝國相當長時間的統治中，這一邊疆區域並不向內地自由開放，帝國試圖在邊疆構築起一個以滿人為主導與西部、北部各民族組成的政治聯盟。這個政治聯盟，一方面積蓄著原始的軍事力量以維護清帝國在內地的統治；一方面又作為「藩屏」保護著清帝國統治的核心區域免受北方異族的入侵。[註24] 由此，在政治地理意義上形成了「中國／邊疆」的區分，這種看法雖然在帝國進入萬國體系的過程中，由於一系列諸如主權、條約等新觀念的介入發生了某些異動，但是總體而言，這種「中國／邊疆」二元對立的看法在當時普遍存在，即便是清帝國試圖使用主權國家等觀念重新整合邊疆結構（即將邊疆納入到中國的主權範圍之中）之時，也是如此。

其二，邊疆還是一個文化意義上的概念，它表明了一種確切的文化上的區別。從清帝國時期的文獻對北部邊疆區域所慣用的詞彙來看，除了直稱諸如東三省、蒙古、西域、新疆等宏觀區域之外，更多情況下是以相當模糊的「塞外」、「邊外」、「關外」、「異域」等詞彙指稱這一區域乃至更廣闊的北部地域。這些詞彙在清帝國囊括北部邊疆區域之前相當長的時段中都在廣泛地使用著，它們伴隨著歷史記憶的積澱一直延續下來，其中還裹挾著中華帝國同

〔註24〕王珂《民族與國家：中國多民族統一國家思想的系譜》，172 頁。

北方部族長期對峙征戰的敘述和歷史想像的印跡。這些詞彙本身所設定的「內
／外」、「同／異」等對立關係，體現出一種以傳統中原視域為認知前提、基
於政治地理上卻更偏重於文化差別性的複雜理解。這種理解又獲得了中原的
知識精英們在心理上的認同，並且在他們的書寫敘述中不斷再現。

　　伴隨著清帝國的開拓，當知識精英們得以身臨其境地探尋邊疆區域之時，
他們立即就發現原有的視域和知識譜系根本無法對這一廣闊區域給以系統的
描述和細緻的解析，甚至原有的知識也是漏洞百出的。而邊疆卻是一個由各種
奇異的文化符號構成的空間區域，這些文化符號之間相互指涉、衍生，或是彼
此對抗、衝突，甚至有些符號難以解讀。對帝國和知識精英們來說，他們需要
以原有的知識系統為基礎，建構起一個從屬於清帝國的邊疆來，並通過文化的
努力將這些零散的文化符號予以知識化、條理化、明晰化、系統化，並將之收
編到帝國的知識統緒之中來。由此，邊疆不再僅是指固定化的政治地理上的空
間疆域，而是經由書寫這一能動的文化活動建構出來的文化產物。

　　邊疆的前一含義為邊疆的文化描述提供了具體的空間地域，文化意義上
的邊疆的建構過程又支撐著帝國在邊疆的開拓經營。本書試圖從書寫這一角
度介入邊疆研究，使用的邊疆當然主要是其文化上的含義。因此，與政治地
理意義上的邊疆息息相關的，諸如政治地理沿革、管理制度的組織和變遷等
諸多問題並不是本書研究的重點。不過，政治地理上的邊疆概念在許多層面
上仍舊與文化邊疆的概念相互纏繞，當在具體論述需要時也將會予以吸納。

二、書寫與表徵

　　當我們將邊疆視為書寫活動的文化產物之後，就有必要進一步對「書寫」
一詞做出一些必要的解釋，這還需要通過與書寫相關的幾個參照系來把握其
基本的含義。

　　其一，書寫與言說。

　　言說，作為一種語言行為，亦可以稱為口頭表達。在日常生活中言說往
往稍縱即逝，故而在言說中，它幾乎不去探尋使用的字詞背後的內涵或意義，
而更加關注於表達的連續性，其目的在於有效地向對方傳達言說者的意圖。
如羅蘭・巴爾特（Roland Barthes）所描述的那樣：「它幾乎不是一件事物的記
號，而寧肯說是一種進行聯繫的渠道。字詞絕不是沉入一種與其外形同質的內
在現實中去，而是在剛一出發後即延伸向其他字詞，以便由此形成一個表層的

意圖鏈。」〔註25〕可以說，言說是以傳遞透明性的信息為目的的交流活動。

相對而言，書寫是文化符號學或文學理論的一個基本範疇〔註26〕，它的目的在於通過文字符號記錄下想要說出的某種東西〔註27〕。在書寫的過程中，書寫者總是將現實符號化，並在這一過程中，自覺或不自覺地將某些價值或意義與這些現實裏挾在一起，由此形成了一套蘊含著「意指」內容的符號文本〔註28〕。書寫所提供的這套符號文本往往是不透明的、內涵性的、象徵性的，它需要通過閱讀，以引領閱讀者參與到這套符號之中來，以破譯符號的「意指」內容。故而，與言說相比，書寫可以理解為是整理過的、有廣泛傳播效應的符號化活動。

其二，書寫與創作。

從大的範圍上來看，儘管創作也可納入到書寫的概念之中，但是總體上來講，創作的概念範圍更為狹窄一些。目前中國文學理論界所使用的所謂「創作」（create／creation）這一概念，主要源自於西方的文學觀念。創作作為一種審美性質的文學書寫活動，一般總是圍繞著某種明確的價值或意義的中心，以有意「構出特殊的、超於生活之上的意象場景。」〔註29〕可以說，創作已經超出了日常書寫的一般性特徵，成為一種具有特殊旨趣的文學生產活動。

由「創作」一詞亦可牽扯出一系列相關的文學術語，比方說：從文學生產的流程上看，創作的實踐者被稱為「作家」；創作的產品被稱為「作品」；從創作本身所涉及到的諸如「想像」、「誇張」、「虛構」等一系列概念來看，推動著創作實踐的動因被看作是具有「審美特徵」的活動。從這個意義上講，當下文學文體分類之中的小說、戲劇、詩歌等都可以視為創作的產物。不過需要強調地是，若以「創作」一詞來描述散體的文章，卻並不全面。因為散體的文章並非都以審美性為出發點，也並非是徹底超越於生活之上的，許多散體的文章在日常生活中仍然是以其實用性作為首要目的。有關這一點還需要引入「書寫」這一概念予以進一步地解析。

〔註25〕羅蘭・巴爾特《寫作的零度》，北京：中國人民大學出版社，2008，29 頁。
〔註26〕「書寫」作為一個文化符號學或文學理論範疇得以衍生興起的過程，可以參看李幼蒸《寫作的零度・譯者前言》，羅蘭・巴爾特《寫作的零度》，3 頁。
〔註27〕羅蘭・巴特《羅蘭・巴特自述》，天津：百花文藝出版社，2006，50 頁。
〔註28〕關於意指的問題，可以參看羅蘭・巴特《文之悅》，上海：上海人民出版社，2009，90～95 頁。
〔註29〕黃卓越《書寫，體式與社會指令──對中國古代散文研究進路的思考》，《北京大學學報（哲學社會科學版）》，2010 年第 2 期。

　　相比「創作」一詞，書寫是一個具有更大包容面的概念範疇，「書寫的核心只是寫出一些事和想法，以取得某種日常化、應用化的效果」〔註30〕，這也可以從傳統中國散體書寫（即廣義的「文」、「文章」等）的一般情況中獲得印證。當然，傳統意義上的散體書寫也不完全是去文學化的行為，而是總會在不同程度上將文學性裹挾與縫織在它的肌理之中，由此，我們既不能說早期的書寫就一定是去文學性的，也不能斷然將文學性、審美性或「創作」作為書寫的主要特徵。

　　對於「書寫」我們大體可以這樣來看，其一，就書寫文本的體例來說，書寫一般以廣義的散文為主，它並不限制於文學意義上的散文，而是將所有的散體文本幾乎都納入其中。從這個含義出發，諸如日記、筆記、遊記乃至應用手冊等日常生活化的散體文本，都可以涵蓋在書寫這一更為寬闊的概念之中。

　　其二，從書寫的流程上來看，書寫的實踐者是書寫者，書寫者是指掌握了書寫技能的知識群體。與作家或藝術家們相比，書寫者的身份並不需要具備與學術或藝術相關的價值評定才能賦予，他們只要掌握了書寫技能（識字／用字的技能）即可以參與到書寫活動中來。因此在本書中，諸如一般的官員、旅人、流人甚至帝王等諸多參與了邊疆書寫活動的人群，都可以被納入到書寫史研究的視域之中。

　　其三，書寫的成品是文本。在後現代的理論語境中，文本並不以審美主義質素確定其自身意義，它與「作品」一詞形成了明顯的區別。書寫的文本只是「一套完整的記號」〔註31〕，書寫者往往是在書寫衝動的支配下對事物予以符號化，由此才形成了書寫文本。就文本自身的特徵來看，文本由一系列的符號所構成，它具有流動性、開放性、傳播性、參與性等一系列特徵，文本的符號之間又相互關涉，形成了一種動態的關係，即文本間性，從而使文本獲得了無限闡釋的可能性。

　　其四，就書寫過程本身而言，書寫所使用的是文字符號。在書寫活動中，我們使用文字符號來描述事物的形態、狀貌，表達思想、觀念和情感。這些文字符號使描摹的事物與知識概念聯繫起來，並通過概念賦予這一事物以相對固定的看法或是某種文化意義。就此而言，書寫活動即是一個經由文字符號

〔註30〕黃卓越《書寫，體式與社會指令──對中國古代散文研究進路的思考》。
〔註31〕羅蘭・巴爾特《寫作的零度》，11 頁。

賦予事物意義的過程，亦即一個表徵實踐的過程。所謂表徵（representation）包括兩種含義，一是通過具體的文字描繪或描摹某一事物，即將該事物符號化、文本化的過程；二是在這一過程中賦予該事物某種意義。〔註32〕

　　進而言之，表徵不是單一或零散意義的簡單賦予，其背後往往與權力操控下的知識話語相互纏繞。在這套知識話語的體系之內，表徵所賦予的意義也具有相對系統化、固定化、普泛化的特徵。通過表徵，在文本的創製過程之中，這些意義進入到事物本身，建構出某種權力操控之下的知識話語所預期的狀貌。在這一表徵的過程之中，事物本身並沒有任何自然屬性上的變化，但是它卻因為表徵所給予的意義而使人們對之形成了相對一致而固定看法。即如斯圖加特‧霍爾（Stuart Hall）所言：

> 表徵是一個過程，通過它，一種文化中的眾成員用語言（廣義地定義為任何調配符號的系統，任何意指系統）生產意義。這一定義已經含有一個重要前提，即各種事物——在世的物、人、事——本身並沒有人任何固定的、最終的或真實的意義。正是我們——在社會中，在人類諸文化內——使事物有意義，使事物發生意指。〔註33〕

可以說，表徵在事物的自然屬性之上創製了事物的文化屬性，將事物安置在知識話語為它預設的位次上，也將事物囊括於權力的統御之下。

　　在本書的研究中，邊疆即是書寫的對象。由於十六世紀以來「中國／邊疆」的對立致使在相當長的時間段內，中國的知識精英們對這片區域的確切認知是相當模糊的。隨著清帝國對「中國／邊疆」共同的佔有，中國的知識精英們得以進入到這一陌生的區域，記錄下眼前新奇的見聞，他們是北部邊疆的主要書寫者。對於這些中國知識精英們而言，他們之間分享著一套共同的解釋清帝國疆域構成論的知識話語。知識精英們藉此得以彼此溝通、交流，表達共同的情感、觀念、理想和信仰，也以此來描述邊疆。中國的知識精英們應用這套知識話語對於邊疆書寫的過程，即清帝國在邊疆建構表徵意義的過程。那麼，邊疆書寫就展現出這樣的一個由邊疆實體、書寫活動、帝國國家主義知識話語三者相互貫聯的巨大的鏈條關係。

〔註32〕斯圖爾特‧霍爾《表徵：文化表象與意指實踐》，北京：商務印書館，2005，16頁。
〔註33〕斯圖爾特‧霍爾《表徵：文化表象與意指實踐》，61頁。

　　雖然從大的方面上看，帝國的權力是邊疆表徵意義的主要來源，並最終在帝國疆域的建構中，實現了北部邊疆的帝國化。不過，這一表徵過程必須經由作為書寫者的中國知識精英們具體的書寫活動這一環節才能實現。作為中間環節的書寫活動並不是帝國意義的簡單傳遞，可以這樣說，正是由於書寫活動的存在，帝國對邊疆意義的賦予才掩蓋了其表徵的強制性。通過書寫者似乎個性化的寫作行為，表徵活動以一種更為隱秘、更為柔巧、更為精細、更為多元的樣態表達了帝國權力的訴求，帝國的權力總是在更深層次上操縱著書寫者，比如帝國要求書寫者選擇哪種態度、觀點，甚至是使用哪些文體、修辭才能夠被認可等等，從而在這一過程中構建起帝國之於邊疆的表徵意義。

　　同時，我們也需要注意到，由於邊疆與帝國之間存在著書寫者這一群體，書寫者們並非在所有的細枝末節上都被帝國的權力所掌控，他們仍舊有其自身不同於帝國的某些見解和看法。這一狀況的出現往往是由技術性書寫自身的定位所導致的，最具有代表性的——比如在清代具有實證主義性質的研究活動在知識群體中展開，這一系列具有實證性質的研究書寫（即技術性書寫）往往與帝國的政治話語相疏離，進而形成了一種跳脫帝國話語的寫作，雖然書寫者們並非總是有意識地注意到這一點。關於這一問題將在本書的第三章中詳細的解釋。因此，在帝國權力經由書寫活動構建邊疆表徵意義的過程之中，書寫者的筆下總會出現某種偏離於帝國預期的話語。當這種出位的寫作被帝國的權力話語所收編的時候，那麼原有的書寫範式只是做出一些微調，依舊自成體系。不過當這種出位的寫作按照自身的書寫邏輯不斷地推進、強化，最終使原有的書寫範式無法將之涵納其中，那麼一種新的書寫範式就形成了，這樣帝國之於邊疆的意義也會因之發生某種改觀或是相應的變化。

三、基本問題的說明

（一）清帝國與中國

　　如何處理清帝國與中國這兩個概念之間的關係，從當代「新清史」研究的討論中即可得知這一問題的複雜程度。不過作為本書研究的核心——北部邊疆的書寫來說，只要使邊疆書寫的研究不為這兩個概念的糾結所牽絆就足夠了，為此我提出應用這兩個概念的基本看法。

在本書中，清帝國同中國並非同一個概念。我把清帝國作為一個實際存在的國家共同體來看待，它在十七世紀中葉前後開始，通過武力征戰最終佔有了傳統明帝國統治下的疆域和由滿洲經內外蒙古諸部一直延續到甘肅、新疆及阿爾泰山以北的廣闊邊疆地區。在乾隆朝（1736～1795），清帝國實現了其疆域的最大化。清帝國的統治者來自於北部邊疆的滿洲地區（滿洲一詞的應用只是延續當時文獻對這一地區的固定稱法，並不帶有後來殖民主義的含義），從當時各個種族的數量來看，滿人在帝國中並不佔優勢。不過，通過清帝國早期幾代帝王的努力，最終這些邊疆少數族裔的領袖成為了包括漢人在內多種族共同認可的統治者。清帝國也代替了漢人建立的明帝國的統治，其統治的時間從十七世紀中葉一直延續到二十世紀初，最終為現代的民族國家所取代。

至於中國，這個概念好像是一個永遠不能被裝滿的容器，不斷地被注入新的內涵。可以說，它既有一定的穩定性，同時也在不斷地變動。在本書的研究中，大致可以對中國這一概念做出這樣的描述：其一，中國是地域上的概念，其範圍大致是指明帝國控御下兩京十三省的範圍。在清帝國的統治時期，這一地域也常常稱為「內地」、「中原」以同清帝國時期擴張的邊疆區域予以區別，由此形成了在地域上「中國／邊疆」的對位描述。那麼，在這個意義上講，清帝國既涵蓋了中國，也囊括了邊疆。其二，中國又是一個文化上的概念，它蘊含著文明的、教養的、理性的等一系列富有儒家道德主義特徵的含義，並蘊含了一種以漢民族為主體，文化中心主義或是文明優越論的心態，通過知識話語和寫作，這一概念將邊疆少數族裔放置在次一級的位置上，甚至往往將其貶斥在文明世界之外，由此又形成了在文化上「中國／邊疆」的對立。正是在這種意義下，清帝國的統治者非常巧妙地把自己塑造為「天下共主」，自己的異族身份則被轉變為繼承天命統治天下的中國身份，延續了一系列儒家道德主義的特徵。那麼，從這個意義上講，清帝國的統治者有意地把清帝國等同於中國。這種將清帝國認同為中國的思維方式，在隨後的歷史中，也曾經獲得過中原內地漢民族知識精英們的共同認可，直到十九世紀後期，民族主義話語崛起的時代。

可以這樣說，中國是清帝國及其知識精英們在歷史不斷地變動中所使用的一個策略性的詞語，由於它可以闡釋多種的內涵，因此它本身在知識話語中即是一種整合疆域的力量，為清帝國國家主義在邊疆的確立提供了可能性。

最後還需要補充說明的是，在十九世紀中後期清帝國逐步進入到萬國體系之中，帝國需要以新的面貌在萬國的世界中建構自己的形象。在這種情況下，中國這個概念被賦予了主權國家的意義，成為了萬國體系中清帝國的代名詞。此時中國的含義，是在其文化概念的基礎上進一步引申出來的，又將地域性的概念囊括其中。這一個意義下的中國概念，在後來的一個多世紀當中，逐漸被自我和世界都廣泛接受，並最終演化為以漢民族為中心所建立的多民族國家共同體的代名詞。

（二）漢字與書寫者

考察邊疆書寫必然要涉及兩個與之直接相關的問題，一是書寫使用的文字，因為任何現存的邊疆文獻資料，都是依靠文字記述的，文字是書寫行為的憑據。二是書寫群體本身的特徵需要定義，即具有怎樣知識層次、其對文字掌握到什麼程度的人，才可以被稱為書寫者。這將決定哪些東西構成本書研究的主要依據。

首先，本書所謂的帝國之於邊疆的表徵建構，是以一種由中國向邊疆審看的視角來確定的。參與這項活動的人群主要是清帝國的中原知識精英們，他們之間分享著一套共同的知識話語，並以此來解釋清帝國疆域的構成。而承載著這套知識話語的主要媒介即是漢字，因為有漢字作為交流的媒介，邊疆書寫的文本才得以在帝國以內的知識圈中流傳，為中原內地的知識精英們所理解或認同。

所以，本書主要考察的是中原的知識精英們所進行的邊疆書寫活動，即限定在以漢文為載體的書寫活動。當然，清帝國時代，少數族裔的書寫者以滿文、蒙文、托忒蒙古文、回文等邊疆文字也書寫了大量的邊疆文本，甚至有相當數量的此類邊疆文本也是清帝國國家書寫工程的一部分。不過，對於清帝國時代中原內地的大多數知識精英們而言，除了其中的某些漢譯本之外，大多數此類文本都無法被順暢閱讀，那麼，其中所承載的知識一般也很難進入到中原內地的公共知識領域之中，所以這類文本並不在本書的主要討論之內。

同樣，有一個問題還需要處理，即由漢字承載的邊疆文本中，有相當一部分是由滿蒙等少數族裔知識精英們所寫成的，他們是否依然具備由內向外看的視角呢？我認為可以這樣理解，滿蒙的知識精英們雖然在族裔上不同於大多數內地的漢人知識精英，但是當清帝國有意地將自我描述為中國，並獲得了

傳統漢人知識精英們認同和支持之後，清帝國統治者的少數族裔向天下共主身份的轉換，也帶動了滿蒙等少數族裔的知識精英們的身份轉變，即將少數族裔的文化身份予以中國化。特別是那些移居中原內地的滿蒙知識精英們，他們學習漢人的文字、語言、文化乃至生活方式，同中原漢人的知識精英們在學術、詩文、繪畫等諸多文化層面交際來往。至少在公共知識領域中的文化身份上看，彼此的差別越來越模糊，甚至許多少數族裔的家庭在進入到內地之後就失去了祖先遺留下來的滿族傳統，在文化上日益趨近，正如歐立德所說：「滿洲性（Manchuness）的文化『要素』隨著征服後第三代或第四代的成長而迅速枯萎，朝廷（即便許多算不上是滿人精英）便面臨著這樣的問題，那就是普通滿人終將在漢人占主體的社會中失去其獨特性」〔註34〕，這就是「新清史」研究最為關注的「漢化」問題。

正是在這樣的情況下，許多滿蒙知識精英們也同內地的漢人知識精英一樣從未涉足過自己祖先生活的北部邊疆區域，那裡對他們來說同樣也是陌生的，他們依舊具備了一個由中原向邊疆看、從內向外看的視角。當他們走向北部邊疆，使用漢字書寫了邊疆文本，這些文本也同樣在公共知識領域中傳播，為漢人知識精英們所閱讀、討論、品評和引述。由此，在漢文與少數族裔身份的錯位之間，少數族裔身份應該放置在次一級的層面上來看待，漢文依舊是判定哪些書寫者及其文本應當被選取的主要依據。故而，這些滿蒙知識精英們用漢文書寫的邊疆文本理應納入到考察的視野之中。當然，如果有必要的話，族裔問題在某些此類文本的討論中也將予以重視。

（三）討論的時間段

如果不考慮某些細節上的問題，只從總體來看，清帝國的統治者是來自於邊疆的少數族裔，清帝國以中原為中心並通過一系列書寫活動，在漢語世界中將邊疆帝國化，其前提必然是在清帝國佔據中原，其統治者的少數族裔身份也成功轉變為天下共主之後。因此，在討論時間段的設定上，我以清帝國完成對中原實際控制、取得了中原知識精英們的支持，並開始將帝國的知識注意力轉向北部邊疆的時期，即康熙朝（1662～1722）作為起始點。

至於本書討論時間段的截止點，我設定在十九世紀中後期。以此作為截止

〔註34〕歐立德《清八旗的種族性》，載劉鳳雲、劉文鵬編《清朝的國家認同：「新清史」研究與爭鳴》，124 頁。

點出於這樣的考慮：在十九世紀中後期，迫於西方列強入侵的壓力，清帝國開始在萬國體系中以主權國家這一新的表徵意義建構邊疆。雖然這一努力推行緩慢並且在清帝國時期未能完全取得成功，但是主權國家的表徵意義既是對傳統的帝國國家主義權威顛覆性的挑戰，同時，它也預示了一種新的疆域觀念的形成。一旦展開主權國家的討論，本書的主旨將進入到「主權國家與邊疆建構」等一系列同樣宏大的問題之中，對於這些問題的解析一直可以敘述到今天，顯然遠遠超越了本書所要描述的內容，所以本書將截止點設定在清帝國開始試圖使用主權國家的表徵意義建構邊疆（以新疆建立行省作為一個大致的標誌）之前的時間段上。

另需說明的是，邊疆表徵意義的建構是一個實踐的過程，並不能完全以某一固定的時間點作為絕對段限。因此，在起始點和截止點前後的邊疆書寫文本對於清帝國北部邊疆的表徵建構也同樣重要，故而這些文本並非完全拋除在外，在研究中也將做廣泛的使用，以展現出清帝國時期通過書寫建構北部邊疆的完整面貌。

第一章 十六世紀以來的北部邊疆知識圖景

第一節 九邊以外的世界

一、中國與北部邊疆的界限

在清帝國早期乃至於更早的一個多世紀裏，中國的知識精英們對於邊疆的瞭解比我們想像的要貧乏得多。自從十六世紀以來，中國的知識精英們就幾乎再也沒有踏入過北部邊疆這一廣袤的地域，在只有依靠書寫者本人的介入才能獲取某一地區新信息的時代裏，行動的停滯致使北部邊疆的知識向內地的流入便在這一刻也隨之停滯了。

其實，明帝國在建立之初，已經埋下了中國與北部邊疆知識徹底斷絕的隱患。與之前的王朝更迭不同，明帝國並沒有徹底消滅故元的勢力，曾經一度佔領中國的北方少數族裔——蒙古人，只是撤回到他們自古以來一直繁衍生息的瀚海朔漠之中，其軍事實力依舊對剛剛建立不久的明帝國構成巨大的威脅，這種來自北方虎視眈眈的窺視，以及戰爭中彼此的血腥殺戮，猶如一場揮之不去的夢魘，一直盤桓在洪武、永樂兩代開國帝王的頭腦中。故而在建立之初，明帝國一方面屢次派出軍隊進入北部邊疆地區，尋找故元主力與之決戰，以試圖徹底解除北方的威脅；另一方面，則用嚴厲的法令限制中原到北部邊疆的自由出入和交流，以防止少數族裔對邊疆地區的騷擾。在洪武二十二年（1389），帝國就對各邊鎮頒布了邊禁令：

　　洪武二十二年令：守禦邊塞官軍不得與外夷交通。如有假公事
出境交通及私市易者，全家坐罪。〔註1〕

　　而到了十六世紀前後，這種中國與邊疆的軍事對立無疑又進一步地加劇
了。這一變化的起因於北部邊疆出現的一系列新的危機。在正統十四年
（1449），北方的瓦剌開始不斷進犯明帝國的邊疆，明英宗（1427～1464）傚
仿先祖的武功霸業輕率地出關決戰，結果在土木堡全軍覆沒，英宗被服。自
此之後，明帝國要求各邊鎮在每年七月之時，沿長城「三五百里外，乘風縱
火，焚燒野草，以絕胡馬」〔註2〕，防止少數族裔南下。甚至下達了「有逼近
邊牆，傳箭答話者，即係犯邊達賊，就便捕殺」〔註3〕的嚴令。至於弘治十三
年（1500），帝國對此邊禁的法令做了更進一步的補充和細化：

　　弘治十三年令：各邊將官，並管軍頭目。私役軍民，及軍民私
出外境、釣豹捕鹿、砍木掘鼠等項。並把守之人知情故縱，該管裏
老官旗軍吏扶同隱蔽，若夜不收出境哨探，而與夷人交易者，除真
犯死罪外，其餘俱調發煙瘴地面。〔註4〕

　　此後，雖然草原民族的內部也發生了一系列的軍事變亂和政治權力的更
替，但是明帝國對北部邊疆的忌憚和防禦一直也沒有得到緩解。

　　按照清代史家趙翼（1721～1814）的描述：「自正德以後，瓦剌、俺答、
小王子諸寇，先後擾邊，中國宿重以御之，僅僅自保，間有戰勝，亦無可紀。」
〔註5〕在土木之變（1449）以及隨後北方游牧部族對中國的不斷挑戰，作為
「中國之主」的明帝國已經再也沒有了開國的幾代君主試圖進入大漠尋找故
元勢力決戰的勇力，明帝國放棄了在長城以外的駐防，其軍事力量幾乎完全
退回到了長城沿線，而那裡是十幾個世紀以前修築起來的傳統中國抵禦北方
游牧部族的屏障。〔註6〕

　　嘉靖二十一年（1542），曾任兵部職方司主事的魏煥（生卒年不詳）完
成了一部名為《九邊考》的軍事防衛著作，這部書直至今天依舊是研究明代

〔註1〕申時行等《大明會典》卷一百三十二，續修四庫全書本，791 冊，上海：上海
　　　　古籍出版社，2002，342 頁。
〔註2〕申時行等《大明會典》卷一百三十二，337 頁。
〔註3〕申時行等《大明會典》卷一百三十二，342 頁。
〔註4〕申時行等《大明會典》卷一百三十二，342 頁。
〔註5〕趙翼《廿二史箚記》，北京：中華書局，1984，159 頁。
〔註6〕費正清、劉廣京編《劍橋中國明代史》下卷，208 頁。

北部邊防最重要的文獻之一。在這部著作中，魏煥總結了歷史上同北方游牧部族征戰的經驗。他認為，中國在過去的戰爭中往往戰敗的原因在於：

> 胡人以畜牧為生騎射為業，侵暴邊境，出沒無常，大舉深入，
> 動至數萬。歷代以來，屯兵戍守，寡則艱於應敵，多則困於轉輸。
> 是故，虜眾易合而勢常強，我兵難聚而勢常弱。〔註7〕

雖然中國偶而會有英雄之君能夠「憤夷狄之侵凌，竭天下之財力，窮兵遠討，犁庭掃穴」〔註8〕，但是總會因為軍費開支過大導致民生凋敝乃至國家覆亡。所以真正行之有效的禦敵之計莫過於修築一條鞏固的邊牆，以險固守，即所謂「邊險俱備，非大舉不能入，真馭戎上策也。」〔註9〕

雖然在明帝國內部這種以險固守的觀點並非首倡自魏煥，但是至少在十六世紀以及隨後的時間內，這種看法一直是北部邊疆防務的主流意見。也正是在這個時期，帝國不斷加固長城沿線的防禦，構建起了一條「東至遼海，西盡酒泉，延袤萬里」〔註10〕——隔斷中國與大漠的防禦工事。這一防禦鏈條由遼東、薊州、宣府、大同、三關、榆林、寧夏、甘肅、固原等自東向西、綿延伸展的九個軍事重鎮連貫而成，當時的人們稱之為「九邊」。它是明帝國的軍事重鎮，同樣也是明帝國在十六世紀之後軍事上直接鎮守的最北方的疆界。

這道軍事上的屏障將中國／邊疆徹底地分割開來，同時這條防禦體系也限制了北部邊疆知識的有效流入。這並不是說，因為防禦體系的鞏固而明帝國對邊疆知識就一無所有，雖然在十六世紀總體上邊疆情勢日趨緊張，但是在相對和平的時期，「九邊」內外的往來並沒有停止。比如隆慶和議（1571）之後，邊疆的互市貿易曾經延續了五六十年。同時，長城邊鎮的居民吏卒也對邊疆情形多有見聞，這都使得生活在邊疆地域的軍民，較中原內地對邊疆的情形更為熟悉，不過這些見聞卻很難進入到明帝國的公共知識領域，而這又與識字能力本身有關。

日本學者大木康在對明帝國後期書籍需求問題的討論中，曾經詳細地分析了當時社會階層的識字能力。從識字情況的模式來看，整個社會的識字能力猶如一座金字塔，上面是識字階層，下面非識字階層。其中占人口大部分的

〔註7〕魏煥《九邊考·邊牆》卷一，四庫全書存目本，史部226冊，濟南：齊魯書社，1996，12頁。

〔註8〕魏煥《九邊考·邊牆》卷一，12頁。

〔註9〕魏煥《九邊考·邊牆》卷一，14頁。

〔註10〕魏煥《九邊考·鎮戍通考》卷一，10頁。

農民處於非識字的狀態，其數量極為龐大。這一階層的民眾，對文字的掌握極為有限，他們可能只認識簡單的文字，根本無法自由地書寫，甚至有些人還不會寫自己的名字。

邊疆地域的軍民宿卒、下層官吏以及一部分在互市貿易中的商人，因為他們可以接觸到邊疆地域和少數族裔，也瞭解北部邊疆的氣候、物產、少數族裔的語言、樣貌、飲食、服飾特徵等等，不過對他們來說，書寫本身就是一道天然的障礙。他們的實地見聞只能停留在口耳相傳的語境之中，無法形成文字文本。

此外，公共知識領域本身更是一道難以逾越的屏障，公共知識領域只屬於識字階層。從大木康的劃分來看，識字階層大體可以分為兩類：

> I是識字階層，但這一部分並非是單一結構，其中既有Ia：以皇帝位頂點的官僚、鄉紳、巨賈（客商等）的上層階級，即真正意義上的統治階層，也有Ib：上層階級的預備軍──科舉考生、在城市裏擁有店鋪的中等規模的商人等中間階層。僧侶和道士等也是識字者，亦可列入這個中間階層。〔註11〕

特別是Ia的統治階層，他們在國家統治中擁有真正的話語權。這一階層具有文字識讀的能力，而且熟練地掌握書寫技能，特別是其中的官員、學者和文士，當然這些身份彼此之間是可以兼具的，他們即是所謂的帝國知識精英，在傳統研究中也往往被稱為士大夫集團。

一般來說，在明帝國的識字教育中，科舉考試為他們與其他階層畫出了一條明晰的身份界限。這些知識精英的大多數在經過多年的研習和艱苦的考試之後，取得了舉人或者更高層次的「功名」。而這樣的學習經歷，使他們擁有良好的文字閱讀和寫作素養，以及彼此之間共同分享以儒家理念為核心知識話語。他們不但通過文字彼此交接，討論日常生活、學術和社會問題，同時，在進入帝國官僚體系之後，這些書寫的能力也是文書行政所必須的要求。在某種程度上說，帝國的管理需要他們依靠書寫能力來運轉這座文書行政體系的大廈。知識精英們通過自己的官員身份直接參與到國家大計的制定之中，而支撐帝國運轉的文書行政體系又給他們的書寫提供了可以申訴自己意見的平臺。這樣的話語環境存在著巨大的身份優勢，即他們所寫作的文本，將被作為一種嚴肅的文字予以對待，其中有價值的知識和意見則會被轉化為

〔註11〕大木康《明末江南的出版文化》，上海：上海古籍出版社，2014，44頁。

政府的決策，成為國家的意志。

　　同時，知識精英們還往往通過同族、同鄉、同門、同僚等身份，與知識精英群體中的其他成員們保持著文字交往和社會關係上的往來。因此，他們書寫的許多文本在知識精英群體中得以流傳，並在知識群體中產生一定的影響。而其他知識精英們則通過談論、評述、引介、增補、題跋、協助出版等等，使其文本中的意見、觀點、結論轉化成為知識群體所共享的知識。由此，以這種知識精英的社會身份為支持，以文字寫作為媒介，形成了一個明帝國境內具有封閉性的公共知識領域。邊疆軍民宿卒以及其他在邊疆具有某種閱歷的人群，由於既不具備這種必要的社會身份，難以有效地使用文字寫出自己的見聞，他們目見耳聞的那些極具價值的邊疆情形就很難形成文本知識，也無法順利地進入公共知識領域。

　　此外，就北部邊疆知識而言，自從十六世紀開始還有一個現象值得重視，即「九邊」以及與之相關聯的一系列詞彙被廣泛的應用於書寫和日常談論之中。在當時中國知識精英們留下的文本中，九邊之內被稱為「中國」或「內地」，九邊以外乃至更為廣闊的北方地域被稱為「塞外」、「邊外」、「關外」等等。這些在幾個世紀以前經常使用的詞彙，到了十六世紀前後早已成為具有審美性質的詩文常用的意象，這些意象縈繞著孤寂、荒蕪、殺戮、征戰等相關的歷史記憶，被北部邊疆的危機所激活，再次被賦予了日常化的確切所指，回歸到政府官方文獻和知識精英筆下的日常書寫之中。「九邊」以外的世界有了這些明確詞彙予以描述，這就在某種程度上降低乃至隔斷了以「中國」或是「內地」之類的詞彙來言說這一地區的可能性，而詞彙分離的背後則是在地域認知觀念的明確區分。由於邊疆危機的加劇、九邊的防禦體系的鞏固，使得明帝國的知識精英們根本無法進入到北部邊疆區域。那麼，在明帝國的公共知識領域之內，北部邊疆知識的流入就這樣停滯了。

二、中國視域下的北部邊疆知識

　　北部邊疆的緊張關係限制了正常的交流，也限制了新知識的流入，不過，這並未能阻止中國的知識精英們形成對北部邊疆的看法，有關邊疆的書寫也並不會因此而斷絕。相反，當一個的知識空間其內部長期沒有新知識的融入，並且這一知識空間又迫於外在壓力的時候，它對於這外在的空間更容易激發出一致性的觀點，從而將原有的知識都納入到統一的知識話語之中，形成一個

固定的邊疆理解範式，即便在這個理解範式之中的許多知識未必都是精準且符合實際的。

如果暫不考慮一些特殊情境，僅從大的方面來看，從十六世紀之後，甚至直到清帝國佔有中國之後的一段時間內，中國的知識精英們並不清楚北部邊疆這一區域的具體情況，中國知識精英們的邊疆知識非常有限。從一個事例上就可以說明這個問題。魏煥在編寫《九邊考》的時候，專門設立了一卷《外夷考》，以敘述北方部族的具體情況，這一卷也是全書最為重要的民族志的記錄。按照他自己的說法，「懼夫冠虜之莫知所從來也，於是有《外夷考》」〔註12〕。這也就是說，這一卷的撰寫是對九邊以外敵情的細緻描述，以求通過這一卷的考察做到知己知彼。但是在這一卷的撰寫中，魏煥所使用的資料仍然是一個世紀以前《大明一統志》（1461）當中有關於邊外民族情況的記載。

魏煥似乎已經認識到了這種用一個多世紀以前的北部邊疆知識解決現實問題存在許多歷史與現實無法彌合的鴻溝，為了彌補當下邊外知識極端缺乏的困境，他在這一卷的撰寫中加入一些當時「邊將譯使之言」、「虜中走回人口之言」這些極為零碎而無法實證的傳聞〔註13〕，這種現象非常讓人吃驚。因為對於一部專門用於邊關防禦計劃的實用文獻來說，情報的真實性、準確性和時效性應該是最為重要的，魏煥作為兵部主管邊疆防禦問題的高級官員不可能不瞭解這些，但是即便是他——一個理應掌握著最詳盡北部邊疆知識的人，也沒有及時準確的詳細情報能夠把「九邊」以外的「外夷」情況說得一清二楚。這一極端的現象只能說明一個問題，當時的中國知識精英們對邊疆的瞭解是相當匱乏的。

在本書展開的研究中，為了確切地知曉當時的中國知識精英們已經掌握了哪些北部邊疆知識，就有必要對這些已有的邊疆知識做一定分類考察，從他們掌握知識的情況進而可以獲悉當時中國知識精英們對邊疆的整體認識。在十六世紀之後，生活在中國這一封閉的空間之內的知識精英們，只能依靠已有的北部邊疆文獻認知這一區域。所以從文本入手，按照文本類型來分別討論，或許能夠更具條理化地析理出當時中國知識精英們對於邊疆的認知情況。從現有的文獻上看，大致可以分為如下的三類：

〔註12〕魏煥《九邊考・引》，2頁。
〔註13〕魏煥《九邊考・凡例》，4頁。

　　第一類是諸如陳誠《西域藩國志》《西域行程記》，金幼孜《北征錄》《後北征錄》，楊榮《北征記》，劉定之《丕泰錄》，李實《北使錄》，袁彬《北征事蹟》，楊銘《正統臨戎錄》等明帝國十六世紀以前的北部邊疆的遊記、行紀之類的著述。

　　這些著述大多伴隨著明帝國早期對邊疆的征戰而產生，書寫者們隨著帝王和軍隊進入北部邊疆地區，記錄下沿途的所見所聞以及北方少數族裔的情況。比如金幼孜（1368～1432），永樂朝（1403～1424）官至禮部尚書兼武英殿大學士，永樂八年（1410），明成祖北征阿魯台，十二年征瓦剌。金幼孜扈從出塞，其《北征錄》記永樂八年二月初十日，隨明成祖出德勝門，北征阿魯台，至同年七月十七日回京的經歷。如其記沿途所見物產：

> 　　初五日，發蒼山峽。午次雪臺戍。地多野韭、沙蔥，人多採食。又有金雀花，花似決明，莖似枸杞，有刺，葉小，圓而末銳，人採取其花食之。又有一種黃花菜，花大如筒蒿，葉大如指，長數尺，人亦採食。〔註14〕

記地理：

> 　　二十五日早，發金剛阜，午次小甘泉。有海子頗寬，水甚清，鹹不可飲，中多水鳥。胡騎云：「此名鴛鴦海子。」疑即鴛鴦濼也。《地志》云：「鴛鴦濼在宣府。」此去宣府蓋遠，未敢必其然否。夜召，語至三鼓乃出。〔註15〕

　　同樣，土木之變明英宗被俘，朝廷派遣李實（1413～1485）赴瓦剌議和。李實作《北使錄》記景泰元年（1450）七月初一日出京，出關赴失八兒禿與也先（未詳～1455）談判，至二十一日，回京覆命之事。此行除了沿途記錄驛程、地理、景觀之外，尤記錄瓦剌諸情形：

> 　　初五日，天曉，忽有達賊二十餘人，各張弓弩，一人仗劍衝入帳邊。完者脫懽急與答話，詢知可汗所差尚書阿魯述等，先送先使臣平章皮兒馬黑麻赴京奏事，在彼等候。阿魯述等下馬作禮，復送三十里別。賦詩云：「胡騎長驅入帳來，張弓仗劍怒如雷。譯知兩國通和好，長歎一聲作禮回。」同日，過雲州，夜直雨，赤城溫泉口

〔註14〕金幼孜《北征錄》，《明代蒙古漢籍史料彙編（第一輯）》，呼和浩特：內蒙古大學出版社，2006，44頁。

〔註15〕金幼孜《北征錄》，40頁。

四十里宿荒，被賊盜去馬三四匹。〔註16〕

對於中國的知識精英們而言，這是有關北部邊疆極為難得的第一手資料，故而諸如《大明一統志》等國家典志在描述北部邊疆地理、氣候、族群等情況的時候，也往往取材於此類文獻的記述。到了十六世紀，中國的知識精英們已經斷絕了直接進入北部邊疆的可能之後，這些文本的記錄從時間上來看雖然已經是一個多世紀以前的情況，但是在沒有更多實地考察資料的前提下，它們依舊顯得彌足珍貴。

由於這類著述大多都是在征戰或出使的背景下寫成的，故而其關注的焦點也大多停留在政治、軍事等方面，對於風俗土物、地理地貌、民生習性等問題並沒有系統的記述與考察。從這些著述的容量上來看，它們一般只是記錄了在北部邊疆某一區域內同少數族裔征戰的過程，或描述某一政治事件的緣由始末，並且其書寫者在邊疆的歷時也不過只有數十日或數月。所以，這些著述篇幅一般都比較短小，只能算是一管之窺。面對明帝國所需瞭解的廣闊北部邊疆而言，這些文本無論是時效性還是系統性都無法滿足實際的需求。

不過，這些文本對於後世的知識精英們形成對邊疆的認識觀念卻有著相當重要的意義。由於其中的許多文本都是以征戰為主要題材的，這些征戰的故事總能傳遞出這樣的信號——邊疆是危險且充滿殺戮的。特別是正統朝（1436～1449）經歷了土木之變的書寫者們留下的邊疆文本，使得那段明帝國君主被俘、出征軍隊全軍覆沒的記憶以及歷史上無數次同北方部族苦戰的歷史，永久地縈繞於中國知識精英們的頭腦之中，直到清末還有許多邊疆書寫者對此類事件記憶猶新。同時，在這些文本中「始知太宗文皇帝神武天縱，廓清摧陷，三邊盡滌，比之太祖高皇帝，峻得成功，再立華夷限界」〔註17〕，「凡虜地山川之險要，經練已熟，而於焚龍城、犁胡虜塞之策，悉已素定於胸中。且正興師，鐵騎百萬，川湧山峙，尚何醜虜之敢犯耶……而又修文德以堅中夏之防」〔註18〕之話語也伴隨著文本流傳開來。這些記述同十六世紀以後內地不斷遭受到北方少數族裔入侵、掠奪、破壞、殺戮的現實相互激蕩，由此在十六世紀之後的許多有關邊疆的敘述中建構了一個危險而野蠻的北部

〔註16〕李實《北使錄》，叢書集成本。
〔註17〕南舒秦《金文靖公北征錄・序》，金幼孜《北征錄》，32 頁。
〔註18〕桑悅《金文靖公北征錄・又序》，金幼孜《北征錄》，31 頁。

邊疆，這些縈繞於帝國早期的邊疆文本中的歷史記憶，則成為了判定北部邊疆危險與野蠻情形的真切注腳。

　　第二類是十六世紀以後北部邊疆研究性的著述。從十六世紀開始，中國湧現出大量的以北部邊疆問題為核心的專門研究著述，此類著述的數量可觀。根據學者王庸統計，此類著述有九邊總圖說三十種，各邊鎮總志三十種，各邊鎮別志六十六種，各路關衛分記四十二種，邊務雜著四十八種〔註19〕，除此之外，尚有諸如鄭文彬《籌邊纂議》、胡松《經理三關奏記》、王瓊《晉溪敷奏》、楊一清《關中奏議》等相關的邊疆奏議，其數量更是不計其數。在這麼短的時間內出現了這麼多同類著作，亦從一個側面顯現出，中國的知識精英們共同感受到的北部邊疆威脅的壓力，以及由此產生的對於北部邊疆知識迫切渴求的心態。

　　這些著述又大致可以分為兩種。一種是負責北部邊疆防務的官員們對於九邊防務體系的專門研究，以及以此為基礎提出的軍事策略規劃布局。比如許論《九邊圖論》，魏煥《九邊考》，霍冀《九邊圖說》，申用懋《九邊圖說》，鄭曉《九邊圖志》，萬建章《九邊圖說》，畢自嚴《國朝九邊兵略》，劉效祖《四鎮三關志》，尹耕《兩鎮三關志》，楊時寧《宣大山西三鎮圖說》，王宗沐《三鎮圖說》，張雨《全陝邊政考》，黨馨《三邊四鎮志》，唐龍《三邊四鎮圖》，楊錦《朔方邊紀》，馬中錫《宣府鎮志》，王崇獻《宣府鎮志》，楊一葵《雲中邊略》，王士琦《三雲籌俎考》，蘇祐《三關紀要》，康丕揚《三關圖說》，叢蘭《三關遏截編》，劉敏寬《延鎮圖說》，余子俊《經略邊修》等等。

　　這些書寫者大多是北部邊疆防務的直接策劃者和參與者，這些文本是他們參與到帝國實際工作中的經驗或策略的匯總，這些文本還直接應用於帝國的防務決策之中。比如許論（1487～1559）作《九邊圖論》。許論的父親許進（1437～1510）從弘治到正德朝一直在北部邊疆的防衛沿線擔任要職。在成化七年（1471），許進還曾親自率軍出嘉峪關平定吐魯番的叛亂。邊疆知識正是通過家族的傳承，在許論身上得以進一步地發揮。許論在嘉靖五年（1526）考中進士，後來曾任兵部主事等職。由於他「幼從父歷邊境，盡知阨塞險易，因著《九邊圖論》上之。帝喜，頒邊臣議行，自是以知兵聞。」〔註20〕其後，

〔註19〕王庸《中國地理圖籍叢考·明代北方圖籍錄》，上海：商務印書館，1947。
〔註20〕《明史·許論傳》卷一百八十六，北京：中華書局，1974，4928頁。

許論曾先後督撫宣化、大同、山西、薊州、遼東、保定等地軍務,後至兵部尚書之位。許論在《九邊圖論》中指出了以往邊疆防衛的諸多弊病,並提出了堅壁固守的方法,通過各處彼此之間的聯合支持,以防北部邊疆少數族裔的入侵:

> 國家驅逐胡元,混一寰宇,東至遼海,西盡酒泉,延袤萬里。中間漁陽、上谷、雲中、朔代,以至上郡、北地、靈武、皋蘭、河西,山川聯絡,列鎮屯兵,帶甲六十萬,據大險以制諸夷,全盛極矣……今則撫臣假調操以自固,將帥假按伏以為奸。攻守無策而偷惰相襲,文法太密而巧避益多。斥堠不立而勇敢未倡,功賞不明而激勸每爽。地方屢失,糧餉屢乏,實此之故矣。今惟痛革其弊,堅壁固守,勤加巡哨,為耕牧長計,而無狃近利乃可為也。其治蠻夷之道,則在率土著良民,得以自相守望,一或不支為之連屬,附近地方策應之。〔註21〕

整個《九邊圖論》分為「九邊圖略」、「九邊總論」、「九邊全圖」、「遼東論」、「薊州論」、「宣府論」、「大同論」、「榆林論」、「寧夏論」、「甘肅論」、「固原論」等十一個部分。每一處都詳細描繪出各重鎮的關口、堡壘、山川、城鎮等情勢,其「九邊圖略」以縮略圖的方式展現明帝國從遼東、薊州至甘肅、固原整個邊防體系,並輔以「九邊總論」予以解說。「九邊全圖」則將防衛體系細化到每一處邊防要地。並通過其後對每一處重鎮的論述,總結歷史上此處與邊疆少數族裔征戰的情況、地理要衝之所在,以及應該如何調動現有的國家資源,執行怎樣的防衛策略等等。

同樣,隆慶三年(1569),兵部尚書霍冀(1516~1575)以「先任本部尚書許論先為禮部主事時曾奏上《九邊圖考》,嗣後本司主事魏煥亦曾續之。迄今近三十年,邊堡之更置,將領之添設,兵馬之加增,夷情之變異,時異勢殊,自有大不同者」〔註22〕,又作《九邊圖說》。與此前許論和魏煥等人先私人修撰,再呈獻給國家不同,霍冀《九邊圖說》是奉明穆宗之命,集中兵部諸人之力共同完成的。《九邊圖說》記遼東、薊州、宣府、大同、山西、延綏、寧夏、固原、甘肅九鎮。以圖為主,文字為輔,分述的各處軍事地理、守備

〔註21〕 許論《九邊圖論‧九邊總論》,四部禁燬叢刊本,史部21冊,北京:北京出版社,1997,86頁。
〔註22〕 霍冀《九邊圖說》,玄覽堂叢書本,臺北:中正書局,1981,3頁。

人員配置、官兵軍馬數量以及每年軍費開銷等諸事。

　　這類著述的情況大體都是如此。它們描繪出這樣一幅圖景：九邊的防衛體系為中國和邊疆劃出了一道無法逾越的軍事鴻溝，帝國嚴陣以待，隨時戒備著北方少數族裔的南下，整個北部邊疆籠罩在一片厲兵秣馬、枕戈待敵的氛圍之中，即便今天的讀者讀之，也能輕易地體會到一種強烈的壓迫感和危機感。可以說，九邊的防衛體系將中國與邊疆在現實中徹底隔離，邊疆排斥在中原的世界之外。

　　從知識所描述的空間範圍上看，這些邊疆防衛著作對知識的把握有著非常明晰的內外之別。如果簡單地以九邊防禦工事作為一條界限的話，毫無疑問這些著作知識的重點就在於這條防線，對於山川地貌的把握、堡壘邊牆的設置、人員兵力的調配、軍馬錢糧的徵調雖然極盡細緻，但是這都是九邊以內的信息，這些文本對九邊防禦體系之外的邊疆世界依舊缺乏足夠的瞭解。

　　另一種北部邊疆研究性的著述，是明帝國的知識精英們對九邊之外，北部邊疆歷史、風俗、地理、族裔、戰情等問題的整理和考證。比如蕭大亨《夷俗記》，鄭曉《北虜考》，瞿九思《大寧考》，王世貞《北虜始末志》，葉向高《四夷考》，諸葛元聲《兩朝平攘錄》，陳繼儒《建州考》，周文郁《邊事小記》，張鼐《遼夷略》等等。這些書寫者中，雖然有諸如蕭大亨、鄭曉、周文郁等負責邊疆軍事防務的官員，但是也有相當一部分書寫者與邊疆防務並無太多直接的關涉，尚屬於針對某一非直接公務問題的私人研究成果。邊疆情勢在私人著述中的出現，在某種程度上，也可以視作邊疆等相關問題在公共知識領域中產生的震盪。

　　且如蕭大亨（1532～1612），山東泰安人，為嘉靖四十一年（1562）進士，先後歷任山西參政，寧夏、宣化巡撫，宣化、大同、山西總督，官至刑部尚書。蕭大亨在邊疆任職多年，《夷俗記》是其根據多年邊疆工作的見聞，在籌邊之餘整理而得，尚屬於公務之外的私人寫作，即其所云「不穀籌邊之餘，得虜情頗悉，爰取係俗記之」〔註23〕。在《夷俗記·序》中，蕭大亨講到自己在多年邊疆防衛工作中感受到的壓抑和焦慮：

　　　　弘正以後，戰詘議守，守詘議貢，貢詘而覆議戰。竭天下力

─────────────

〔註23〕蕭大亨《夷俗記·序》，四庫全書存目本，史部 255 冊，濟南：齊魯書社，1996，324 頁。

以奉之無寧歲，備左則右失，此款則彼攻。無他，虜情失也。彼之種類、嗜惡、趨辟、短長、變態不諳，而我直以無莫當之，鮮不憤矣。〔註24〕

他希望將自己多年的邊疆經驗和知識整理出來，以做到知己知彼，對國家防禦外敵有所裨益。

同樣，張鼐（1572～1630），松江華亭人，為萬曆三十二年（1604）進士，官至南京吏部右侍郎，兼詹事府詹事。天啟元年（1621）女真人攻陷遼瀋，張鼐頗感於時事，乃作《遼夷略》。其在《遼夷略・敘言》中云：

今者遼瀋新陷，朝議紛紛無定畫，甚有欲棄河西而守山海者。夫河西棄而山海安能守？此不待智者知之也。竊私歎國家才失一隅之地，動輒四顧張皇，便思縮地自固，別無他策，此其病在我先自弱，視奴太強，我先失中國之勢，而遂視奴為不可制之敵國。不知奴於眾夷中不過彈丸之一種耳，操縱而顛倒之線索，原在我中國之手……今日惟有此一著，可使夷動而我靜，夷勞而我逸，我修備修守，而徐乘其敝，寬民力定人心，以為恢復之計。若夫海、蓋諸逃民在海島中者，皆我百姓，決宜安插各島中，設官以統之，令山東為之接濟，使安插共守，以相機會，為復海、蓋之後圖。移諮朝鮮，整兵以擾其東境，而通貢道。又見奸細藏於兵部提堂中，恐此輩埋伏伺隙者不少，托何神叢，意將何為，危哉危哉！當事者不得瞶瞶如夢，余是以刻《遼夷略》，而僭題數言，以告定心為國者採而行之。〔註25〕

這種對於北部邊疆的焦慮心態，在十六世紀的整個公共知識領域中蔓延開來，而進入到十七世紀，伴隨著崛起的女真人不斷攻城略地、兵鋒直逼中原，明帝國在遼瀋地區則疲於應對、節節失利，北部邊疆的問題則成為了明帝國的統治階層和知識精英們都無法迴避的重大國事，並最終在明末清初，演化為知識精英階層與來自北部邊疆的女真人的直接武裝對抗。

這類有關邊疆研究的文本有一些共同的特徵：其一，雖然有一些負責北部邊疆防衛的知識精英曾經在長城沿線同少數族裔作戰，但是對大多數研究家們

〔註24〕蕭大亨《夷俗記・序》，322頁。
〔註25〕張鼐《遼夷略・敘言》，載《明代蒙古漢籍史料彙編（第二輯）》，呼和浩特：內蒙古大學出版社，2006，471～472頁。

而言，他們幾乎都沒有走出過九邊之外。從其研究資料的獲取來源上看，很多文本也只能在帝國各個時代的史籍、典志、遊記、雜記等文獻中摘錄相關內容，隨後對這些史料進行梳理編聯，考訂校正等等。這些知識精英們延續了中華帝國歷代知識精英們所積累下來的固有思維模式，即希圖通過知己知彼的態度、以古鑒今的方式，使這些邊疆的歷史文化知識在實際防禦和征戰中發揮作用。

不過，這些古代知識精英們記錄的北部邊疆的文獻中，充斥著各種疏漏、謬誤、偏見等不可避免的問題自不待言，僅就這些資料產生的時代上來說，相當多的邊疆研究文本都引述諸如「前四史」、「南北史」、「兩唐書」等古典文獻的相關記述，這些記述距離十六世紀中國知識精英們生活的時代已經有上千年之久，時勢更異，世事變遷，很難同當下的北部邊疆情況相互印證，其是否能夠有效地解決當時的北部邊疆危機本身就值得商榷。甚至那些負責邊疆防務的書寫者們由於當時的邊情所限，也大多只能採用這種「以文獻證文獻」的方法研究北部邊疆問題或考辨敵情。在這種實地考察的經驗和第一手的材料極端匱乏的時代裏，「九邊」以外的世界對於中國的知識精英們來說依舊是模糊不清的，那裡需要進一步細緻考察、詳盡書寫。故而到了清帝國時期，我們可以輕易的發現，清帝國的邊疆研究家們很少使用十六世紀之後明人的研究成果，一個最重要的原因即在於這一時期的書寫者們幾乎從未踏出入北部邊疆半步，其研究成果也因而漏洞百出。

其二，在這些邊疆研究的著作中，「防邊虜」〔註26〕、「今之四夷，北虜為急」〔註27〕、「自北虜外，我膏盲之患而不能絕」〔註28〕、「北虜世為邊患，非不侵不叛之臣耶」〔註29〕之類的描述比比皆是。在這些描述性的話語中，對北方各個部族的貶斥態度不斷強化，並成為當時的知識精英們介入邊疆問題較為統一的看法。在他們許多人的眼中，北部邊疆怪異而無法理喻——北部邊疆氣候異常、充滿殺機，那些行為古怪、習性迥異，介乎於動物與人之間（這種區分或是在生理上，或是在文化上）的野蠻族群，或是因為性格的缺陷，比如殘忍、蓄意破壞、盲目殺戮等等，或是貪圖中國的利益，經常毫無

〔註26〕許論《九邊圖考·九邊總論》，86頁。
〔註27〕魏煥《九邊考》卷一，14頁。
〔註28〕王世貞《三衛志》，載《明代蒙古漢籍史料彙編（第二輯）》，呼和浩特：內蒙古大學出版社，2006，25頁。
〔註29〕蕭大亨《夷俗記·序》，322頁。

理由地闖入內地構成對中國的威脅；而中國則自古以來一直就是由聖賢治理的文明世界，同他們在本質上就被區分開了。

比如張雨（生卒年未詳）作《邊政考》十二卷，卷六將北部邊疆少數族裔分為北虜、西域、西羌三大部分，並稱「三夷」，專述其事。在其開篇，作者張雨云：

> 按三夷，類無定居，無定名。騁強力，相雄長，亦無定長。以騎剽掠為生業，亦無定業，狼心野性，故亦無定性。是故類族以領之，居方以別之。類而為三，所謂類犬羊則犬羊之而已，因類以為之，坊要亦無混施焉。〔註30〕

這段文字看似如實的敘述邊疆少數族裔的情況，首先，用「無定居」、「無定名」、「無定長」、「無定業」、「無定性」一系列否定語詞予以敘述，而這些否定語詞的使用也徹底將之與中原世界中民眾皆「有定居」、「有定名」、「有定長」、「有定業」、「有定性」的普遍事實對立起來。其次，則是「狼心野性」、「類犬羊則犬羊之」一系列動物性的比喻以及「剽掠為生業」的生活方式，將邊疆少數族裔徹底地擯斥在文明世界之外。

由此，這條由九邊所圈界出出的界限，已經不再是輿圖上一條簡單的軍事防禦體系，而著實成為了當時知識精英們眼中一條分隔文明世界與野蠻世界的明確界限。這條「文明／野蠻」界限的劃分，隨著歷史的推移逐步沉澱在中國知識精英們的歷史記憶之中，並在隨後清帝國統治下的幾個世紀中依舊發揮著作用——「中國／邊疆」在中國知識精英們的觀念中也被明確地認知為兩個絕對分離而又彼此對立的世界。

第三類是以增廣見聞為主的著述，亦可稱為方志類或博物類的著述，如嚴從簡《殊域周諮錄》、羅曰褧《咸賓錄》、潘光祖《匯輯輿圖備考全書》、程百二《方輿勝略》等等，此類著述的數量也非常之多。這些著述的書寫者們書寫北部邊疆的原因非常複雜，有的是關心時局、討論邊情（近似於第二類書寫者的心態），有的是基於書寫的衝動廣博見聞、談天論地，還有的僅僅是為了書肆需要出版某一類型的書籍等等。

若暫不考慮一些特殊文本，從總體上看，此類著述的原創性一般並不強，有相當一部分內容是以抄錄、刪改、剪輯其他文獻寫成的。這些被改造的文獻

〔註30〕張雨《邊政考》卷六，續修四庫全書本，738 冊，上海：上海古籍出版社，2002，134 頁。

之來源也沒有必定的原則——上下千年的經史子集、輿地圖籍，幾乎只要與北部邊疆有關的內容都可以納入其中。這樣一種書寫動作本身並無需遵循細緻的研究與考辨的準繩，只要能書之成文、聯綴成篇，即可以創造出一個新的知識文本。雖然從知識的真實性上看來這些文本極不嚴謹，但是從文化生產的角度看卻是最快生產出某種廉價知識的方法。

在這些邊疆文本當中，諸如《穆天子傳》《山海經》《博物志》《異域志》以及各種雜錄筆記中的篇章段落、奇談怪論都與確切的史實雜糅在一處。現實同傳聞並無界限，正確與謬誤攪在一起也未予辯駁。從某種意義上說，這種現象可以理解為在新知識無法進入的情況下，原有知識的自我碰撞與衝突的必然結果。而這些無頭緒的廉價知識不斷地自我複製，在沒有實證可以介入作為裁判的情況下，則最容易為已有的某種理解態度所引導。

如前所述，將北部邊疆視為一個危險而野蠻的地域已經充斥在其他文本之間，同時也為現實的北部邊疆問題所佐證，那麼，這些認識很快就成為此類著作的共識，並引導這些文本不斷複製這種認識。比如萬曆朝（1573～1619），羅曰襞（生卒年未詳）作《咸賓錄·北虜志》卷一《韃靼》對於北部邊疆游牧民族譜系的描述：

> 韃靼，北胡也。昔三代之獯粥、獫狁，漢之匈奴，魏之蠕蠕，唐之突厥，宋之蒙古，種類迭熾，大抵皆夏后氏之苗裔也。昔夏桀無道，湯放之，居於中野，士民奔湯。桀南徙千里，止於不齊，不齊民奔湯；北徙魯，魯士民復奔湯。桀曰：「海外有人。」乃與其屬五百人徙北荒沙漠間。桀死，其子獯粥妻桀之妻，隨畜遷徙，因以成俗，謂之匈奴。〔註31〕

這種譜系顯然是虛構出來的，卻在十六世紀廣泛流傳。比如這段文字曾被程百二（生卒年未詳）《方輿勝略·外夷·韃靼》卷一所抄錄，其文為：

> 韃靼北胡也。昔夏桀無道，湯放之居於中野，士民奔湯乃興。其屬五百人徙北荒沙漠間。桀死，其子獯粥妻桀之妻，隨畜遷徙，因以成俗，謂之匈奴。〔註32〕

其他文本也有類似的敘述，這從一個側面也反映出生產這種知識的方式。

〔註31〕羅曰襞《咸賓錄·北虜志·韃靼》卷一，北京：中華書局，2000，1頁。
〔註32〕程百二《方輿勝略·外夷·韃靼》卷一，四庫禁燬書叢刊本，史部21冊，北京：北京出版社，1997，386頁。

它將中國歷代北方的游牧部族都視為夏桀——一個為傳統儒家道德主義所擯斥的暴君的後代,這種殘暴無道的性格,由於遺傳性的存在又使得歷代迄今的北方游牧部族都被建構為像他們祖先一樣,天生就具有不道德的種族性格。在這樣的一種普遍看法之中,諸如「穴居衣皮,好勇喜盜。冬月以屍餌貂,食生肉,米為酒,叢尚射獵」〔註33〕、「生好殺,篡弒蒸淫,天性然也」〔註34〕、「嗜半生米飯,漬以生狗血。嗜酒,醉則縛之,不爾殺人」〔註35〕等奇異的傳聞在此類文本中不可勝數,更有一些文本將傳說中的「狗國」、「女人國」、「鬼國」、「野人國」等奇異的記文也抄入其中,「九邊」以外的世界則更為怪異,甚至恐怖。北部邊疆被描述成為純粹的野蠻人生活的地區,那裡充斥著各種各樣讓人無法理解的怪誕見聞,從而將北部邊疆都棄置於文明世界之外。

通過以上三類文本的考察,我們大致可以知道十六世紀到清帝國佔有中國這一時間段內,中國的知識精英們面對北部邊疆所掌握的知識,以及因由各種奇異傳聞和現實相互紐結而形成了一種相對整體性的看法。在當時中國知識精英們的眼中,北部邊疆就是這樣的一幅知識圖景——那裡是文明失落之地,「九邊」之外的世界是危險的(防禦之必要)、模糊的(書寫之必要)、野蠻的(教化之必要),同時又充滿了人們對於邊疆的焦慮和天馬行空的遐想。正是在這樣的知識圖景中,隨著清帝國佔據了中國也逐步將北部邊疆納入版圖,關於北部邊疆的一個新的知識時代也到來了。

第二節　清帝國時期的北部邊疆

一、雙重構造下的北部邊疆

自從十六世紀中後期滿人(女真人)在滿洲興起,就像之前歷史上許多迅速崛起於亞洲內陸的少數族裔一樣,滿人及其所建立的國家憑藉它強大的武力和無休止的征戰,很快就征服了包括中國在內的廣闊地域。到十八世紀中葉,清帝國——這個由邊疆少數族裔所建立起來的帝國,已經成為東亞

〔註33〕潘光祖、李雲翔輯《匯輯輿圖備考全書・外夷・女直》卷十八,四庫禁燬書叢刊本,史部 22 冊,北京:北京出版社,1997,252 頁。
〔註34〕程百二《方輿勝略・外夷・韃靼》卷一,393 頁。
〔註35〕程百二《方輿勝略・外夷・女直》卷二,404 頁。

世界中最龐大的國家。《清史稿・地理志》的開篇這樣描述了這一時期清帝國的疆域：

> 逮及高宗，定大小金川，收準噶爾、回部，天山南北二萬餘里氈裘湩酪之倫，樹領蛾服，倚漢如天。自茲以來，東極三姓所屬庫頁島，西極新疆疏勒至于蔥嶺，北極外興安嶺，南極廣東瓊州崖山，莫不稽顙內鄉，誠係本朝。〔註36〕

同之前的明帝國以長城沿線構築防禦墩塞的北部邊疆相比，清帝國的北部邊疆向東北亞地區和亞洲內陸的拓展，遠遠超出了之前明帝國的北部疆域的最大範圍。

北部邊疆這樣一個廣闊區域，應當如何治理？作為少數族裔的清帝國的統治者們成功而巧妙地利用了自己既是異族，同時又是中國佔有者的這一特殊身份，將北部邊疆編織入清帝國的疆域版圖，從而也創造了清帝國統治下「中國／邊疆」的新關係。

首先，清帝國在中國與北部邊疆採取了不同的治理策略。清帝國在北部邊疆所推行的策略，延續了帝國的統治者同邊疆其他少數族裔一致的異族身份，它似乎仍舊維持了傳統「中國／邊疆」二元分立的結構。按照新清史研究家羅友枝（Evelyn Rawski）的說法：

> 征服精英還主導清代在東北、蒙古、西藏和新疆等地區的行政事務，在清朝統治的大部分時間裏，這些地區的行政沒有納入到六部管轄之下的行省體系……清代稱這些新征服的邊疆地區為「外」，以區別於原明朝的疆域的「內」。在長城以內的原明代疆域由以六部為代表的官僚機構管轄，而邊疆的少數民族地區則由理藩院和八旗貴族統轄。〔註37〕

如果拋開一些細節上的分梳，僅從宏觀的視角來看，與中國由中央六部到地方行省的官僚支配制度完全不同，清帝國在邊疆推行的是強化個人在部族中統治權威的等級制度。這種制度更多地來自於北部邊疆部族之間聯盟的傳統，軍事力量、血緣和世襲身份在其中一直起著決定性的作用。

〔註36〕《清史稿・地理志一》卷五十四，北京：中華書局，1977，1871 頁。

〔註37〕羅友枝《再觀清代：論清代在中國歷史上的意義》，載劉鳳雲、劉文鵬編《清朝的國家認同：「新清史」研究與爭鳴》，北京：中國人民大學出版社，2010，8 頁。

　　這種應用於北部邊疆的制度，在清帝國尚未建國之前的滿洲就已經逐步確立，並在滿人進入中國之後依舊延續下來。雖然清帝國的最高統治者在許多場合被尊為「皇帝」——這種稱法沿襲了歷代中國的漢人最高統治者的共同稱謂。但是，在北部邊疆部族首領們的眼中，清帝國的皇帝同樣具有「汗」的身份，「蒙古人稱滿洲皇帝位額真可汗（諸汗之汗）或博克多可汗（諸汗之大汗）……官員在用滿文起草的奏摺中稱皇帝為『聖汗』（恩都凌額汗）和『聖主』（恩都凌額額真）」〔註38〕——清帝國的皇帝是北部邊疆各個部族勢力聯合的盟主。

　　當然，清帝國在北部邊疆所建立的這套強化個人權威的等級制度，具有因地制宜的性質，並不拘泥於固定的形式，即所謂「修其教不易其俗，齊其政不易其宜」〔註39〕。比如在蒙古地區主要推行扎薩克制度，蒙古的部族首領們同滿洲的貴族們一樣被授予包括親王、郡王、貝勒、貝子等不同等級的爵位，甚至諸如外蒙古的土謝圖部、車臣部、扎薩克圖部等首領們仍舊可以保留「汗」的尊號，他們都世襲掌握部族的統領權。當部族的首領們死去之後，帝國重新冊封他們的直系後代繼承他們的爵位，繼續領屬過去的部族，世襲罔替。〔註40〕在新疆地區，伴隨著清帝國的征戰，較早歸附的哈密、吐魯番等地的回部以及乾隆三十六年（1771）東歸的土爾扈特部蒙古人中，推行扎薩克制度。在巴里坤、烏魯木齊等地，清帝國則仿照內地建立府縣制度，並大規模向新疆移民。而在葉爾羌、和闐、阿克蘇、庫車、庫爾勒等其他新疆地區，則主要沿用回部傳統的伯克制度等等。〔註41〕

　　由此，在帝國的整體疆域設計中，北部邊疆的內外蒙古諸部、新疆的天山南北的各個部族等，都被歸入到「藩部」的構架之中。帝國在北部邊疆的許多地區派出駐紮大臣，他們進入北部邊疆同這些部族的首領們共同管理所轄區域，而駐紮大臣的職位一般皆由滿蒙的八旗官員領屬，從來不授予中國的漢人官員。

　　在帝國的中央，對於邊疆的管理機構同樣也與中國的管理機構完全分開，邊疆事務主要由理藩院署理。理藩院前身是崇德元年（1636）設立的蒙古衙門，

〔註38〕羅友枝《清代宮廷社會史》，北京：中國人民大學出版社，2009，58 頁。

〔註39〕李兆洛《皇朝藩部要略序》，祁韻士《皇朝藩部要略》，續修四庫全書本，740
　　　　冊，上海：上海古籍出版社，2002，264 頁。

〔註40〕《大清會典則例·理藩院》卷一百四十至一百四十四，文淵閣四庫全書本，
　　　　624 冊，臺北：臺灣商務印書館，2008。

〔註41〕余太山《西域通史》，鄭州：中州古籍出版社，2003，436～441 頁。

專門負責蒙古各部事務的統一管理。到了乾隆朝，理藩院體制已趨於完善，其下分設旗籍司、王會司、典屬司、柔遠司、徠遠司、理刑司等部門，統轄外藩諸事。各司部門，各負其責：

> 旗籍掌考內扎薩克疆里，疇封爵，辨譜系。凡官屬、部眾會盟、軍旅郵傳，並隸治之；兼稽游牧內屬者。王會掌內扎薩克賓禮，典朝覲、貢獻儀式。凡饗賽、館餼，視等級以為差。典屬掌外扎薩克部旗封爵，治盟會。置郵驛，頒屯田、互市政令；兼稽游牧內屬者。柔遠掌治外扎薩克眾部，凡喇嘛、番僧祿廩、朝貢，並司其儀制。徠遠掌回部扎薩克、伯克歲貢年班，番子、土司亦如之；並典外裔職貢。理刑掌蒙古、番、回刑獄諍訟。〔註42〕

理藩院所設之主要職官，也都是由滿洲、蒙古出身的少數族裔官員充任。這樣，無論是滿洲、蒙古諸部還是天山南北乃至阿爾泰地區，雖然帝國在這些地域的開拓時間不同，民族構成、文化形態、宗教信仰、管理方式等諸多方面也都各有差異，但是在帝國的北部邊疆卻組成了一個由清帝國的異族身份所引領、鬆散卻又相互關聯的民族共同體。經過清帝國幾代帝王的開拓，這個邊疆共同體從滿洲地區的庫頁島、吉林、黑龍江一直延綿到新疆以及阿爾泰山以北的廣闊空間。

於此同時，清帝國也有意將北部邊疆共同體與漢人傳統生活的中國分開。在清帝國晚期之前，除了一部分北部邊疆地區，清帝國有意招徠內地移民墾戍之外，大多數的情況下，帝國在曾經「中國／邊疆」的臨界線上依舊長期推行著邊禁制度，禁止中國與北部邊疆之間的隨意往來。在這一制度下，凡是通過邊關的人員無論是滿人、漢人、蒙古人等，也無論是貿易、耕種，還是傭工、採辦，甚至宗室結親、藩王入貢等等，在跨越這條界限的時候，必須經由有司領取執照或印票才予放行。同時，出入關卡的人員數量、所帶物品、來往因由等皆需登記造冊，一一盤查，凡有偷渡關津者一律治罪。〔註43〕

由此，在清帝國的實際政治管控之下，「中國／邊疆」形成了同屬於一個帝國但是依舊內外分離的雙重政治構造。

〔註42〕《清史稿‧職官志二‧理藩院》卷一百十五，3298～3299頁。
〔註43〕《大清會典則例‧兵部‧職方清吏司‧關禁》卷一百十四，文淵閣本四庫全書，623冊，臺北：臺灣商務印書館，2008，385～393頁。

二、「天下」與一致性

不過，我們必須認真地指出，清帝國的雙重政治構造絕不等同於明帝國時代那樣「中國／邊疆」之間完全斷絕的關係。清帝國的統治者成功地應用了異族身份構建起北部邊疆共同體的同時，在中原內地的統治也極為成功。首先，清帝國從軍事上徹底征服了中原內地，這已成為了無法更變的事實。其次，以此為出發點，在國家意義形態上，清帝國的統治者也開始將異族身份轉化為中國的實際統治者，並以一種具有普世意義的天下話語向邊疆推廣。在這種情況下，「中國／邊疆」在天下話語之中又有序地聯繫在了一起。

從這種身份的轉換過程來看，清帝國最初的統治者並沒有直接取用中國傳統的知識話語，而是將自己描述為遼、金、元等征服王朝的後繼者，這些過去的征服王朝都是歷史上北方少數族裔建立的政權。這樣的做法，一方面使同盟者們相信，清帝國的統治者可以與遼、金、元的開國君主相提並論，以此抬高自己的聲望，這也預示著清帝國將統領整個北部邊疆的各個部族；另一方面，這一歷史統序的承繼也使同盟者乃至對手們相信，明帝國的氣數已盡，來自北部邊疆的女真人建立的國家，最有可能取而代之。〔註44〕

不過，這樣一種異族身份的描述，在女真人與明帝國的征戰中卻並不太成功。因為歷史上的北方征服王朝，在不斷進攻中原王朝的過程中，少數族裔曾對中原士人進行過血腥的殺戮，也使中原化為一片塗炭——這些早已成為了公共知識領域中的共同恐怖記憶。而這樣的歷史，由於明帝國末期邊疆的危機，再次與現實相印證。這就勢必引來中國知識精英們的徹底反抗，確實也是如此，這種民族主義情緒在明末清初再次被點燃了。

所以，從皇太極的時代開始，清帝國的統治者開始有意識地借用一系列漢人熟悉的知識話語，重新描述自己統治的合法性。在這裡，天下話語無疑發揮了最重要的建構作用。在天下話語中，清帝國的統治者把清帝國的興起和對中國的佔有解釋為「上天」的授意。「上天」授意的原因是受命者具有敬天、愛民、勤政、仁慈、睿智等一系列符合傳統儒家道德主義要求的素質。一旦過去的受命者失去了這些品德，那麼上天就會選擇新的受命者來統御「天下」。在這一邏輯中，業已喪失了統治能力的明帝國，象徵著「上天」對其統治權力的剝奪，而清帝國是「上天」新的受命者。

〔註44〕司徒琳主編《世界時間與東亞時間中的明清變遷》上卷，北京：三聯書店，2009，51頁。

　　在這樣的描述之中，清帝國的統治者們還使用了一個相當聰明的做法，即有意迴避異族身份與中國的對立，他們更強調自己是「天下」——這一較中國更為廣闊空間的合法統御者。既然北部邊疆少數族裔的統治者已經佔有了中國，這正說明了「上天」對於受命者的遴選並不侷限在「中國／邊疆」純粹地域上的區分，而是在天下這個更廣闊的空間範圍之內，選擇符合儒家道德主義要求的人選。如清太宗皇帝皇太極（1627～1643 在位）所說：

　　　　古云：皇天無親，惟德是輔。又云：民罔常懷，懷於有仁。由
　　此觀之，匹夫有大德可為天子，天子若無德可為獨夫。是故，大遼
　　乃東北夷而為天子，大金以東夷滅遼舉宋而有中原，大元以北夷混
　　一金宋而有天下。〔註45〕

　　由此，對於帝國來說，之前「中國／邊疆」截然二分的文化界限已經不再是嚴夷夏之大防、永遠不可逾越的界限。在天下的話語之中，無論是中國還是一直被拒斥在文明世界之外的北部邊疆，都是「天下」這一更大統治空間的共同組成部分。這就是說，「中國／邊疆」只是地理方位上不同，並不應該憑此而產生文化上的溝壑。清世宗雍正皇帝（1723～1735 在位）談及「中國／邊疆」這種文化與區域方位的關係時說道：

　　　　本朝以滿洲之君入中國之主，妄生此疆彼界之私，遂故為訕謗
　　詆譏之說耳。不知本朝之為滿洲，猶中國之有籍貫。舜為東夷之人，
　　文王為西夷之人，曾何損於聖德乎？〔註46〕

清高宗乾隆皇帝（1736～1795 在位）亦言：

　　　　至於東夷、西戎、南蠻、北狄，因地得名，與江南、河北、山
　　左、關右何異……如孟子稱舜東夷之人，文王西夷之人，此無可諱，
　　亦不必諱。〔註47〕

　　舜和周文王都是中國知識精英們心目中道德高尚、理想型的英明君主，他們統治的時代也被塑造成一個後無來者的盛世。清帝國的統治者通過舜和周文王等明君的非中國身份以自我比況，這樣，無論是漢人還是其他少數族裔的首領，只要能夠具備符合儒家道德主義的優秀品格，「上天」就會眷顧於他，

〔註45〕《清太宗實錄》卷二十八，天聰十年四月己丑條，北京：中華書局，1986，
　　　　371 頁。

〔註46〕雍正《大義覺迷錄》卷一，四庫禁燬書叢刊本，史部 22 冊，北京：北京出版
　　　　社，1997，260 頁。

〔註47〕桂慶《國朝宮史續編》卷八十九，北京：北京古籍出版社，1994，869 頁。

他也就可以合法地統治「天下」，並再次創造出一個盛世。由此，諸如「我大清之受天命有天下」〔註48〕、「誕膺天命，撫定中華」〔註49〕、「定鼎燕京，統一寰宇，是得天下之堂堂正正，孰有如我本朝者乎」〔註50〕……，此類描述在清帝國早期和隨後的許多官方文獻中經常可以看到。

　　這種意識形態的敘述，大體從康熙朝開始被中國的知識精英們普遍接受。這一方面與康熙皇帝（1662～1722在位）這位優秀君主的努力有直接關係。康熙皇帝通過一系列聰明的文化政治活動，有意地將中國的知識精英們收羅到帝國的體制之中。如費正清所言：

> 康熙與漢族士大夫關係很好，這有助於他取得意識形態領域內的勝利。康熙皇帝本人精通儒家經典，對文學有濃厚的興趣。當時許多漢族知識分子都拒絕與滿清政府合作，但康熙於1679年開設了明史館，網羅了152名大學者編撰明史。另外他還開設博學鴻詞科，在宮中收羅了一大批漢族學者和書畫家為皇家服務。康熙在位期間還令人編纂了《康熙字典》《朱子全書》《古今圖書集成》（後者遠比《大不列顛百科全書》更加卷帙浩繁，有5000卷之多）等書。這樣，這位滿洲皇帝也和明代皇帝一樣，成了文化學術的熱情贊助者和保護人。〔註51〕

　　而另一方面，入清之後成長起來的第二代、第三代的中國知識精英們，其大多數人並沒有經歷過明末清初同少數族裔征戰的腥風血雨，也缺乏明末遺民對前朝那種至死不渝的情感。清帝國仿照明帝國延續下來的科舉考試，依舊是士子們所熱衷的汲汲進身的渠道。通過這一渠道，中國的知識精英們與異族的新統治者再次結盟。清帝國通過知識精英們應試科舉、任職授官、參與文書行政等一系列動作，在知識群體中，成功地構建了其天下共主的形象。因此，到了清帝國中期，清帝國統治者的中原身份，已經獲得了中國知識精英們的普遍認同，如李紱（1675～1750）所言：「中國之共主，

〔註48〕　《嘉慶重修一統志·御製大清一統志序》，續修四庫全書本，613冊，上海：上海古籍出版社，2002，1頁。

〔註49〕　《大清詔令·平定陝西詔》卷一，續修四庫全書本，458冊，上海：上海古籍出版社，2002，451頁。

〔註50〕　《滿洲源流考·上諭》，文淵閣四庫全書本，499冊，臺北：臺灣商務印書館，2008，452頁。

〔註51〕　費正清《中國：傳統與變遷》，261頁。

即中國矣。」〔註52〕龔自珍（1792～1841）所言更為直白：「大清國，堯以來所謂中國也。」〔註53〕。在天下話語之中，清帝國是「上天」挑選出來統治文明世界的主人，清帝國也就成為了文化意義上「中國」。

在這樣的身份轉換中，清帝國由此以天下共主的身份，將自己對北部邊疆統治也描述為「上天」的旨意，將傳統中原的天下話語也推廣到了北部邊疆。如順治皇帝（1644～1661 在位）敕旨諸扎薩克蒙古：

　　　　朕世世為天子，爾等亦世世為王，屏藩百世。〔註54〕

康熙皇帝亦云：

　　　　本朝不設邊防，以蒙古部落為之屏藩耳。〔註55〕

從而，將北部邊疆少數族裔的聯盟作為維護中國這一核心區域的屏障。又如康熙皇帝所說：

　　　　朕惟國家統御方夏，覆載之內，視均一體。外藩蒙古諸屬國自
　　祖宗朝先後收服，次第歸誠。迨朕臨御以來，番王君長歲時貢琛，
　　悉比內地，繡壤相錯，不啻萬有餘里。〔註56〕

在這裡，清帝國的皇帝以作為中國主人的身份來描述中國以「外」——北部邊疆諸部與清帝國的關係。那些在清帝國早期征服邊疆歷史中的種種權謀、殺戮等等與道德主義的不合之音都被有意地抹去，北部邊疆納入到帝國版圖範圍之內的原因被建構為北部邊疆少數族裔「番王君長」對「上天」遴選的天下之主（清帝國皇帝）的主動歸附。

從這樣的描述所提供的空間秩序來看，無論是「東夷、西戎、南蠻、北狄」，只要是在「天下」範圍內的生民，都是「天下」這一更大空間內的共同成員。「中國／邊疆」只是所在地域不同、稱呼各異，並無文化上的高低之分。中國的漢人和邊疆少數族裔都是清帝國統治下的共同成員。「朕祇承天眷，纘紹祖宗丕基，為億兆生民主簿，海內外皆吾赤子」〔註57〕、「一切生民，

〔註52〕李紱《穆堂初稿・吳文正公從祀論》卷二十四，續修四庫全書本，1421 冊，
　　　　上海：上海古籍出版社，2002，485 頁。
〔註53〕龔自珍《龔自珍全集・西域置行省議》，上海：上海人民出版社，1975，105 頁。
〔註54〕魏源《聖武記・國朝綏服蒙古記一》卷三，長沙：嶽麓書社，2011，104 頁。
〔註55〕《清實錄・聖祖仁皇帝實錄三》卷二百七十五，北京：中華書局，1986，700
　　　　頁。
〔註56〕康熙《聖祖仁皇帝御製文第三集・增修皇輿表序》卷二十，文淵閣四庫全書
　　　　本，1299 冊，臺北：臺灣商務印書館，2008，160 頁。
〔註57〕康熙《聖祖仁皇帝御製文第三集・親征平定朔漠方略序》卷二十，159 頁。

皆朕赤子，中外並無異視」〔註58〕、「天盡所覆，俾我皇清罔不在宥，惟清奉昊天，撫薄海兆庶，悉主悉臣」〔註59〕之類的話語反覆出現在帝國的官方敘述之中。在清帝國成為文化上的中國之後，天下話語向邊疆的推廣也得到了中國知識精英們的認同。如邊疆知識家李兆洛（1769～1841）所說：

> 五帝三王之盛德大業，炳耀宇宙。其度量所存，心志所及，不知若何其大且遠也，乃於此而恍然遇之。皇天眷佑有清，懋篤世德，全付以覆燾之下所有疆土，無內外，弼成大一統之規。亦惟列聖追配皇煌帝諦之盛業，長駕遠馭，用宏茲貴，承平晏安，三百年於今，翼子貽孫，君臣同慶，以享天之福，逮三代以下之極軌。〔註60〕

湖南籍的知識家魏源（1794～1857）亦言：

> 禹分天下為九州，外薄四海，咸建五長，而聲教朔南所暨，說者謂北距大漠，不能越乎其外。《周禮·職方氏》，蠻服、夷服、鎮服、藩服，特居九服之四。而疆以戎索、近在汾晉，豈非西不盡流沙，皆以瀚海所界為海哉？至我朝而龍沙雁海之外，萬潼億壘之民，獨峰駝無尾羊之部，奔湊萬里，臣妾一家，內隸理藩院旗籍司及王會司，視功大小以區承襲之等差，酌途遠近以定朝貢之疏數。〔註61〕

如果說，由邊疆少數族裔部族組成的邊疆共同體，使得北部邊疆仍舊保持其自身獨立性的話，那麼，以天下的話語描述北部邊疆，則使北部邊疆同中國在文化的敘述中獲得了某種至關重要的一致性。

結語

從本章的分析中我們大致可以得知，從十六世紀以來，軍事上的對峙既導致了「中國／邊疆」的二元對立不斷被強化，又阻斷了邊疆知識向中原的

〔註58〕康熙《聖祖仁皇帝聖訓·柔遠人》卷五十七，文淵閣四庫全書本，411 冊，臺北：臺灣商務印書館，2008，773 頁。

〔註59〕袁大化、王樹枏《新疆圖志·天章一·高宗純皇帝評定準噶爾勒銘伊犁碑文》卷十，中國西北文獻叢書（二編），1 冊，蘭州：甘肅省古籍文獻整理編譯中心，2006。

〔註60〕李兆洛《皇朝藩部要略序》，祁韻士《皇朝藩部要略》，263 頁。

〔註61〕魏源《聖武記·國朝綏服蒙古記一》卷三，111 頁。

有效流入。北部邊疆在中原知識精英的視野中，成為了危險的、模糊的、野蠻的世界。

在清帝國的時期，北部邊疆存在著管理方式的相對獨立性與文化描述的一致性之間的差異。從管理方式上看，「中國／邊疆」處於不同的支配模式之下，中國沿用傳統的官僚體制，邊疆則延續了北方少數族裔聯盟的特徵。對於中國的知識精英們來說，「九邊」的界限依舊難以逾越。但是從文化的描述上看，清帝國的統治者沿用了中原傳統的天下話語，「中國／邊疆」至少在理論上是沒有差別的，都是清帝國天下話語中平等無別的組成部分。從這一角度看，清帝國的北部邊疆改變了明帝國以來完全二元對立的關係，更強調其在天下話語中與中原內地的一致性。

這也使得「中國／邊疆」處於一種非常微妙的關係之中。北部邊疆既不是野蠻的世界，也不是文明的世界；同時，它既可以回歸野蠻的世界，也可以進入文明的世界。正是這種極其微妙的邊疆位置，為清帝國時期北部邊疆的多重意義的闡釋提供了可能。

第二章　書寫視域下的北部邊疆

第一節　知識精英、帝國與邊疆書寫

一、知識精英的消極心態

　　當西方的殖民者和知識家們在歐洲之外熱情地探索異域世界的時候，清帝國的大多數中原知識精英似乎對傳統中國統治區域以外的世界缺乏足夠的熱情。經過幾代帝王的共同努力，清帝國在北部邊疆開拓出的疆域已經遠遠超過了明帝國直接統轄的傳統中國的範圍。不過，這開疆破土的恢弘事業，幾乎並沒有立即促成知識精英們對這片區域主動探索的願望，這一點讓人感到非常驚訝。

　　究其原因，這一方面與清帝國所推行的「中國／邊疆」二元的管理結構有直接的關係。在這樣的管理結構中，最具阻斷力量的一項法令即是在「中國／邊疆」的交界地帶施行邊禁制度。在清帝國的法令中，「邊禁」又稱為「關禁」、「封禁」，國家通過明確的法律條文限制以私人身份隨意進出北部邊疆地區。〔註1〕

　　這條被邊禁制度所嚴格限制的區域，基本上依舊是傳統的九邊長城沿線。雖然此時，九邊作為軍事防禦體系的作用被弱化，但是其限制人員自由往來的

〔註1〕趙雲田《清政府對蒙古、東北封禁政策的變化》，《中國邊疆史地研究》，1994年第3期；張傑《柳條邊、印票與清朝東北封禁新論》，《中國邊疆史地研究》，1999年第1期。

機制，卻幾乎沒有什麼大的改變。在這一沿線上，去往滿洲及蒙古地區，只能從山海關、喜峰口、古北口、獨石口、張家口、殺虎口等六處關卡通過，其餘諸多關隘皆禁止通行，同時對往來人員進行嚴格的登記盤查，若無有司出具的執照給票，皆不放行。新疆地區也是如此，清帝國將新疆地域納入版圖之後，鼓勵內地軍民前往新疆認墾，但是經過嘉峪關之時，「民人出關者須自州給票，始得放行，此外亦須檢驗公文，乃定例也。」〔註2〕這同其他關卡的限制幾乎完全相同。從整體上來看，這一禁令對於知識交流的阻斷同明帝國時期似乎沒有太大的不同。

德國漢學家梅綺雯（Marion Eggert）在考察了十八世紀前後清帝國境內遊記作家遊歷的範圍之後，指出：

到 18 世紀末，清帝國比以往任何中國王朝有更大的疆土。這種擴張當然在一系列來自擴大的邊遠地區的報告中也會有文字記載。這些旅行幾乎都是官方性質的，因為新開發的地區大都不對私人開放。例如從 1668 年起禁止移民漢人到滿族居住區，而在 18 世紀中葉佔領的新疆主要囚犯居住在那裡，以至於進出新疆以及在新疆區域內活動都需要旅行證件。像徐弘祖探險那樣帶著個人興趣主動勘查邊遠地區，在這些區域幾乎是不可想像的事。〔註3〕

對於清帝國時期的知識精英們來說，邊疆區域的拓展並沒有使他們自由旅行的空間更為開闊。大多數知識精英的書寫活動仍舊被圈禁在中國內地。這也就限制了知識精英們自發地展開成規模的邊疆書寫活動，同樣，也就進一步限制了北部邊疆知識迅速流入公共領域並成為公共話題的可能性。這與同一時期在海外冒險、探尋異域的西方知識家們的書寫活動形成了鮮明的對比。

除了帝國二元結構造成的限制以外，另一方面，十六世紀以來中國知識精英們瞭解北部邊疆知識的迫切心態也開始消沉。如前所述，明帝國時期知識精英們對於北部邊疆的熱情主要源於異族入侵的軍事壓力所造成的。不過，隨著清帝國的建立、北部邊疆危機的逐步解除，對於北部邊疆的關注也逐漸冷卻下來。

〔註2〕祁韻士《萬里行程記》，山右叢書初編，民國二十三年鉛印本。有關清代新疆地區邊禁的問題，可參見王希隆、楊代成《論明清時期嘉峪關職能的演變》，《民族歷史研究》，2014 年第 4 期。

〔註3〕顧彬等《中國古典散文》，上海：華東師範大學出版社，2008，148 頁。

在清初之時，由明入清的第一代知識精英們依舊延續了明末知識領域中對邊疆問題的關切，研究歷史上邊疆策略的成敗得失。比如顧炎武（1613～1682）在明亡之後，「四謁孝陵，六謁思陵，往來於齊、燕、秦、晉之間……所以至以二騾二馬載書，過邊塞亭障，呼老兵詢曲折，有與平日所聞不合，發書對勘」〔註4〕，作《天下郡國利病書》《肇域志》及《營平二州地名記》等。顧祖禹（1631～1692）亦頗感明末亡國之痛，經二十年之功，作《讀史方輿紀要》，論古今戰守攻取之要及邊疆史地情狀，以鑒後世。即如其所云：

> 凡吾所以為此書者，亦重望夫世之先知之也。不先知之，而以惘然無所適從者，任天下之事，舉宗廟社稷之重，一旦束手而畀之他人，此先君子所為憤痛呼號，扼腕以至於死也。予小子既已奉遺命採舊聞，旁搜記載，規之正史，稍成一家之言，合為一十八部，分為百三十卷，藏之家塾，以俟來者。〔註5〕

但是這種對於北部邊疆之熱情，在入清之後的第二代、第三代知識人身上已經明顯淡化，邊疆問題的討論也退出了公共知識領域。

在公共知識領域中，知識精英們可以提出自己的意見，講出自己的觀點，不過國家權力總是干預著公共知識領域所談論的話題。十六世紀以來，公共領域中經常談論的——邊疆情態、少數族裔統治者的身份、甲申國難、華夷之辨、內外之別等，在清帝國統治時期，都成為了敏感的政治話題。這些話題都無形中考驗著言說者是否能夠同清帝國國家意識形態保持完全的一致。凡是存在異議或試圖對清帝國的國家話語提出反駁的觀點，隨時都會遭到帝國暴力而沉重的打壓。因此，這些與北部邊疆相關的一系列議題，在清帝國建立之後，迅速退出了公共知識領域。而對於大多數在清帝國時期成長起來的新一代知識精英們來說，那些曾經的危機已經逐漸成為歷史的記憶，邊疆的研究似乎也沒有什麼實際的價值。知識精英們更願意把熱情和精力投入到研習儒家傳統經典之中，通過帝國選拔人才的考試獲取功名與社會地位才是最應該注重的事情〔註6〕。由此，北部邊疆作為偏僻的塞外，

〔註4〕徐世昌等《清儒學案·亭林學案》卷六，北京：中華書局，2008，267～268頁。

〔註5〕顧祖禹《讀史方輿紀要·總敘三》，北京：中華書局，2005，18頁。

〔註6〕關於明清之際知識精英們對於清帝國態度的轉變，可以參看趙園《明清之際士大夫研究》，北京：北京大學出版社，2014；孔定芳《清初移民社會》，武漢：湖北人民出版社，2009。

再也無法激起知識精英們的普遍熱情，曾經作為明帝國知識精英們熱衷探討的北部邊疆，對清帝國時代大多數的知識精英們而言，「地在荒遠，學士大夫不樂親歷其境」〔註7〕。

在十九世紀，魏源因倡導實用主義的學風和史地研究而著稱。他認為，中國大多數精英們的知識長期囿於傳統中國經典的範圍之內，已經完全忽略了邊疆知識的探尋。他指出：

> 儒者著書，惟知九州以內，至塞外諸藩則若疑若昧，荒外諸服則若有若無。〔註8〕

魏源認為，對於邊疆茫然無知的消極心態最終將使帝國陷入空前的邊疆危機。為此，魏源於道光二十二年（1842）出版了紀事本末體史書《聖武記》，該書的一個主要意旨即在於，專門考察清帝國自建國以來在邊疆地區的征戰與開拓的歷史，並希圖以此來推動學風和知識視野的變革。不過，在十九世紀中後期帝國真正陷入邊疆危機之前，知識精英中的絕大多數人，依然很少把精力主動投入到清帝國所統治下北部邊疆的考察與書寫中來。即便是那些在科舉考試中脫穎而出的官僚型學者們——儘管他們在帝國的公共知識領域中往往引領著時代的學風，也都如此。

知識精英們的這種消極心態，至少在兩方面影響到清帝國時代北部邊疆書寫活動。首先，雖然清帝國到了十八世紀中葉，在北部邊疆已經形成了從滿洲、經內外蒙古諸部一直延伸到甘肅、新疆以及阿爾泰山以北的廣闊統治空間，但是在十九世紀之前，邊疆問題一直未能成為公共知識領域的主要話題，知識精英們的書寫活動同清帝國在北部邊疆開墾殖拓的蓬勃事業相比明顯不夠協調。

故而一直到十九世紀初期，「兩漢書志」仍是當時的知識精英們瞭解西北情況最基本的資料〔註9〕；同樣，在道光七年（1827）之前，北部邊疆的吉林

〔註7〕黃中堅《柳邊紀略·序》，楊賓《柳邊紀略》，續修四庫全書本，731 冊，上海：
上海古籍出版社，2002，234 頁。

〔註8〕魏源《武事餘記》，《聖武記》附錄卷十二，517 頁。同樣的認識也見於 19 世
紀其他邊疆史地研究家，如陳澧所言「昔之考地理者，詳於九州之內，而略
其外」云云，見《漢西域圖考·序》，《清人文集地理類彙編（三）》，杭州：
浙江人民出版社，1986，527 頁。

〔註9〕郭麗萍《絕域與絕學：清代中葉西北史地學研究》，北京：三聯書店，2007，
39 頁。

地區還沒有一部像樣的地方志〔註10〕，而那裡一直被認為是清帝國最主要的
發祥地之一。如第一部吉林地方志——《吉林外記》的編撰者薩英額（生卒
年未詳）所言：

> 吉林為我朝發祥根本之地，並無記載，豈非闕典？謫居吉林人
> 員內，不乏名家，何難濡筆；第人地兩生，不知風土人情，山川、
> 地名又多係國語，以漢文字音求解，鮮不亥豕。〔註11〕

　　文獻的缺乏、各種知識的錯漏百出以及滿漢字音、字義翻譯的訛誤等諸
多問題，致使修纂地方志的工作也變得極為困難，知識精英們很難對這一地
區予以精準細緻的瞭解。由此，就形成了這樣一種局面：對於清帝國大多數
知識精英們來說，北部邊疆的知識依舊貧乏。

　　其次，從觀念上來看，由於沒有太多的知識精英關注北部邊疆，傳統的
邊疆觀念並沒有因為新疆域的出現而在公共知識領域中迅速的更新。可以說，
清帝國時期的知識精英們對於北部邊疆的普遍認知，依然延續了十六世紀以
來不斷被強化的「中國／邊疆」二元對立差異性的看法。因此在許多的邊疆
書寫文本中，北部邊疆依舊是危險的、模糊的、野蠻的世界，依舊是中國知
識精英們所觀望的「他者」。

二、帝國的邊疆書寫工程

　　明帝國時期對北部邊疆的書寫漫漶不清，其間充斥著不同時代裏各種奇
異的傳說和誇張的見聞。清帝國所承繼下來的邊疆知識系統即是這樣一幅不
夠清晰的知識圖景。善於學習的滿人曾經在1599年創製了自己的文字，並且
在1632年將之進一步改進，但是滿族文字創造的時間尚短，積累下來的書寫
文本也非常有限，對於北部邊疆的所有問題不可能予以細緻的描述。同時，
清帝國的統治者雖然也來自於北部邊疆，不過他們所興起的滿洲——那裡僅
僅是北部邊疆最東部的地區，對於北部邊疆的整個區域尚未涉足的區域無法

〔註10〕1960年，發現了一部於嘉慶十八年（1813）前後手抄的吉林地方資料集，命
　　　　名為《（嘉慶）吉林志書》。這部手抄資料集是當時為了編纂會典，吉林地方
　　　　官廳整理的「清冊」，流傳也極其有限。見李樹田《（嘉慶）吉林志書·序》，
　　　　長春：吉林文史出版社，1988。現在，學術界有一種觀點認為，它是現存清
　　　　代吉林地區最早的地方志。但是，「清冊」與地方志並不是一類文體，其功用、
　　　　目的也非完全相同，因此並不應該將它視作一部真正的地方志來看。
〔註11〕薩英額《吉林外記·序》，哈爾濱：黑龍江教育出版社，2014，13頁。

系統認識，即便是他們對於自己祖先生活的滿洲地域，在許多情況下也不甚瞭解〔註12〕。可以說，對於清帝國的統治者們和中國的知識精英們來說，北部邊疆都是陌生的。

伴隨著清帝國在北部邊疆不斷地擴張，帝國需要對佔有的地域進行有效的管理。一方面，在具體的行政上，帝國在邊疆因地制宜地建立了將軍制度、扎薩克制度、伯克制度等一系列管理模式〔註13〕，同時派出駐紮大臣和駐防武官監督或直接監管地方的事宜，在中央則設置理藩院署理邊疆政務。〔註14〕另一方面，在文化上，清帝國開始有計劃地進行邊疆知識的整理。

這種邊疆知識的書寫活動同樣依附於帝國的邊疆治理。因為對於帝國的統治者和任何一個邊疆官員來說，管轄區域之內的氣候、山川、土地、地名、道路、城池、政府、駐軍、人口、物產、礦藏、風俗等等都必須一清二楚，這是治理轄區的必備知識。從邊疆書寫的作用上來看，書寫使得邊疆知識更為條理化、邊疆情況更為清晰化，也使日常行政工作變得簡易，並且有法可循。從這個意義上來說，邊疆書寫直接參與到了帝國北部邊疆的建構與管控之中。可以看到，從十八世紀開始，清帝國的國家書寫工程中出現了許多收集、整理、編纂邊疆文獻的工作。這些書寫工程的內容包括邊疆地域的方志、語言字典、工作手冊、文獻彙編等等，這些文獻都與邊疆區域的行政或文化建設等相關，種類也非常龐雜。

在中央，邊疆書寫工程時常是由皇帝所親自發起的。皇帝一般是以委託人的身份，將這一工作委派給書寫工程負責人。這些負責人往往是協助皇帝管理日常行政事務的帝國高級官員。這樣的安排一方面有便於協調各部門之間的相互合作，使工作得以順利推進；另一方面，工程的負責人則需隨時聽候皇帝的質詢和指導，對書寫工程本身的諸多事項予以調整。

負責人在承接了這一工作之後，便迅速抽調在中央各部門工作的知識精英們組成團隊。負責人自任總裁官，各部門抽調來的知識精英們根據工作的

〔註12〕比如，在康熙朝之前，清帝國的統治者並不知曉作為「祖宗發祥之地」的長白山所在的具體位置。為此，在康熙十六年（1677），皇帝派出由內大臣覺羅武默訥等人總領的探險隊，專門赴吉林考察。事詳見方象瑛《封長白山記》。
〔註13〕對於邊疆所建立的制度，可以參看馬汝珩、馬大正主編《清代的邊疆政策》，北京：中國社會科學出版社，1994。
〔註14〕理藩院的具體研究專著，可以參看趙雲田《清代治理邊陸的樞紐——理藩院》，烏魯木齊：新疆人民出版社，1995。

性質，分配以不同的工作角色，共同參與課題寫作。在寫作過程中，皇家圖書館和理藩院、翰林院、方略館等各相關單位的檔案室、資料室等，也都為書寫工程提供了優越的技術支持和文獻資源的保障。

　　比如乾隆四十二年（1777），乾隆皇帝在閱覽歷代史籍之時，發現中原文獻中記述的滿洲歷史、民族、風俗等情形多有語焉不清、錯漏訛誤之處，這些問題皆需要澄清，便在當年的八月十九日頒布上諭，開啟了《滿洲源流考》的修撰工作。這項邊疆書寫工程，既是對滿洲地區各種雜亂無章的知識進行系統整理、重新編纂的工作，更包含了重新建構帝國早期歷史和國家身份合法性的意涵。為此，乾隆皇帝將這項書寫工程委派給值得信賴的大學士阿桂、于敏中和侍郎和珅、董誥四人，要求他們調動帝國的寫作力量，將「建州之沿革，滿洲之始基，與夫古今地名同異，並當詳加稽考，勒成一書，垂示天下萬世。」〔註15〕九月初八，阿桂等負責人將工作計劃呈交給皇帝審閱，在第二天他們就獲得了乾隆皇帝的批准。由於這一工程涉及到滿洲的歷史、地理、少數族裔的風俗、語言以及漢文典籍的記述等一系列專業知識，工程負責人先後調集滿漢知識精英共三十人協作展開書寫活動，工作地點則被設置在方略館。憑藉著帝國中央優秀的技術書寫人才，以及各處館藏豐富的邊疆文獻資料，《滿洲源流考》於翌年順利完成。正是因為清帝國的國家書寫工程，使得那些原本科舉出身又深居內地、與邊疆寫作沒有任何交集的漢人知識精英們，也參與到邊疆的書寫工程中來。

　　在邊疆地方上，帝國的書寫工程則一般是由地方長官所發起的。由於邊疆各地的情形差異非常巨大，帝國的邊疆書寫工程也各有差別。比如在遼東地區，由於之前這裡一直是明帝國直接統屬的區域，無論是地方知識精英的文化水平，還是已有的各類地方文獻，都為完成邊疆書寫工程提供了相對較好的條件。但是，從總體上看，邊疆大多數區域，無論是參與書寫的人力還是可資利用的文獻資料，都比中央要匱乏許多。在這種情況下，邊疆地方長官更多地是將這些任務交付給邊疆當地從事文字工作的官員、地方學者或是流放到邊疆的中原知識精英們，由他們負責完成。

　　特別是在那些偏僻遼遠的邊疆區域，由於之前中原文獻對當地沒有什麼成型的記述，而當地又缺少掌握文字的知識精英，這就使得在某些地域，這類由地方長官所委託的帝國書寫工程，舉步維艱，甚至負責人幾次易手才能完成。

〔註15〕《滿洲源流考・上諭》，文淵閣四庫全書本，499冊，453頁。

　　比如嘉慶七年（1802），松筠（1754～1835）赴任伊犁將軍，這位能幹的滿族大臣在過去近二十年中一直在吉林、西藏、陝甘等地邊疆地域工作，積累了豐富的治理經驗。在到任伊犁之後不久，松筠就開始躊躇滿志地著手編撰伊犁當地的方志，他先是將這一書寫工作委託給汪廷楷。汪廷楷（生卒年不詳），江蘇丹徒人（一說安徽歙縣人），為乾隆四十二年舉人，曾任山東金鄉知縣，在嘉慶七年因童生罷考一事，遣戍伊犁。嘉慶十一年（1806），汪廷楷遣戍期滿，這一編撰之事只能擱置。而此時，原戶部郎中祁韻士（1751～1815）正因嘉慶十年（1805）寶泉局虧銅案流戍伊犁。祁韻士，山西壽陽人，乾隆四十三年（1778）進士，曾任國史館纂修館，又諳悉滿文，曾奉旨完成《欽定外藩蒙古回部王公表傳》。因此，松筠又將此一書寫工作託付祁韻士，終成《西陲總統事略》〔註16〕。

　　雖然這一寫作過程很是艱難，有清一代地方，無論在中央還是邊疆地方，由於工作本身的任務性，都促成了許多知識精英們開始關注邊疆的知識，並形成了一系列由這些漢族知識精英所寫作的邊疆文本。比如汪廷楷以伊犁之見聞，作《西行詩草》，並在道光十九年（1839）刊刻；祁韻士更是摘錄《伊犁總統事略》之要旨，撰成《西陲要略》《西域釋地》兩部西北史地文獻，更是推動了邊疆知識在公共知識領域中成為了新的議題，公共知識領域中，逐漸形成了後世研究中所謂的——清代西北邊疆地理學的研究團體。

　　就這樣，在帝國的邊疆書寫工程的帶動下，各類邊疆文本不斷地增多，邊疆知識也得以不斷積累，這些又共同推動著知識精英們私人化邊疆研究文本的不斷產生。因此，到了十九世紀中期，許多知識家從未到過北部邊疆地區，但是他們都借用內地所能查閱到的文獻完成了篇秩宏大、考證精密的邊疆史地著作〔註17〕。這些著作中的許多資料都來源於帝國邊疆書寫工程積累下來的成果，由此亦可以看出，清帝國的邊疆書寫工程對公共知識領域產生的直接影響。

〔註16〕關於《西陲總統事略》修撰的來龍去脈，可以參看郭麗萍《絕域與絕學：清代中葉西北史地學研究》，57～65頁。賈建飛《清代西北史地學研究》，烏魯木齊：新疆人民出版社，2010，50～53頁。

〔註17〕比如龔自珍有《蒙古圖志》「訂為圖二十有八，為志十有二，凡三十篇。」然該書稿因失火焚毀，盡餘數篇；張穆有《蒙古游牧記》十六卷；何秋濤有《朔方備乘》八十卷。

三、進入邊疆的私人書寫者

在清帝國邊疆書寫工程之外，還有一種私人的邊疆書寫。私人的邊疆書寫並不在清帝國所預設的邊疆書寫計劃之中，它們更多地是由進入邊疆的知識精英們自由從事的書寫活動，因此也很難視之為一項「工作」。不過私人的邊疆書寫活動卻非常重要。之所以稱其重要，是因為這些進入邊疆的私人書寫者通過文字編碼將邊疆空域內的世界納入到文字系統之中，將邊疆見聞直接文本化，這就徹底改變了之前依靠文獻瞭解邊疆的局面。

對於中原的知識精英們來說，將書寫作為日常生活方式的一部分已經持續了數個世紀。當知識精英們進入邊疆之後，書寫——這一帝國知識精英們的日常文化生活方式依舊被延續下來。他們經常以詩歌、行紀或是日記等文本形式來記述自己的邊疆見聞和生命體驗。因此，從本質上來看，私人的邊疆書寫同中國域內知識精英們的日常書寫並沒有實質性的區別。不過，邊疆的差異性，致使這些私人書寫往往採用中原的視角審看北部邊疆的各種表象，並在客觀上賦予邊疆以相對固定的表徵意義。

一般來說，私人化的邊疆書寫需要經歷兩個步驟，其一是突破帝國邊禁的限制進入北部邊疆，其二才是在這一空域內的書寫。而知識精英們突破邊禁大多需要依附於帝國的邊疆事業，故而這種私人化的邊疆書寫依舊無法完全同帝國的邊疆表徵意義徹底分割開來。

總體而言，知識精英們進入邊疆的途徑與知識精英們的帝國身份有直接的關係。帝國身份使他們同清帝國某項邊疆事業相繫，由此獲得了准許進入邊疆的機會，並為邊疆書寫提供了可能。從身份上看，知識精英們進入北部邊疆大致可以分為三類人群。

第一類是伴隨著帝國的征戰或帝王的巡遊進入到北部邊疆的隨行人員。首先就征戰而言，自從清帝國建立一直到十九世紀後半期，清帝國在北部邊疆的征戰就從未停息過。帝國征戰主要的敵手最初是西北地區的厄魯特蒙古準噶爾汗國（1640～1756），隨後則是新疆回部不斷叛亂的地方貴族。帝國的軍隊不斷被徵調進入北部邊疆對反叛或入侵勢力予以征剿，許多來自中國的知識精英們跟隨軍隊進入邊疆，也就獲得進入邊疆的機會。征戰本身即是帝國邊疆事業的一部分，這些因征戰進入邊疆的知識精英們本人亦由此成為國家主義向邊疆推廣的直接參與者。從他們的身份來看，其中既有帝國的高級官員，亦有以諸生或幕僚身份參與其中的普通士人。

　　官員作為帝國行政體系中的組成部分，無疑使他們具備了帝國身份的印記。在帝國的邊疆征戰中，這些隨行的官員們不但擔任軍政職務，甚至其中的許多人更是直接參與到如何征服邊疆以獲取勝利的決策之中。如殷化行（1643～1710），陝西咸陽人，康熙九年（1670）武進士，先後在平滅三藩之亂、收復臺灣的大小戰役中，屢建功勳。康熙三十五年（1696），康熙皇帝親征噶爾丹，時任寧夏總兵的殷化行隨行。在戰前，他主動上書請戰，向康熙皇帝陳述了作戰方略八事，被皇帝所採納。隨後，殷化行又統領所部三千士兵進入朔漠配合主力作戰，取得了昭莫多之戰的勝利——「是役化行功最」。在徹底擊敗葛爾丹之後的康熙三十七年（1698），殷化行因為在帝國北部邊疆的征戰事業中貢獻突出，被授予「拖沙喇哈番世職，擢廣東提督」〔註18〕。殷化行所作《西征紀略》，為其隨駕出征噶爾丹的行紀。在《西征紀略》中，殷化行為了帝國的邊疆事業殫精竭慮、衣不解帶、晝夜不懈地工作，在他的筆下，他同康熙皇帝也「如家人父子」〔註19〕一般。

　　在邊疆征戰中，敵我相互廝殺，即便是一般非官員身份的隨軍人員，比如諸生、幕僚、家屬等，其命運也同帝國邊疆征戰之勝敗聯繫在一起。故而，他們在進入邊疆之後也勢必對清帝國的邊疆事業產生直接的認同感。如康熙五十八年（1719）皇十四子胤禵（1688～1755）率軍西征策妄阿拉布坦（1665～1727），范昭逵（生卒年不詳）隨兵部尚書范時崇（1663～1720）西行。在范昭逵的行紀——《從西紀略》開篇即盛讚帝國之權威，「皇上神聖文武，超邁往古，德威遐播，凡諸絕域罔不心悅誠服，稽顙來庭」〔註20〕云云，也為其行紀奠定了國家主義的基調。

　　其次，是帝王巡遊的陪侍官員。在清帝國時期，康熙、乾隆、嘉慶、道光四代帝王，都曾經出山海關或古北口到滿洲地區巡遊祭祖。同征戰相比，出巡更具追尋歷史記憶、展現帝國權威和表彰功業的特徵。在巡遊過程中，這些陪侍臣僚大多都是帝國統治集團的核心成員，他們沿途留下了大量的書寫文本。

　　比如《扈從東巡日錄》的書寫者高士奇（1645～1704），浙江錢塘人，本人即是執掌中樞、參贊機密的權臣。《清史稿》稱高士奇在「上書房授諸皇子讀，

〔註18〕《清史稿‧殷化行傳》卷二百八十一，10159頁。

〔註19〕殷化行《西征紀略》，《清代蒙古遊記選輯三十四種》上冊，北京：東方出版社，2015，88頁。

〔註20〕范昭逵《從西紀略》，叢書集成續編本，第25冊，上海：上海書店，1995，241頁。

尊為師傅；南書房以詩文書畫供御，地分清切，參與密勿」〔註21〕。在邊疆行紀《扈從東巡日錄》中，君臣融洽、共同謀劃帝國事業幾乎成了這篇行紀唯一的主題；同樣，何汝霖（1781～1852），江蘇江寧人，道光九年（1829）扈從道光皇帝（1820～1850 在位）東巡祭祖，沿途寫下行紀《瀋陽紀程》。何汝霖亦「久襄樞務」〔註22〕，歷任軍機章京、內閣侍讀學士、大理寺少卿、兵、戶、禮三部尚書等職務。

同普通知識精英們的行紀文本不同，雖然從類別上看，隨行所作的行紀依舊可以被劃入私人書寫的範疇，但是因為書寫者本人同帝國的密切關係，且在帝王巡遊祭祖之類的語境中完成，因此，這類文本中往往更具有國家主義的表意性色彩。

第二類進入邊疆的書寫者是清帝國向北部邊疆派遣的官員，這些派遣官員大致可以分為兩種。

其一是在北部邊疆的駐紮官員。按照清帝國官方的規定，在帝國的邊疆地區設有駐防將軍、都統、專城副都統、參贊大臣、領隊大臣等邊疆官員〔註23〕。北部邊疆的滿洲、蒙古諸部、新疆等地區具體的職官體系差別很大，因此設置的駐紮官員也並不完全相同。但是一般來講，這些邊疆的駐紮官員，皆由帝國的中央派遣。駐防將軍、都統、副都統等官員「掌鎮守險要，綏和軍民，均齊政刑，修舉武備。參贊大臣，掌佐畫機宜。領隊大臣，掌分統游牧」等。

從這些駐紮官員的身份上看，「將軍始專為滿官，西北邊陲大臣及城守尉各官，亦概定滿缺。」〔註24〕在這裡，「滿官」、「滿缺」是與「漢官」、「漢缺」對應的稱謂，這些邊疆官職一般皆由出身滿蒙八旗的官員或者帝國宗室成員才能擔任。可以說，這些駐紮官員無論在種族上，還是在個人出身上，都能同帝國的異族統治者的身份保持一致，他們是帝國最信任的臣屬。北部邊疆的廣大地域都是清帝國時期殖邊開拓的結果，這些駐紮官員本身即是帝國在邊疆的代理人，是邊疆帝國化的直接推行者。這些派往邊疆任職的帝國高級官員有些長年在邊疆工作，在滿洲、蒙古、新疆等邊疆各地之間輾轉任職，

〔註21〕《清史稿·高士奇傳》卷二百七十一，10017 頁。
〔註22〕《清史稿·何汝霖傳》卷三百七十五，11567 頁。
〔註23〕清帝國在內地各省也設有駐防將軍、都統、專城副都統等武官，不過內地各省（包括奉天）都另有一套文官體系署理民政，而邊疆地區的民政多由駐防武官一併管理，因此較內地駐防武官有更大的行政權限。
〔註24〕《清史稿·職官四》卷一百十七，3384 頁。

因此積累了豐富的邊疆知識和治理經驗。他們不但自己本人就是邊疆的書寫者，同時其中某些人還熱情地贊助或組織編纂邊疆地方文獻、收集各類邊疆資料等文化事業之中。

其二，是清帝國向邊疆派出的工作團的成員。從總體上來看，他們所從事的邊疆工作的種類非常之多，如弔祭、冊封邊疆的王公貴族，勘定邊界、測繪地圖，巡閱邊境、視察工作，調查道路、礦產、山川等等。一般來說，每一個工作團只從事其中的一項工作，工作完成後旋即離開北部邊疆。這些工作的主要負責人由滿蒙官員充任，在帝國末期隨著北部邊疆的逐步開放，漢人官員也參與到諸如測繪地圖、調查礦產等專業技術性工作之中（但是弔祭、冊封等工作依舊由滿蒙官員負責，不予漢人）。

同駐紮官員相比，工作團的活動具有相當大的流動性，即在邊疆各地之間穿插來往。他們沿著工作路線進入北部邊疆，到達某地完成使命後旋即返回。因此，他們對於沿途之所見所聞大多都是迅速地觀看或是瀏覽，看到的也僅僅是邊疆非常細小而簡單的某個側面。不過，對於他們的工作對象，比如測繪地圖、勘定邊界、調查礦產資源等等，因為具有專業技術性的特點，反而能夠更為嚴密準確地將邊疆納入科學認知的範圍之內，建構起更為客觀、科學的調查研究文本。這些工作團中的書寫者同樣是帝國行政體制中的成員，又是以完成帝國的某項邊疆任務為宗旨進入邊疆活動。因此他們必然也就具備了帝國的身份，直接參與到邊疆事業之中。

第三類進入邊疆的書寫者是被流放到邊疆的知識精英，在許多文獻中由於更重視他們流放者的身份，因此多直接稱作「流人」。

清帝國延續了明帝國法律「笞、杖、徒、流、死」五種「正刑」作為處置罪犯的手段，清帝國對於北方邊疆的佔有，使得流放的區域較明帝國時期更為遙遠。按照《清史稿》對於有清一代流放地點的描述：

> 初第發尚陽堡、寧古塔，或烏喇地方安插，後併發齊齊哈爾、黑龍江、三姓、喀爾喀、科布多，或各省駐防為奴。乾隆年間，新疆開闢，例又有發往伊犁、烏魯木齊、巴里坤各回城分別為奴種地者。咸、同之際，新疆道梗，又復改發內地充軍……若文武職官犯徒以上，輕則軍臺效力，重則新疆當差。成案相沿，遂為定例。〔註25〕

〔註25〕《清史稿·刑法二》卷一百四十三，4195頁。

　　可知，在清帝國的北部邊疆——滿洲（特別是吉林、黑龍江）和新疆出現了兩片集中的流放區域。

　　這些被流放到北部邊疆的知識精英們，身份比較複雜。首先，他們中大多數人是帝國公共知識領域中的一員，並且同帝國域內的其他知識精英們長期保持著良好的學術、知識或藝術交流。

　　比如吳兆騫（1631～1684），蘇州吳江人，因丁酉科場案，順治十六年（1659）流放寧古塔（今黑龍江省林海市）。吳兆騫少時即與彭師度（1624～未詳）、陳維崧（1625～1682）齊名，並稱「江左三鳳凰」。即便在流放寧古塔期間，吳兆騫也與吳偉業、顧貞觀、徐乾學諸人詩文唱和或彼此書信來往，從未退出公共知識領域。而在流放的二十三年之後，吳兆騫更是依靠諸人的努力被赦還回京。同樣，徐松（1781～1848），順天府大興人，嘉慶十七年（1812）因私刻《經文試帖新編》強令生童購買，被流放伊犁。徐松同魏源、龔自珍、沈垚、張穆、程同文、張履、李兆洛等學者皆有學術上的往來，並由此形成了「以龔自珍和徐松為中心，以西北史地為話題的師友交遊群」〔註26〕。這些知識精英以流人身份進入北部邊疆，其書寫活動一方面推動了邊疆知識的文本化，另一方面則憑藉他們在公共知識領域中的位置，直接帶動了邊疆知識向中原內地的流入。

　　其次，這些作為流人的知識精英們同清帝國也保持著緊密的聯繫。從他們同帝國的關係上來看，他們中的大多人都曾經在帝國的行政體系中任職，同之前兩類進入邊疆的官員並沒有實質性的差別，他們曾經都是帝國行政工作的參與者和管理者。他們只是因為某些工作上的錯誤或過失而遭受流放和懲罰，因此又成為了被帝國行政體制排斥的對象。但是，按照清帝國法律的通例——「苟情節稍輕，尚得更赦放還」〔註27〕，故而，其中許多流人到達戍所之後都被先後放還。

　　比如洪亮吉（1746～1809），江蘇陽湖人。乾隆五十五年一甲第二名進士，曾任貴州學政，任滿還京，入直上書房。後上書觸怒嘉慶皇帝，嘉慶四年（1799）流放新疆。然僅百日即被嘉慶皇帝（1795～1820在位）賜還，為此他將返程沿途所做的詩集命名為《百日賜還集》。而沿途往來所做詩文，有韋佩金、趙懷玉、孫星衍、趙翼、楊芳燦等三十餘人與之唱和，即便其流放邊疆，沿途多有

〔註26〕郭麗萍《絕域與絕學：清代中葉西北史地學研究》，135頁。
〔註27〕《清史稿·刑法二》卷一百四十三，4195頁。

各地長官接洽，也從未脫離公共知識領域和帝國官員們的交往；又如以欽差大臣身份赴廣東禁煙的林則徐（1785～1850），道光皇帝以其在粵辦理不善，於道光二十一年（1841）與原浙閩總督鄧廷楨（1776～1846），皆流放新疆。鄧廷楨於道光二十三年（1843）釋還，授甘肅布政使，後官至陝甘總督；林則徐亦於二十五年（1845）釋還，尋授陝甘總督，後又出任陝西巡撫、雲貴總督等職。流放數年被放還，繼續進入帝國行政體系出任職務，在清帝國邊疆流人知識精英中是較為普遍的現象。因此，他們在身上既有被帝國排斥的疏離感，同時又兼具對清帝國國家主義的認同感。因此到達邊疆後，他們都在邊疆駐紮官員的安排下，從事邊疆行政和文化建設工作，與一般的囚犯從事的繁重苦役完全不同。

比如紀昀（1724～1805），直隸獻縣人，為乾隆十九年（1754）進士，後任貴州都勻府知府，尋擢翰林院侍讀學士。因盧見曾鹽業案牽扯，於乾隆三十三年至三十六年（1768～1771）間，遣戍烏魯木齊效力。在戍所期間，三十四年（1769）為戍所印務章京，三十五年（1770）與永余齋奉檄籌劃駐兵地，同年又奉檄勘田〔註28〕，翌年則被召回，復授以編修之職。更有如額勒德特‧和瑛（未詳～1821）者，和瑛為蒙古鑲黃旗人，乾隆三十六年（1771）進士，先後任安徽太平知府、四川按察使、安徽、四川、陝西布政使、西藏辦事大臣等職。嘉慶五年（1800）「以匿蝗災事覺，譴戍烏魯木齊」。然而，在和瑛到達在邊疆戍所之後不久，「尋予藍翎侍衛，充葉爾羌幫辦大臣，調喀什噶爾參贊大臣」，〔註29〕由此，迅速成為當地代表帝國管理邊疆的駐紮大臣。雖然和瑛的事例較為特殊，但是從總體上看，具有官員背景的流人到達邊疆之後，都直接進入了帝國邊疆行政等工作序列之中，同樣服務於帝國邊疆事業的開拓。

通過以上討論可知，中原的知識精英們進入邊疆書寫是在清帝國北部邊疆事業推動下產生的。帝國通過邊疆書寫者的身份，將知識精英們同帝國的邊疆事業聯繫在了一起，即便是那些流人知識精英們也是如此。清帝國的國家國家主義話語通過知識精英們同帝國事業的聯繫，介入到他們的邊疆書寫之中，從而使帝國的表徵意義在私人書寫中表達自身。

〔註28〕對於紀昀謫戍新疆生活的梳理，見吳波《紀昀的西域謫戍生涯及〈閱微草堂筆記〉反映的西域風土人情的特點》，《廣西師範學報（哲學社會科學版）》，2002 年第 2 期。

〔註29〕《清史稿‧和瑛傳》卷三百五十三，11283 頁。

不過，我們也需要注意到，與帝國邊疆書寫工程直接描述國家主義的態度不同，私人書寫本身仍舊屬於一種個人化行為，並不在官方的管控與計劃之中。故而，在書寫中呈現出既有從屬於帝國話語又兼具個性化寫作的特徵。這種帝國與個人的視角在書寫文本中反覆轉換（雖然這一點這未必為書寫者所完全感知），由此使邊疆書寫的表徵建構既展現出國家主義統合邊疆的一致性，又展現出知識精英們眼中獨特的邊疆風貌，而在這兩者之中，國家主義的表徵意義又往往起到了決定作用。

第二節　「他者」空間：壓抑與救贖

一、行紀文本與「他者」空間

雖然清帝國的統治者試圖消解「中國／邊疆」二元對立，但是由於知識話語本身的延續性，北部邊疆在清帝國大多數中原知識精英們的眼中仍舊是「他者」的空間，其中蘊藏了異域的壓抑感和陌生感。如前所述，二元對立模式的形成很重要的一個原因即在於中原的知識精英們幾乎不能進入到北部邊疆，才形成了知識和思維上的壁壘。從書寫的角度看，清帝國建立之後發生最大的一個變化，即是中原的知識精英們可以親歷北部邊疆，中原同邊疆因為他們的書寫活動實現了知識上的溝通。而這些親歷者在邊疆文本中如何表述北部邊疆這一「他者」空間，也奠定了帝國域內知識精英們理解北部邊疆的基調。

漢學家梅綺雯（Marion Eggert）曾對中國古典文學框架內有關旅行的文本做過系統的分析。她區分了「遊」和「行」兩個基礎概念，也區分了「遊記」和「行紀」兩種基本的文本類屬。她認為：

> 「行」是目標明確且在目的地有任務或使命的行進，而「遊」則是一種平常而無意圖的自我決定的旅行或是漫遊（常常是遠足的含義）。按照「行」和「遊」這兩個概念，應該區分兩種類別的遊記，它們至少在傳世的遊記文學的早期歸屬在兩個分開的領域並遵從不同的前提：如果說「行」的文章，後文稱為「行記」，主要（至少文章表面上）具有文獻的特徵，趨於詳盡並偏愛日記形式的話，那麼「遊」的文章，後文稱為「遊記」，則具有較強的表現功能，通常

是散體並趨向短文形式（可能是短文系列）。〔註30〕

從清帝國書寫者遊歷邊疆寫作的文本來看，在十九世紀末北部邊疆解除封禁之前，幾乎沒有任何一篇邊疆文本是以遠足或娛樂為目的的「遊記」。書寫者進入北部邊疆總是與帝國的某些具體明確的邊疆事業相聯繫，即便是流人的戍邊也是如此。對於進入邊疆的書寫者們來說，進入北部邊疆就是一段有明確任務或使命的行程，所以「行紀」幾乎佔據了這類邊疆文本的全部。

從「行紀」的文體特徵上來看，它本身並不力圖表現審美意旨，也缺乏足夠的藝術感染力。行紀的寫作只不過延續著日常生活中的書寫習慣，以文字記錄某一時間段內的日常生活，因此它也更為真實地反映出書寫者對於生命歷程的真切感受。由於「行」的動作更側重於空間上位移，當帝國的知識精英們穿越九邊這條傳統的文化界限時，空間權力的不平衡性、差異性勢必會被書寫者所感知，並在諸如日記、詩文等日常書寫中予以流露。

此處還需從書寫者身份的角度，對邊疆空間權力的差異感予以一些必要的解釋。無論是官員還是被流放者，甚至伴隨帝王進入邊疆征戰、巡遊的侍從，在許多行紀文本中，他們都明確地將自己定義為「征人」。征人最基本的含義就是遠行者。在傳統的知識話語中，征人同樣也指那些被強制去往邊緣地方戍守的罪犯役卒，或是遠赴邊疆征戰的軍士。他們被迫遠離家庭、與故鄉的父母妻兒離別，踏上一條未知的險惡之路，甚至很多人將徹底斷送生命。

在中華帝國的傳統法律中，遠行本身即是一種嚴厲的懲罰。在六世紀，中華帝國已經確立了笞、杖、徒、流、死的五刑制度，並一直沿用到清代。去往邊疆的遠行，與流放這一刑罰有著某種空間上和地域上的相似性。在傳統的知識話語中，距離同死亡之間有著某種微妙的聯繫，似乎遠離中原，進入了野蠻、危險的境地，同死亡的距離也就越來越近。確實也是如此，因為清帝國在建立之後，北部邊疆的拓展，使得處罰罪犯的流放地點深入到遙遠的區域。美國漢學家布迪（Derk Bodde）和莫里斯（Clarence Morris）通過對中國傳統法律體系中流刑的研究指出，流刑是僅次於死刑最嚴厲的懲罰，「儒家歷來強調應維持家族間的團結，而流刑制度設立的主要意圖卻在於使罪犯與其家族及鄰里相分離」，這種懲罰的實際效應遠遠超出了肉體的痛苦，深入到

〔註30〕顧彬等《中國古典散文》，95 頁。

情感世界或是心理層面上〔註31〕。

　　從法典中對於流放地點的描述來看，更多地使用著「極邊」、「煙瘴」等非正常狀態、或非秩序化的空間話語。而這一空間話語，與北部邊疆荒蕪、野蠻、失範的集體構想和敘述完全一致。因此，去往北部邊疆的遠行其中隱含著某種源於邊疆傳統記憶的孤獨、困苦、壓抑、悲涼等情愫。保羅‧康納頓（Paul Connerton）在《社會如何記憶》中這樣描述了人們在某一空間中形成的生命體驗，他說：

　　　　我們對現在的體驗在很大程度上取決於我們有關過去的知識。
　　我們在一個與過去的時間和事物有因果聯繫的脈絡中體驗現在的
　　世界，從而，當我們體驗現在的時候，會參照我們曾體驗的事件和
　　事物。〔註32〕

　　在「中國／邊疆」二元對立的傳統思維中，荒蕪、野蠻和危險等差異性的描述話語，一直是中國的知識精英們認知北部邊疆情形的主要思考進路，就像前幾節當中所討論的那樣。書寫者生命經歷的邊緣化與「他者」空間的邊緣化聯繫在一起，使邊疆的疏離感成為書寫者們的集體心態，即便是那些長期駐守邊疆的官員們，也不免在詩文中流露出這種壓抑的情緒。進入邊疆即意味著對中原正常狀態下日常生活的疏離，而邊疆惡劣多變的自然環境、隨時可能出現的災難，使得進入邊疆的書寫者總是能夠感受到死亡的威脅，這似乎更驗證了人們對邊疆差異性的集體想像。

二、苦難之旅

　　僅從北部邊疆行紀文本的題目來看，即可以得知，這種來自北部邊疆的「他者」空間的疏離感，已經被進入邊疆的書寫者們所確切感知。比如殷化行《征西紀略》、宋大業《北征日記》、錢良擇《出塞紀略》、馬思哈《塞北紀程》、高士奇《塞北小鈔》、張寅《西征紀略》、洪亮吉《遣戍伊犁日記》、楊炳堃《西行紀程》、王大樞《西征錄》、林則徐《荷戈紀程》、方希孟《西征續錄》、張光藻《北戍草》、曾毓瑜《征西紀略》、博迪蘇《朔漠紀程》等等，雖然他們中有許多人絕非是被流放的囚犯，但是書寫者們都是用遠征、遣戍、邊塞之類的詞彙命名了自己的行紀文本。因此，疏離、孤寂、壓抑甚至對死亡的

〔註31〕布迪、莫里斯《中華帝國的法律》，南京：江蘇人民出版社，2004，61～64頁。
〔註32〕保羅‧康納頓《社會如何記憶‧導論》，上海：上海人民出版社，2000，2頁。

畏懼等集體心態奠定了北部邊疆行紀文本的基本色調。

在這些行紀文本中，有相當一部分書寫者是因為帝國的邊疆事業而進入到這一「他者」空間之中的。從一般的認知來說，由於書寫者的遠行與帝國的邊疆事業相一致，其整個行程必然會獲得帝國的各種資助，沿途也將擁有良好的旅途保障。但是事實上並非如此，邊疆之行依舊是苦難之旅。

比如康熙二十七年（1688）五月，清帝國派出由領侍衛內大臣索額圖（1636～1703）等人為代表的使團，赴中俄邊界進行談判。即便是這樣一場由帝國官方全程負責和資助的邊疆行程，依舊充滿了危險。

張鵬翮（1649～1725），湖廣麻城人，康熙九年（1670）進士，歷任刑部主事、蘇州知府、刑部尚書、江西總督等職。此時，兵部理事官的張鵬翮，被康熙皇帝選調入這一使團隨軍從行。他作《奉使倭羅斯日記》，記錄沿途之見聞。按照張鵬翮的記述，康熙二十七年五月初二這一天，使團「士氣勃勃，軍容甚盛」地走出德勝門，百姓夾道歡送，旌旗飛揚。張鵬翮對這次旅程充滿了期待，他對同行的兵部給事陳世安熱情地說：

> 孤遠微臣，受皇上特達之知，每慚不能報稱萬一，出使絕域，正當竭力致身以圖不辱君命。荷蒙聖慈眷注，特將恩綸，此高天厚地之所以難疇歟。〔註33〕

但是，這種蓬勃的意氣很快就被邊疆怪異的環境、旅途的勞頓和抱怨所淹沒。

> 二十七日，鵬翮久困戎馬，髀疣為之碎，血漬滿衣。
>
> 二十八日，行平道四十三里，次哈納烏蘇河。水盡牛溲，臭不勘飲。
>
> 二十九日，行平沙中，一望無際，寸草不生，馬前惟見沙堆壘壘，此古人所謂大漠也……馬駝疲敝甚多，將士辛苦倍常，人情怨怒。
>
> 三十日，逾平岡六十里，亭午暑氣炎蒸，行人渴甚，無水可求。
>
> 六月初一，亭午甚熱，久旱之地，山童草枯，牧馬無處。掘地數尺不得水，復求之山阿，得泉眼，人馬汲飲立涸。
>
> ……

〔註33〕張鵬翮《奉使倭羅斯日記》，《清代蒙古遊記選輯三十四種》上冊，北京：東方出版社，2015，4頁。

隨後不久，使團便得知了不斷拓張的準噶爾汗國正在同喀爾喀蒙古交戰的消息，準噶爾汗國是清帝國在北部邊疆最強有力的競爭對手。除了危機四伏的自然環境，此時的使團已經陷入了更危險的境地，他們可能隨時會被準噶爾人俘虜或是全部消滅。於是，康熙皇帝緊急命令使團折返。

七月初開始，使團走上返程之路，但是惡劣的環境致使使團每天都會有隨行人員和大量作為腳力的牲畜死亡。當使團經過克勒阿祭拉漢之時，張鵬翮回憶起一個月前路過這裡尚且嫩草青蔥，而如今卻是「軍壘斃畜橫道，臭不可聞……是日，沿途乏馬或臥道側，或立坡間，割尾跼足，仰天穢地，不可名狀。軍士大半徒行自此始矣。」〔註34〕很多軍士的馬匹已經活活渴死、累死，從這一天開始大多數軍士只能依靠步行，使團徹底陷入了恐慌，出現了集體大逃亡。

兩天之後的七月初四，使團又遇到了酷暑，張鵬翮記錄了已經徹底崩潰的使團。

> 疲馬行酷暑中，炎氣薰蒸，鞍頭如火……軍士有牽馬垂頭而行者，有隻身袒衣得得行者，有裸體伏矮樹下伸頸望人者，有咽渴起煙逢人乞水不得者，馬背見之，殊為惻然。

而此時，蚊蠅不斷地叮咬馬匹和人員，「途間多蚊，細者如小蠅，拂面靡之不去；大者如蜂，入馬鼻噴之不出，至於昂首蹢蹄，稍不防備，人為之墜。」〔註35〕再隨後，天氣驟變，先是狂風大作，飛沙走石，繼而又變成了大雨，使團不斷在減員。

> 初五日午未二時，狂風大作，僵帳揚沙，軍中皇然。前駐軍於此，聞土人言，此地有鬼，人多畏之。是夜，悲風怒號，其聲淒切。今復怪風揚沙，人飲水輒瀉，或腹脹，馬多病死。其古戰場歟？
>
> 初六日，鑲紅等四旗同至，言途次乏水草，渴死二人，疲馬棄於途者甚多。夜，大雨，至次日辰時刻乃止。出塞以來所僅見者也。
>
> 軍中贏馬不耐雨寒，冷斃頗多。

到了二十四日，疲憊不堪的張鵬翮沿途路過一口已經乾涸的古井，看到快要渴死的將士「爭取泥漿解渴」，他慨歎到「前此止見馬瘦行步不進，茲見人之胖者漸瘦，而瘦者已枯」。同一天，隨軍同行的鑲藍旗前鋒參領雅兔，

〔註34〕張鵬翮《奉使倭羅斯日記》，22 頁。
〔註35〕張鵬翮《奉使倭羅斯日記》，23 頁。

病死在返程的路上。由於缺乏柴草，隨行人員只能用馬糞焚燒雅兔的屍體，但是燃燒馬糞的溫度並不足以將骨肉徹底焚化，所以軍士只得將燒爛的屍骨折斷帶回。

作為使團隨行人員的常熟人錢良擇（生卒年未詳），作《出塞紀略》。在崩潰的使團入關之時，他慶幸自己得以從死亡線上逃回，並回顧了那可怕的塞外經歷：

> 若旨到稍遲數日，俱為絕域之鬼矣……歸途無他異聞，但苦饑渴。度沙磧以後，馬死垂盡，軍士步行。糧盡，日止一餐，煮散麵為漿，人得一盂以延其命。既進喀嚕，蒙古各旗以米粟相餉，答以銀布。越翼日則又不繼。然饑不可忍，渴更難堪，徒行者多以渴死。參佐、章京渴死無木為棺，又無柴焚化，乃以馬糞煨，令半枯，析其骨，裹而歸之。軍士死，則委之而已。全軍人死者九百餘，畜死者，駝千餘，馬二萬七千餘，銀費二百五十餘萬。吾主僕二人，初出時有馬七，軍回則馬死者六矣，止一青馬往來不頓，故免徒行。從者足趾無不走折者。〔註36〕

這趟未能完成出使任務的邊疆旅程，使團成員共死亡九百餘人，駱駝死亡千餘匹，馬匹死亡兩萬七千餘匹，花費白銀二百五十餘萬。很多人由於沒有馬匹作為腳力，只能步行回來，腳趾都走斷了。怪異的氣候，蚊蟲的侵襲、鬼魅的邪祟、死亡的威脅、異族的殺戮，無不縈繞在北部邊疆的空間之中，邊疆的秩序徹底失去了控制。

同樣，因帝國邊疆事業進入邊疆的馬思哈，也面臨著邊疆「他者」空間所帶來的壓力。馬思哈（未詳～1704），為滿洲鑲黃旗人，康熙二十八年（1689）任鑲黃旗副都統。〔註37〕康熙二十九年（1690）四月，裕親王愛新覺羅·福全（1656～1703）出征準噶爾汗國，馬思哈率軍出張家口配合主力作戰。整個出塞作戰的過程，馬思哈通過行紀這一文體，將之記錄下來，即馬思哈的《塞北紀程》。

整個行紀文本，馬思哈似乎都是在焦急的心態下不斷地趕路，除了記錄里程或與公務相關的隻言片語，幾乎沒有其他的敘述。比如：

〔註36〕錢良擇《出塞紀略》，《清代蒙古遊記選輯三十四種》上冊，北京：東方出版社，2015，67 頁。

〔註37〕馬思哈，又譯名為馬斯喀。見《清史稿·馬斯喀傳》，10149 頁。

　　丁亥，啟行七十里至迭岕下營，是地草不盈寸無尺水，人皆掘
泉而飲，馬遺為薪。

　　戊子，啟行七十里，至圖勒根答八哈嶺下營。所統蒙古查哈喇
兵五百人。是日，始會合連營，令之前導。

　　己丑，啟行五十里，至烏蘭阿爾奇下營。雨雹大如桃。

　　庚寅，啟行六十里，至著多賀下營。

　　五月朔，辛卯，啟行七十里，至答布孫多下營。

　　壬辰，啟行九十里，至查汗多羅下營。

　　癸巳，啟行一百里，至岳家羅下營。〔註38〕

　　我們很難想像，書寫者只用了一百五十餘字記錄自己一周的行程。其實，
以這樣的文本特徵寫作的書寫者，絕非馬思哈一人。如果審視全部的行紀文
本，有相當一部分都是僅僅記錄行進里程、書寫得異常乏味。

　　從這些文本的內容來看，大段的篇幅都在記述時間和空間的變化，敘述
乾癟而單調，沒有太多能夠激起人們閱讀興趣的東西，甚至有時連書寫者本
人也在文本中隱藏起來。它們更像是一部專門記錄空間位移的流水帳，或是
道路的行程表，除了地理考證家似乎沒有人樂於關注這些材料。但是在這些
文本的隻言片語裏，總是縈繞著邊疆恐怖的氣息和死亡的威脅。

　　在馬思哈的《塞北紀程》中，「他者」空間無疑依舊是一段不堪回首的經
歷，在字裏行間，邊疆嚴酷的環境隨時威脅著整個軍隊的生存，比如：

　　丙午，師行八十里至阿里寧都搜基下營。是地所掘泉水皆作屍
肉氣味，用以造飯，餐之者逾日咽中猶作嘔逆。以是人馬俱渴。

　　丙辰，仍駐本營，山水暴發，迅不及防，人馬幾溺。帝幕、器
物幾盡漂沒。

　　庚子、辛丑、壬寅仍駐本營，夜漏十二下，地大震有聲。

　　除此之外，準噶爾汗國的敵軍也隨時威脅著軍隊的生存。六月底，馬思
哈所率軍隊日夜兼程，進入到了戰場。而一支由兩三萬人組成的準噶爾汗國
的敵軍部隊，一直在暗中尾隨著他們，試圖趁機將馬思哈的部隊徹底消滅。
馬思哈的軍隊則一邊晝夜防禦以防被偷襲殲滅，一邊向主力部隊靠攏，絲毫
不敢懈怠。

〔註38〕馬思哈《塞北紀程》，《清代蒙古遊記選輯三十四種》上冊，北京：東方出版
　　　社，2015，71 頁。

> 丙申，師行百五十里下營。會正黃旗漢軍楊都統兵，知賊兵迫，
> 去我師僅百里。斥堠言，賊眾十餘萬，後追甚迫。然賊實張虛聲，
> 見兵不過二三萬耳。以我兵少賊近，乃疾驅前赴大兵。
>
> 丁酉，師行十五里下營。慮賊猝至，特持重徐行，以備接戰。
>
> 己亥，仍駐本營。我放哨兵與賊哨兵彼此相望。我營日整軍、
> 洗炮，士飽馬騰，以屬戰氣。
>
> 甲辰，大風雨。駐本營。未刻，哨兵詗報，賊兵夜將劫營。乃
> 冒風雨，軍馬披甲以待。比天明，賊知我兵有備，不敢近，以故我
> 兵得往會大師。

整個文本中，這位克勤職守的將軍，無心顧戀眼前的其他見聞，如何盡快完成使命，離開這充滿殺機的荒蠻之地似乎是他唯一所熱衷的事情。當獲准回師的時候之後，行紀文本變得更為簡略，馬思哈甚至放棄了記錄，連續十三天的行程僅用一句話帶過——「會大將軍前班師各隊將士，又行十三日為九月六日」。直到他率領軍隊進入到長城以內，才重新恢復了行紀的書寫，從中不難看出其返回中原的急迫心態。當軍隊進入到古北口之後，這位不善言談的將軍難得地發表了《塞北紀程》中唯一的一段議論，他說：

> 癸巳，進古北口下營。自入口後，風氣全乎內地，與塞北迥殊。
> 塞北無論冬夏日，狂飆怒號，驚沙撲面，即五六月，煩歊絕少，一
> 晝夜間，而四時氣備。大抵晨則衣裘，午則易絺綌，午餘即挾纊，
> 而夜則被毳革焉。炎夏如此，窮冬冱寒，凜冽更復何如。古人云：
> 「積雪沒脛，堅冰在須」，猶淺乎言之耳。〔註39〕

顯然，對馬思哈來說，邊疆的「他者」空間依舊是嚴酷的，其自然環境的周始變化缺乏秩序，與內地迥異；準噶爾汗國的敵人隨時會將自己的部隊圍殲，即便有帝國的財力和軍力作為行程的保障，邊疆的旅途依舊是充滿危機的死亡之旅。

對於流人而言，邊疆的旅途則更為詭異可怖，因為流人本身就是被帝國邊緣化的群體，「他者」空間非正常秩序的差異性，正是處罰他們的手段之一。比如嘉慶四年（1799），被遣戍伊犁的洪亮吉也記錄了自己沿途的旅程。我們很難想像一位名聲顯赫的詩人他的行紀會如此單調。除了偶而有客來訪之外，整個行程毫無疑問——極端乏味。取洪亮吉《伊犁日記》中一周行程，

〔註39〕馬思哈《塞北紀程》，77 頁。

以觀其貌：

> 十四日，四鼓行，九十里抵白墩子，日正中其旁即疏勒河。
>
> 十五日，四鼓行，七十里抵紅柳園，甫及巳刻。
>
> 十六日，四鼓行，八十里抵大泉，日未中。
>
> 十七日，四鼓行七十里抵馬連井，日正曙。
>
> 十八日，四鼓行，八十里抵猩猩峽，日未中。
>
> 十九日，四鼓行，九十里抵沙泉子，日方中。
>
> 二十日，四鼓行，八十里大風抵苦水汛，日未中，水苦而城剌，口不可飲。
>
> 二十一日，三鼓行，一百四十里抵格子汛，日過中。〔註40〕

雖然洪亮吉在《萬里荷戈集》《百日賜還集》和《天山客話》中，分別以詩歌和雜記的形式繪聲繪色地講述了自己在邊疆的見聞和感受，但是這幾種文本都具有再創作或回顧的性質，而日記則是他每天日常書寫的延續，也最能體現出作者在每一天的即時感受。

從這些記述上看，行程單調無聊，空間的位移成為洪亮吉唯一關注的事項。在這裡，還需要從一些輔助性的材料上瞭解洪亮吉本人，為何會出現這樣的書寫風格。洪亮吉因上書批評嘉慶皇帝，被擬斬立決，其後「恩旨從寬免死，改發伊犁，交伊犁將軍保寧嚴加管束」〔註41〕。當時的伊犁將軍保寧（未詳～1806）對洪亮吉極為嚴厲，「有不准作詩，不准飲酒之諭」〔註42〕，「稍蹈故轍，即一面奏聞，一面正法。」〔註43〕洪亮吉作為詩人，作為其正常日常生活方式的詩文寫作，在邊疆也被徹底剝奪，因此，在整個的行程中，洪亮吉無時不承受著被帝國邊緣化的沮喪，以及死亡帶來的壓抑。在日記中，「是夕寒不能寐」、「是夜無臥具，無食物，冷坐一宵」使得洪亮吉的邊疆旅程顯得格外淒冷。

在嘉慶五年（1800）元旦初三，洪亮吉途徑蘇吉，在雪後又遭遇大風，

〔註40〕洪亮吉《伊犁日記》，《歷代日記叢鈔》，第34冊，北京：學苑出版社，2006，25頁。

〔註41〕洪亮吉《伊犁日記》，2頁。

〔註42〕洪亮吉《天山客話》，小方壺齋輿地叢鈔本。

〔註43〕洪亮吉《二十日抵烏魯木齊，那靈阿州守顧扶熊言孔徐午三大令頻日致餼，即席賦贈三十韻》小注，《洪北江詩文集‧更生齋詩‧百日賜還集》卷二，四部備要本，89冊，北京：中華書局，1989，79頁。

「馬驚車覆，壓客幾死，半時許逢人救乃甦」〔註44〕，這場邊疆旅程中的意外車禍，險些奪取了洪亮吉的性命。邊疆的苦難和行路的艱難，成為洪亮吉無法揮去的異域記憶，其所作《萬里荷戈集》中更有許多篇章是回顧這些邊疆苦難經歷的。

又如楊賓（1650～1720），浙江山陰人，也是邊疆有名的書寫者之一。其父楊越因浙東通海案牽連，於康熙元年（1662）流放寧古塔。康熙二十八年（1689），楊賓獲准赴寧古塔探親，在《柳邊紀略·自序》中他也描述了進入邊疆的生命體驗：

> 當其出塞也，日有白雲親舍之思，而又陰風朔霰，皸瘃其肌膚，耳鼻手指一觸輒墮地，入阿稽則萬木蔽天，山魈怪鳥叫號應答，喪人膽。斷冰、古雪膠樹石，不受馬蹄，馬蹶而僕者再，觸石破頭，流血數升而死。死半日乃復甦，甦久之，猶不知在人世間。方是時，遼陽、松、杏、大小凌河諸戰場、南北關、木葉、老邊、混同、呼裏改諸阨塞，皆跋涉於呻吟愁苦之中。〔註45〕

楊賓之所見，塞外陰風朔霰，古木參天。不時傳來野獸、怪鳥的嚎叫，嚴寒的氣候隨時可以凍斷耳鼻手指。在密林中厚厚的冰雪掩蓋了樹木山石，馬被絆倒，楊賓從馬上摔下來頭撞在石頭上，流血不止，昏死過去。過了半日才蘇醒過來，不知道自己是不是已經死了。在邊疆的「他者」空間中生存，艱難、困苦而危機四伏。盡快脫離邊疆的困境，回歸到中原正常的空間秩序，成為書寫者們普遍的追尋。

同樣，方拱乾（1596～1667），安徽桐城人，前朝崇禎元年（1628）進士。後因南闈科場案牽扯，於順治十六年（1659）流放寧古塔。流戍期間方拱乾易號為「甦庵」，並將詩集命名為《甦庵集》。他在詩集自序中解釋易號的原因道：

> 甦庵何者？老人新易號也。老矣，新易其號者何？八月十五日

〔註44〕洪亮吉《伊犁日記》，28 頁。這段險死的經歷讓洪亮吉記憶深刻，在《萬里荷戈集》中，洪亮吉亦作《覆車行》，其辭曰：「風漫天雪逼夜匹，馬雙輪馳至山下。驚沙撲馬馬忽奔，削徑倒下先摧輪。車厢壓馬馬壓人，馬足只向人頭伸。身經竄逐死非枉，只惜同行僕无辜，驚魂乍定忽自疑，奔車之上無伯夷」云云，見《洪北江詩文集·洪更生齋詩·萬里荷戈集》卷一，四部備要本，89 冊，68～69 頁。

〔註45〕楊賓《柳邊紀略·自序》，續修四庫全書本，731 冊，249～250 頁。

> 夜，夢一峨冠象簡人，手持斗大一「甦」字，示余曰：「公當以為號。」
> 醒而繹其義，殆更生乎？越兩月而果生還矣。衰年名字豈尚足煩稱
> 說？惟是平生甘苦，不廢篇章，此後詠嘯所成，聊以「甦庵」名之，
> 俾存其詩，因存其號，兼存其夢也。〔註46〕

順治十八年（1661），方拱乾被赦還。在赦還中原之前，方拱乾夢到神人題寫了一個斗大的「甦」字給他看。甦，即復蘇之「蘇」的俗體字，由「更」、「生」二字合併而成，取再生、重生之義。方拱乾以此命名，預示著在邊疆流放的九死一生之後，再次回歸到中原正常的秩序之中，無異於再生。在其行紀《絕域紀略》中，方拱乾回顧自己流放寧古塔的經歷時，將在邊疆「他者」空間中的生活稱為「殆從死地走一回。」〔註47〕

由此可見，在這一系列行紀文本的敘述中，北部邊疆的空域本身就意味著孤獨、愁苦甚至死亡，這種感受可以說是當時進入邊疆的書寫者共同的生命體驗。這種生命體驗，依舊是建立在「中國／邊疆」二元對立的基礎上的。對於邊疆「他者」空間的不適感，其背後則隱喻了回歸中原正常秩序的期許。特別是那些流人書寫者，回歸即意味著遠離死亡、得以救贖，迅速離開「他者」空間，成為了他們夢寐以求的嚮往。

三、意志與文學

從書寫者的身份上看，無論是官員還是流人，他們雖然在邊疆承受痛苦，夢想著盡快回歸中原正常的秩序之中，但是帝國工作的任務性或者法律的強制性，都使他們不能夠任由個人意願自由地往來。這時，邊疆的書寫者，往往通過意志修為以及文學寫作來緩解「他者」空間的壓力，自我救贖成為了邊疆書寫的重要主題。

（一）意志

傳統的中國知識精英們相信，外在的壓力完全可以依靠自我內在的調節得以克服。這種思維方式主要來源於傳統的道家哲學，一本據說是公元前二到五世紀前後書寫的道家著述——《道德經》，幾千年來被中國的知識精英們奉為經典。闊而言之，這套哲學認為，「道」是世界運行的根本，「常無為

〔註46〕方拱乾《甦庵集·自序》，哈爾濱：黑龍江大學出版社，2010，312頁。
〔註47〕方拱乾《絕域紀略·小引》，《黑龍江述略（外六種）》，哈爾濱：黑龍江人民
　　　　出版社，1985，107頁。

而無不為」〔註48〕，人們只要能夠具備如同「道」一般的修為，拋棄外在的訴求，以虛靜、柔弱的態度面對困難，內心可以泰然處之，困難也自然將會迎刃而解（「侯王若能守之，萬物將自化」〔註49〕）。由此，在中華帝國的知識語境中形成了一系列以這一思想為核心、具有互文性的書寫文本，其中的許多文本後世都被納入到道家哲學的寫作系脈之中。這些文本中的主要觀點，常常被知識精英們所引述或進一步闡釋，也成為公共知識領域中，很多知識精英們所實踐的人生哲學。雖然這種哲學在許多情況下並不能夠直接解決現實問題，但是帝國的知識精英們在遭遇困苦時，卻常常從中獲得心理上的慰藉，這一點在流放者身上體現得極為明顯。

張縉彥（1599～1670），河南新鄉人，本前朝明崇禎四年（1631）進士，入清之後，受劉正宗《逋齋詩集》文字獄牽連，於順治十八年（1661）遣戍寧古塔。在流放其間，張縉彥號坦公，又號外方子，以示在北部邊疆方外之地尚能坦然處之，並作《外方庵記》以自況：

> 後以掛誤徙塞外，人皆冤之，丈人獨自喜，以為遠離人境，不復遊方以內矣。居十年，丈人年七十餘，人老返本，愴然念故鄉，乃結茅為庵，名「外方庵」，曰：「吾久背鄉離井墳墓，為方以外人，若老死此中，顧名而思，即如葬我外方山下也。」自此，黜聰明，焚筆硯，吐棄向來所為詩文，守老子外其身而身存之義，將終身焉。塊然一室，人罕見其面，乃遠方來者，或傳丈人召歸，又或傳丈人病且死，然丈人固僵臥外方庵中自若也。〔註50〕

「愴然念故鄉」的空間疏離感被張縉彥所感知，並預計自己必然老死於邊疆。從後來的史實看，張縉彥的確死於戍所，終生未能再回歸中原一步〔註51〕。但是張縉彥「黜聰明，焚筆硯，吐棄向來所為詩文」，延續了《道德經》中絕聖棄智、返璞歸真的處世哲學，以「老子外其身而身存之義」的理念作為抵禦「他者」空間的壓抑的手段，即使面對著「召歸」中原的大喜、「病且死」的大悲，都能像老子哲學中所倡導的那樣──「僵臥外方庵中自若」，以內心的平坦和對人生境遇的曠達來應對邊疆空間的壓抑感與疏離感。

〔註48〕《道德經》第三十七章。

〔註49〕《道德經》第三十七章。

〔註50〕張縉彥《域外集・外方庵記》，哈爾濱：黑龍江人民出版社，1984，47～48頁。

〔註51〕《清史稿・張縉彥傳》卷二百四十五，9638頁。

這種意志自我修為的方法亦為其他邊疆書寫者所贊同。錢威（生卒年不詳）為張縉彥《寧古塔山水記》作序稱：

> 公生平憂樂，在乎斯民，既至塞外，於外事泊然無所接，獨以
> 山水為樂，支頤觴詠，如對故人。既而曰：「我終日好之而莫為之記，
> 使丹崖碧流，百世之下，且指為窮僻之鄉，謂非人所居者，不重負
> 此山水耶！」乃彙集為《寧古塔山水記》。嗟乎！開闢迄今，高山流
> 水猶是也，遊而處者，不知其幾億萬人矣。其山水之利足以及億萬
> 人，而億萬人之心力，曾不能留山水之名於一日，則信乎遇之難也。
> 且遇之者，非獨遇文章之士之難，有文章而又有德業器量超乎文章
> 者之難也。試觀蔡邕徙朔方，李白流夜郎，昌黎、夢得之謫嶺外，
> 皆怨懟感憤，未肯以其文章表揚其山川雲物。柳子厚至目為囚山、
> 愚溪。讀其文辭，戚戚歎怨，趯然有遠去之思，豈非處困之難哉。
> 唯公坦然以處之，十餘年來，無幾微怨尤，故能網羅幽異，以使人
> 可傳而可述也如此。〔註52〕

在錢威看來，流放中的張縉彥不似蔡邕、李白、韓愈、劉禹錫、柳宗元等人在流放之時「怨懟戚憤」、「戚戚歎怨，趯然有遠去之思」，而能夠「坦然以處之，十餘年來，無幾微怨尤」。由此，書寫者的邊疆心態由被動的接受壓迫，轉變為意志的堅強。

當然，這種將外在嚴酷環境內化為意志上的堅強，很多流放者也從宋明理學中獲得力量。宋明理學在明清兩代一直作為官方的正統哲學，在帝國的知識精英中擁有大批的追隨者。從這一哲學本身的特徵來看，它具有融匯佛、道二家的特徵，雖然宋明理學內部的各個派別尚有明顯的理論分歧，但就總體而言，是否能夠體悟並融入比表象世界更高層次的「道」這一至高境界，成為服膺宋明理學的知識精英們的終極追求，而道德修養是通往這一至高境界的重要手段。那麼，在困苦失意的環境，是否能夠以泰然自若的態度面對，成為考驗個人修為和對「道」本身把握能力的重要標準。

流放寧古塔的方拱乾，將其在戍所寫作的一部詩集命名為《何陋居集》。在其自序中，方拱乾云：

> 流離荒塞，凡一千日，得詩九百五十一首，名曰《何陋居詩集》，

〔註52〕錢威《寧古塔山水記·序》，張縉彥《寧古塔山水記》，哈爾濱：黑龍江人民
　　　　出版社，1984，4頁。

蓋取陽明子居龍場之義,而顏其所居屋也。屋不盈一笏,雞毛雜牛馬毛,磨稗子水作墨瀋,烏烏抱膝,聊送居諸,不復料此生章句再入中華,流傳士人口矣。〔註53〕

在方拱乾看來,其所遭遇之境地,與前朝王陽明流戍貴州之境遇相同。據說,王陽明在流放中曾於貴州龍場驛悟道,正因這一艱苦環境中的機緣,才終成一代儒學大師。方拱乾「取陽明子居龍場之義,而顏其所居屋也」,以自己在寧古塔所居住的陋室比擬王陽明的境遇,邊疆艱苦的環境成為了歷練其個人修為的手段,堅強的意志最終必然會戰勝環境,這也為其詩集中的九百五十一首詩奠定了無畏空間壓抑的理想基調。

又如陳法(1692~1766),貴州安平人,康熙五十二年(1713)進士,先後歷任刑部郎中、登州知府、山東運河道等職。乾隆十一年(1746)河決奪官,遣戍新疆。陳法本人即是理學家,「生平潛心性理,尤服膺朱子之學」〔註54〕。在他看來仕途的失落和流放中空間的壓抑,並不足以撼動其內心的強大,如其於詩中所言「從此飄搖辭霓幕,炎風朔雪總安眠」〔註55〕,邊疆的艱辛卻成了陳法本人檢驗自我意志難得的機遇。

與流放者相比,赴北部邊疆工作的帝國官員其所承擔的內心之苦楚,大多都來自於對家庭的思念,聊舉數首。比如:毓奇(1735~1791),滿洲鑲黃旗人,乾隆五十四年(1789)任烏什辦事大臣,五十五年(1790)任喀什噶爾協辦大臣,有《靜怡軒詩鈔》。其在塞外任所作詩云:

兒女心情久不癡,此行真個願如之。紅顏舊事卿休憶,白髮新裝我自知。萬里月明相望處,千門春曉共吟詩。邇來莫作刀環夢,且把瓜期意轉遲。(《寄內》)〔註56〕

鐵保(1752~1825),滿洲正黃旗人,乾隆三十七年進士(1772),嘉慶十五年任葉爾羌辦事大臣,同年又調任喀什噶爾參贊大臣,有《玉門詩鈔》。其授任之後,出關作詩云:

〔註53〕方拱乾《何陋居集·自序》,哈爾濱:黑龍江大學出版社,2010,4頁。
〔註54〕陳法《明辨錄》,《陳定齋公各種》,國家圖書館藏,清刻本。
〔註55〕陳法《塞外紀程·附詩·軍臺土屋落成四首(一)》,中國邊疆行紀調查記報告書等邊務資料叢編(初編),16冊,香港:蝠池書院出版有限公司,2009,246頁。
〔註56〕毓奇《寄內》,星漢《清代西域詩輯注》,烏魯木齊:新疆人民出版社,1996,159頁。

孤村草草解征驂，暫息塵勞苦亦甘。忽聽塞垣懊惱曲，曉風殘
月憶江南。(《出關作》)〔註57〕

成書（1760～1821），滿洲鑲白旗人。乾隆四十九年（1784）進士，嘉慶
十年人哈密幫辦大臣。其後又歷任哈密辦事大臣、烏什辦事大臣，葉爾羌辦
事大臣等職，有《多歲堂詩集》。嘉慶十年歲末佳節，其獨在哈密寓所，感念
家鄉作詩云：

歲晚風吹遊子襟，那堪穹幕對愁陰。七千里外平安信，十二時
中孺慕心。有限春暉行又過，無端歸夢杳難尋。遙知佳節喧兒女，
白髮紅燈語夜深。(《歲暮書懷》)〔註58〕

麒慶（1811～1869），滿洲正白旗人。道光二十一年（1841）進士。咸豐
十一年（1861）奉使鄂爾多斯，致祭已故諾塔克旗扎薩克多羅貝勒額爾德尼
綽克圖，沿途有《驛亭吟稿》。其行至宣化寄書於家，詩云：

邊郡風光三月初，客程已是四旬餘。曾看新月兩番曲，不見故
園一紙書。朝市規模應不改，家庭況味定如何。鄉心已逐郵簡去，
為道奉人問起居。(《宣化重寄家書》)〔註59〕

此類文本的數量非常龐大，這些赴職邊疆的官員雖然具有少數族裔的身
份，但是其家族已移居中原，他們自幼便在中原生活，有著良好的漢文修習，
除了具有少數族裔的身份之外，與中原的漢族知識精英們並無太大的差異，邊
疆對他們來說也同樣是陌生的。在這些詩文中，傳統知識話語中「中國／邊
疆」的二元對立，繼續發揮著影響力。內地被想像為安逸、祥和、溫馨的空
間，是親友兒女歡聚的地方；而邊疆的空間感受則是荒涼、淒冷、孤苦的「他
者」空間。盡快離開邊疆回歸家庭，是他們很多人夢寐之所求。

不過相較於流放者而言，雖然邊疆官員們也面臨著邊疆空域的扭曲和壓
抑，但是帝國在邊疆不斷開拓之情境，而自己的邊疆工作又與此相繫，故而
對帝國之認同感在其書寫中反覆出現。在這些敘述中，帝國是對北部邊疆惡
劣怪異的環境改造的一方，是將邊疆文明化、秩序化的力量，故而邊疆「他
者」空間的疏離和苦痛，都被帝國神聖的光芒徹底驅散了。

〔註57〕鐵保《玉門詩鈔·出關作》，中國西北文獻叢書（二編），47冊，蘭州：甘肅
　　　　省古籍文獻整理編譯中心，2006，360頁。
〔註58〕成書《歲暮書懷》，星漢《清代西域詩輯注》，256頁。
〔註59〕麒慶《奉使鄂爾多斯驛程日記·附驛亭吟稿·宣化重寄家書》，中國邊疆行紀
　　　　調查記報告書等邊務資料叢編（初編），16冊，224頁。

比如薩迎阿（1779～1857），滿洲鑲黃旗人，嘉慶十三年（1808）舉人。
自道光九年（1829）三次調任新疆，先後任烏什辦事大臣、哈密辦事大臣、葉
爾羌幫辦大臣諸要職。在邊疆，他將書齋命名為「心太平室」，詩集名則為《心
太平室詩鈔》。其自序云：

> 抵任五年之間，歷關外三城，行二萬餘里。囊顏書室曰：「心太
> 平」，比所到廝籲輒仍其舊昔也，以此求定性、簡緣、居易、俟命也，
> 以此期乂安邊宇，同上春臺，再出玉門。初學軍旅，餘事作詩，或
> 志親歷之風土，或述祕定之機宜，增益不能先勞無倦，雖思力不逮
> 古人，幸尚無邊塞愁苦之音。〔註60〕

按照薩迎阿自己的解釋，所謂「心太平」，一方面「求定性、簡緣、居易、
俟命」延續了意志的自我修為；而另一方面則期待「乂安邊宇」，完成帝國所
交付的管理邊疆的使命，以此二者共同抵禦「他者」空間的侵蝕。

同樣，倭仁（1804～1871），蒙古正紅旗人，道光九年進士（1829）。咸豐
元年（1851），授予副都統銜，充葉爾羌幫辦大臣。在赴任葉爾羌的行程中，
倭仁作《莎車行記》。在整篇行紀中，倭仁將主要的精力都放邊疆地理的考察
上，而無絲毫悲苦離愁之感，雖然邊疆的「他者」空間的壓抑也被其所感知，
但是拳拳報國之心，使個人的意志無比強大，如其過嘉峪關時所言：

> 關在山之西麓，臨邊築土城，邊寨有樓以鎮西裔。昔為華夷關
> 限，今則中外一家，非若前代閉關卻貢故事矣……十四日出關，龍
> 沙雁磧，彌望無垠。俯仰兩大間，巍然一身，毫無可恃。惟耿耿此
> 心，惺然難昧，當益加策勵，以期不負君親，不負一己。〔註61〕

倭仁認為「任重致遠，惟恃此身……奉天子命出守西羌，薄德寡能，弗
克負荷。計可以馳驅萬里者，惟有謹身窒慾，使精神日益強固，智慮日益濬
發，以期仰報」〔註62〕，帝國的力量幫助書寫者徹底擊敗了邊疆壓抑而苦難
的生命體驗。

（二）文學

中華帝國的知識精英們從小就開始學習詩文寫作。這種學習一方面是科舉

〔註60〕薩迎阿《心太平室詩鈔・自序》，中國西北文獻叢書（二編），16冊，蘭州：
　　　甘肅省古籍文獻整理編譯中心，2006，303～304頁。
〔註61〕倭仁《莎車行記》，小方壺齋輿地叢鈔本。
〔註62〕倭仁《莎車行記》，小方壺齋輿地叢鈔本。

考試的需要，而另一方面則是個人身份的體現。在帝國之內，能夠熟練地掌握文字書寫的人群數量非常有限，而文學寫作顯然是比正常文字書寫更高層級的能力，它既要求書寫者擁有足夠的識字和用字能力，又要求其個人具有一定的藝術素養。可以說，文學寫作是帝國知識精英們人格魅力和藝術造詣的雙重展現。此外，一位知識精英一旦取得功名，是否能夠順利地進入公共知識領域，甚至取得一定的話語權，很大程度上都依賴於其文學寫作的影響力。故而，大批的知識精英在有生之年都在不斷地進行文學寫作，甚至是在帝國那些偏遠的山區或是小城鎮，都會有一些文人自發結成詩社等文學團體。通過詩文彼此交流、唱和，這種具有藝術性的聚會，使他們在身份上同普通人劃分出明顯的界限。可以說，文學寫作既是知識精英們的一種日常生活方式，又是公共知識領域中的主要活動。

　　在北部邊疆怪異的「他者」空間中，原本正常的秩序都已經被扭曲。那麼，文學的寫作作為在正常秩序中的生活方式，成為書寫者們延續正常人生狀態的寶貴憑藉。特別是那些流人群體，由於他們是邊疆各書寫者中遭際最為慘痛的群體，故而他們希圖藝術解救自身的表述非常具有代表性。

　　比如嘉慶十年，史地研究家祁韻士遣戍新疆伊犁，其詩集名為《濛池行稿》。在自序中，祁韻士講述了詩文寫作在遣戍中發揮的力量：

> 　　歲乙丑以事謫赴伊江，長途萬里，一車轆轆，無可與話，乃不得不以詩自遣。客遊日久，詩料滋多，雖不能如古人得江山之助，然無日不作詩，目覽神移，若弗能已……自念此行若非得詩以為伴侶，吾何以至此。重五之年，羸弱之軀，幸未僵仆於道，皆詩力也。即所為詩，間有哀音促節，不免近於蟬嘒蛩吟，然以余所見山川城保之雄闊，風土物產之瑰奇，雲煙寒暑之變幻，一切可駭可愕之狀，有所觸於外輒有所感於中，悱惻忠愛，腸迴日久，無一不寄之於詩，吟嘯偶成，吮筆書之。〔註63〕

　　對祁韻士而言，在「他者」空間中，長途萬里，一車轆轆，孤苦而無聊。面對這樣一種壓抑的境遇，個人非常脆弱和渺小。自己之所以在萬里行程中身體羸弱，卻「未僵仆於道」，都是憑藉詩歌的力量，即其所謂「皆詩力也」。祁韻士「得詩以為伴侶」，對山川、物產、風俗等所見所聞，無不吟詠成詩，他以這種源於內地的生活方式，來抵消「他者」空間的不適感。

〔註63〕祁韻士《濛池行稿・自序》，山右叢書初編，民國二十三年鉛印本。

　　同樣，張光藻（1815～1890），安徽廣德人，咸豐六年（1856）進士。
同治九年（1870），因處置天津教案不力，時任天津知府的張光藻被遣戍黑
龍江，其遣戍其間的詩文集名為《北戍草》。在自序中，他講述了這部詩集
的來歷：

> 謫戍黑龍江將出都。同年友咸勸余曰：「士不得志，嘗以詩酒自
> 娛。子既不善飲，盍學作詩。」余曰：「如詩不工何？」友曰：「但
> 學之毋以不工為嫌。」余唯唯。自是同年征途況瘁，旅館蕭條，意
> 緒無聊，每借詩以自遣。〔註64〕

　　同祁韻士一樣，張光藻也強烈地感受到邊疆「他者」空間給人帶來的不
適。這種不適既有謫戍黑龍江旅途的蕭條與無聊，又有被帝國中心所排斥內
心的焦灼與壓力。所以，張光藻雖然不擅長作詩，依舊在邊疆的行程中「借
詩以自遣」，從中獲得某種內心的平衡。

　　可以說，這樣一種憑藉詩文寫作的日常生活方式抵禦「他者」空間不適
感的做法，是帝國知識精英們所特有的集體心態。故而諸如「一卷新詩挽倒
瀾，盡渭邊塞語辛酸」〔註65〕、「半壁河山容嘯詠，邊城風月盡渭愁」〔註66〕，
此類以詩文為手段緩解「他者」空間壓抑的描述，在各種邊疆詩文集中比比
皆是。但是從客觀上看，知識精英們進入邊疆的日常詩文書寫活動，卻促進
了邊疆書寫文本的不斷生成。正是在他們的帶動下，邊疆的風物、習俗等各
種狀貌，又一次流入到公共知識領域之中，使北部邊疆逐漸成為公共知識領
域的一個話題。

　　此外，還有另一種文學態度，在邊疆書寫中更值得注意。在很多的邊疆
書寫者筆下，文學寫作不僅僅是對抗邊疆「他者」空間的手段，它更是戰勝
邊疆的方法。他們認為，「他者」空間的壓抑非但不是什麼壞事，這種外在的
壓力正是自己陶冶藝術修養、創造更多優秀詩文作品的契機。

　　從個人遭際與詩文書寫之間的關係來看，傳統文學觀念中一種普遍的看
法認為，詩文的藝術成就與知識精英的遭際之間存在著微妙的關係，窘迫的
際遇（「窮」）往往可以激發優秀的寫作（「工」）。如前所述，邊疆造成了長期的

〔註64〕張光藻《北戍草・自序》，國家圖書館藏，民國十九年鉛印本。
〔註65〕許乃穀《心太平室詩鈔・題詞》，薩迎阿《心太平室詩鈔》，中國西北文獻叢
　　　　書（二編），16冊，306頁。
〔註66〕韓賜麟《心太平室詩鈔・題詞》，薩迎阿《心太平室詩鈔》，中國西北文獻叢
　　　　書（二編），16冊，307頁。

疏離感，並且駐留邊疆的痛苦具有持續性的特點，這就致使書寫者在「窮」與「達」的對立中，將自身設定在「窮」的範域內。「窮者而後工」、「愈窮則愈工」〔註67〕的詩文創作論，使得邊疆的書寫者們將痛苦的體驗轉化為個人藝術成就的歷練。比如方拱乾在談及自己遣戍邊疆的經歷與邊疆詩文創作的關係云：

> 昔人誦少陵詩，秦川以後更佳，殆謂其窮且老爾。余年較少陵入蜀時更老，若窮則不惟遠邁少陵。即沈、宋交歡，蹤跡猶在輿圖內，縱觀史冊，從未有六十六歲之老人，率全家數十口，顛連於萬里無人之境，猶得生入玉門者⋯⋯尚能於萬死中自寫胸臆，庶幾與少陵「他鄉閱遲暮，不敢廢詩篇」之意，彷彿其百一乎！〔註68〕

在帝國的公共知識領域中，杜甫一直是詩歌寫作的楷模，其詩歌被後世的許多詩人所談論、模仿和借鑒，擁有崇高的藝術地位。方拱乾在戍所，以杜甫為榜樣。在他看來，杜甫詩歌的寫作以其窮、老之時，即「秦川以後更佳」。自己較杜甫境遇更為悲慘，邊疆詩文的寫作亦即向杜詩學習、不斷歷練的過程。在這一理解思路下，邊疆已經不再是單一的愁苦之旅，而轉化為不斷激發新靈感、發掘新素材的詩文創作歷程。

這樣一種態度，被許多知識精英們所共同認可。黃中堅（生卒年未詳）曾為好友楊賓《柳編紀略》作序，他認為楊賓的邊疆之旅雖然痛苦，卻不虛此行：

> 嗚呼，不有大瓢，其何以使絕域之山川風土皆宛若在目前乎⋯⋯使大瓢得志於時，而為所欲為，其所成就亦何可量。然而身處貧賤，蘊其所有，鬱鬱無所施而乃於跋履險阻、呻吟憔悴之餘，出其餘力，作為此書，豈天特不忍絕域之山川風土湮沒而不彰，而故使之一洩所未洩耶。〔註69〕

在黃中堅看來，楊賓身懷錦繡，卻身處貧賤，鬱鬱無所施。楊賓的出關，跋山涉水、旅途險阻更使之陷入了絕地，他在邊疆的寫作，正是上天對他的

〔註67〕最具代表性的討論是來自宋代歐陽修「詩窮而後工」的看法，見歐陽修《梅聖俞詩集序》，這種看法也被後來的許多知識精英們所接受，並以各種形式重新闡發。

〔註68〕方拱乾《何陋居集・自序》，4頁。

〔註69〕黃中堅《柳邊紀略・序》，楊賓《柳邊紀略》，續修四庫全書本，731冊，235頁。

眷顧，使他將「絕域之山川風土」記錄下來，並傳播到公共知識領域中，這也將為陷入困苦境地的楊賓獲得前所未有的聲名。

同樣，邊疆知識家徐松於嘉慶十七年流放伊犁，其間曾作《新疆賦》〔註70〕。《新疆賦》使用了漢大賦主客問答的形式，借蔥嶺大夫和烏孫使者之口分別描繪天山南北二路的景觀。由於漢大賦有鋪采摛文的特點，徐松在賦中也極盡鋪陳，將新疆地理風物、歷史戰績都囊括其中。另一邊疆知識家沈垚（1789～1840）對其《新疆賦》評價道：

> 海內讀先生賦者，無不歎先生之才，惜先生之遇……假令先生
> 不親至新疆，未必為之作賦。不作賦，則新疆之山川草木，豈不闇
> 然無色哉？然則天欲永避陬物產不朽之傳，故小謫先生，先生藉是
> 略見其才，是亦先生之遇也。〔註71〕

在沈垚看來，徐松謫戍新疆是一件小事，如果沒有這次遭遇，徐松未必會去新疆，也未必作《新疆賦》。上天正是有意將他遣送到艱苦的「他者」空間之中，讓他創作不朽之作，這正是徐松的機遇。在此，近乎於「藝術至上」的美學追求完全超越了邊疆「他者」空間的痛苦。

更有甚者，如趙翼為洪亮吉的好友，他對洪亮吉邊疆遣戍的經歷評價道：

> 人間第一最奇景，必待第一奇才領。渾沌倘無人可鑿，不妨終
> 古懵不醒。中原一片好景光，發泄已盡周漢唐。所未泄者蠻獠窟，
> 天遣李白流夜郎。又教子瞻渡瓊海，總為僻昧開天荒。伊犁城在西
> 北極，比似炎徼更遼僻……稚存先生今李蘇，狂言應受攖鱗誅。熱鐵
> 在頸赦不殺，廣柳車送充囚徒。天公見之拍手笑，待子久矣子纔到。
> 鍾儀故是操南音，斛律何妨歌北調。從此天山雪嶺間，神馬尻輿恣
> 吟眺。國家開疆萬餘里，竟似為君拓詩料。〔註72〕

在趙翼看來，洪亮吉在邊疆痛苦的生命體驗在藝術面前微不足道，洪亮吉的流放是上天有意的安排。他作為囚徒送抵新疆，「天公見之拍手笑，待子久矣子才到」。上天的目的正在於讓「第一奇才」的洪亮吉去邊疆發掘天地

〔註70〕徐松《新疆賦》分為《新疆北路賦》《新疆南路賦》。清末邊疆知識家吳豐培，
將此二賦與紀昀《烏魯木齊賦》、王大樞《天山賦》（一說，歐陽鎧所作）合
刊，並稱「新疆四賦」。
〔註71〕沈垚《落颿樓文稿·答徐星伯中書書》卷二，聚學軒叢書，光緒刻本。
〔註72〕趙翼《題稚存〈萬里荷戈集〉》，《趙翼詩編年全集》卷四十一，天津：天津古
籍出版社，1996，1363 頁。

未泄之景觀。趙翼甚至認為，從這一點上看的話，洪亮吉的流放時間只有百日，實在是太短，如果再繼續流放一兩年時間會在詩文造詣和寫作上取得更大的成就：

> 翻嫌賜環太草草，令威百日歸華表。倘更留君一二年，北荒經
> 定增搜考。憶君唯恐君歸遲，愛君轉恨君歸早。〔註73〕

　　這雖然是一句笑談，但是在這樣的敘述中，邊疆書寫者在「他者」空間內愁苦與險惡的人生體驗，顯然已經被解構。具有不適感和壓迫感的邊疆「他者」空間，成為了歷練修為和詩文藝術的場域。在這裡邊疆也就不再是中原所必然排斥的對象，而擁有其自身的獨特藝術價值和魅力。

　　從以上的考察可知，進入邊疆的中原知識精英們，延續了傳統中原知識話語對邊疆的描述，邊疆作為非中原的「他者」仍是壓抑、痛苦的空間場域，清帝國雖然使北部邊疆納入到政治版圖之中，但是在中原知識精英的心理上，對邊疆仍舊存在著認知上的疏離感。

　　不過，知識精英們的行紀書寫卻導致了一系列的新變。首先，由於書寫者的直接介入，使得大量真切的邊疆「知識觀感」通過書寫流入中原的公共知識領域，為其他的知識精英們所瞭解、認知，由此在客觀上也打破了明帝國時期想像的、誇張的、僵化的邊疆空間形象，使得北部邊疆的空間狀貌日趨真切、清晰（即便是那些枯燥無味的行紀也可以取得這一效果）。其次，邊疆書寫者們在自我救贖意願下所倡導的意志與文學，使得邊疆這一「他者」空間與中原傳統的知識話語所倡導的價值論聯繫在一起，邊疆不再是為中原所徹底排斥的對象，它同樣能夠發掘出許多符合傳統中原認識的價值，從而也使邊疆更容易為域內的其他知識精英們所接受。這在某種程度上說，這些行紀書寫也緩和甚至逐步在消解「自我（中國）／他者（邊疆）」的文化對立。

第三節　邊疆景觀

　　所謂邊疆景觀（Landscape）是指書寫者通過書寫所描述的邊疆狀貌，它既勾畫出作為邊疆實體的自然表象，同時也融入了書寫者的感受、立場、觀念等等。可以說，景觀是書寫者對自然存在的實體審看之後的結果，是書寫者的

〔註73〕趙翼《題稚存〈萬里荷戈集〉》，《趙翼詩編年全集》卷四十一，1363頁。

視域與自然表象的結合。當邊疆書寫者的身份已經為帝國所介入，並且書寫者在邊疆的行動也成為帝國邊疆事業組成部分的時候，那麼，在書寫者筆下所呈現的邊疆景觀，也邏輯地使帝國的意義介入其中，進而創造出帝國表徵意義下的邊疆狀貌。因此，從這一層面上講，書寫者筆下的邊疆景觀雖來自於實際存在的邊疆實體，但是它更偏重於其符號化的屬性和意義的建構。我們大致可以認為，思考景觀意味著考慮那個地區所呈現的外觀是如何被賦予意義的。〔註74〕

一、邊疆的差異性

作為知識精英日常生活的一部分，書寫將日常生活的生命體驗以文字化的形式表現出來。當書寫者進入北部邊疆，最直接為書寫者所感知的必然是邊疆的各種風物形態。同內地相比，邊疆的風物形態存在著非中原的特徵，由於與內地日常生活中習見的事物皆有明顯的不同，這就勢必對知識精英們傳統的認知視域產生某種衝擊，進而這些書寫者便將眼前的奇異景觀納入到日常書寫的序列之中。比如洪亮吉在其遣戍途中所言：

及出關後，獨行千里，不見一人。徑天山，涉瀚海，聞見恢奇，
為平生所未有。〔註75〕

「他者」空間的差異性構成了邊疆書寫的決定因素。在知識精英們的筆下，這些差異性一般以「奇」、「妙」等傳統文藝批評術語予以概括。當然這種批評性的描述，尚未形成系統的邊疆批評觀念，它更多地是以一種直觀性感受的方式——特別是通過詩文這種傳統的表現手段予以描繪。

無論是邊疆短期的遊歷者，還是長期駐守在邊疆的書寫者，首先被他們最直觀感知的，就是邊疆不同於內地的自然氣候和地理環境。無論是自然氣候還是地理狀貌，它們本身並不具備文化的意義。但是，當這些自然表象經由書寫這一環節予以符號化的時候，書寫者所使用的詞彙即為邊疆的這些表象賦予了某種所指的意義。這些差異性建立在一套傳統的符號序列範疇之中，它來自於中國早期經典中，諸如陰陽五行學說所提供的宇宙構成理論。在這一宇宙構成論中：

〔註74〕阿雷恩‧鮑爾德溫等《文化研究導論》，北京：高等教育出版社，2004，145
頁。
〔註75〕洪亮吉《出塞紀聞》，小方壺齋輿地叢鈔本。

陰和陽，是自然界中兩種原初的力量，創作出所有的生物。陰
是一種消極的物質，與地相聯；它代表雌性、陰暗、寒冷、潮濕和
靜止。陽是一種積極的物質，與天相聯；它代表雄性、能動、溫暖
和光明。陰極被定位在北方，那裡產生寒冷和陰暗。陽極則在南方，
產生溫暖和光明。〔註76〕

我們大致可以從器質和物態兩個層次來認知這一理論對邊疆形態的建
構。

首先，就器質而言，邊疆的差異性因其方位所決定。「中國／邊疆（四方）」
因為方位的區別形成了對立，中國被預設為「原初的力量」，它與正常的空間
秩序完美結合。東、西、南、北——四方則被擠壓在次一級的層次上，處於邊
緣的位置；在這些邊緣的四方區域中，「原初的力量」或是過於充沛、或是過
於稀少，缺乏調和，打破了正常的自然秩序，故而其風土氣候的狀況與中國
截然不同。如邊疆史地知識家王樹枏（1851～1936）對西域的描述：

西域萬山叢錯，洪荒冰雪，凝沍遍岩谷，歷古不化。逮中天之
世，十日並出，金石流，火山焦，荒寒之氣，變為炎燠。竊意當日
天山南北萬年不解之凍，一旦崩釋，泛濫四注，匯為巨海，於是洪
水之禍遂為全世大劫。〔註77〕

同中國的和諧相比，非正常、非秩序的樣態造就了邊疆本質上的差別。
同時，方位具有固定化的特點，這種差異性亦因此而不易改變。

其次，這種本源性的差異又衍生出邊疆風物樣態的奇異化。善於講故事
的學者紀昀在《灤陽續錄》中，回顧了自己流戍烏魯木齊時的奇異見聞：

乾隆癸酉戍守西域，卓帳南山之下，塞外山脈自西南趨東北，
西域三十六國，夾之以居，在山南者呼曰北山，在山北者呼曰南
山，其實一山也。山半有飛瀑二丈餘，其泉甚甘，會冬月冰結，取
水於河，其水湍悍而性冷，食之病，人不得已，仍鑿瀑泉之冰水，
竅甫通，即有無數冰丸隨而湧出，形皆如橄欖，破之中有白蟲如蠶，
其口與足則深紅，殆所謂冰蠶者歟？與鐵中之蟲，煅而不死，均可
謂異聞矣。〔註78〕

〔註76〕馮客《近代中國之種族觀念》，南京：江蘇人民出版社，1999，9頁。
〔註77〕王樹枏《新疆土壤表·敘》，《清人文集地理類彙編（三）》，532頁。
〔註78〕紀昀《閱微草堂筆記·灤陽續錄六》，上海：上海古籍出版社，2005，415頁。

　　在邊疆的寒冬之中，紀昀親見極寒的冰泉之下湧出如蠶白蟲，他驚歎到在這樣嚴寒的環境中，竟然能夠生長出不懼寒冷的冰蟲。從以往中原的知識中從未見過這種狀況，如果不是親眼所見，根本無法相信這就是事實。對此，紀昀認為這應該是北部邊疆自然的器質性差異，對各種奇異的事物形態產生了決定作用：

> 天地之氣，一動一靜，互為其根，極陽之內必伏陰，極陰之內必伏陽，八卦之對待。坎以二陰包一陽，離以二陽包一陰，六十四卦之流行，陽極於乾，即一陰生，下而為垢，陰極於坤，即一陽生，下而為復，其靜也伏斯斂，斂斯鬱焉；其動也鬱斯蒸，蒸斯化焉。至於化則生，生不已矣。特沖和之氣，其生有常，偏勝之氣，其生不測；沖和之氣，無地不生，偏勝之氣，或生或不生耳。〔註79〕

　　在紀昀的解釋中，北部邊疆的物候屬於「偏勝之氣」。從字面意義上講，即是陰陽兩種基本構成不協調，其中某一方面超過了另一方面。在生生不息的運動規律中，偏勝之氣打破了「沖和」（兩種力量的平和）的狀態，在生成事物形態的時候——「其生不測」，因此總是孕育出怪異、畸形、不合情理的東西。與中國相比，這些異化的事物形態則意味著對正常秩序的顛覆或是破壞，這種差異性被符號化為邊疆各類事物形態生成論的基礎。

　　在邊疆書寫之中，我們可以發現，邊疆的差異性總是被強調出來。就其展現出的特徵來看，邊疆景觀大多都是壓抑、變形或是扭曲的，即便在程度上有所不同。如吳偉業（1609～1672）為遣戍寧古塔的吳兆騫贈詩中，幻想北部邊疆各種怪異的景觀：

> 君獨何為至於此，山非山兮水非水，生非生兮死非死……八月龍沙雪花起，橐駝垂腰馬沒耳，白骨皚皚經戰壘，黑河無船渡者幾，前憂猛虎後蒼兕，土穴偷生若螻蟻，大魚如山不見尾，張鰭為風沫為雨，日月倒行入海底，白晝相逢半人鬼。〔註80〕

　　傳統的文學理論往往將這段文字書寫作為「誇張」的藝術手法簡單處理。但是，從書寫史理論的角度看，藝術手法的運用使事物指向想像的意義層面，即將意義引向某種相對固定表徵敘述之中，「誇張」的藝術手法其背後也必然

〔註79〕紀昀《閱微草堂筆記·灤陽續錄六》，415頁。
〔註80〕吳偉業《吳梅村全集·悲歌贈吳季子》卷十，上海：上海古籍出版社，1990，257頁。

有其超越所指的「意指」〔註81〕。在這裡，北部邊疆的山川（山非山兮水非水）、生死（生非生兮死非死）、氣候（八月龍沙雪花起）、生物（大魚的誇張形態）、日月（倒行）、種族（半人鬼）等意象，與中國相比都是非正常的，整個邊疆空間秩序徹底錯亂。這也代表了當時中原的知識精英們對於北部邊疆的集體想像。又如洪亮吉赴伊犁途中書寫的瀚海景觀：

> 平沙漫漫，寸土不入。極目千里，殊無遁形。陰陽未分，霜雪不積，禽畜則四足二足以上，草木則一寸二寸以下。飛鳴杳然，萌蘗頓絕，水泉則遠至三百里五百里，方可負汲。程途則久至二十日三十日亦皆露宿。甚則怪火時出，光逾日星，陰風倏來，勢撼天地。鳴沙逐人，則迅雷無其厲也。飛石擊客，則霜刃無其銛也。烏乎，此亦天之所以限中外而域南北乎？〔註82〕

瀚海之中陰陽不分，忽明忽暗、光怪陸離。洪亮吉對所見邊疆表象的描述，使用的不是詩歌而是文，相對詩歌而言，文的敘述較詩歌更為平實。但是洪亮吉將瀚海這一景觀構造為一種缺乏秩序、非正常的狀態，將之意義的表述引向差異性的一面，並將這種差異性視為「限中外而域南北」天然的文化區域界限。

此類描述邊疆景觀的材料非常多，表徵的景觀也都大致如此。在書寫者進入邊疆之時，中國的視角已先驗地將邊疆排斥在正常的時空序列之外。這種排斥的態度與固定化的方位相關，方位的無法變更又導致了這種器質性的差異也被固定化，它被認為是邊疆差異性存在的基本原理，並同時被眼前的邊疆各種事物表象所直觀地驗證。故而，在邊疆景觀的描繪之中，邊疆差異性構成了書寫者們表徵邊疆意義的基礎，並且這種書寫態度幾乎都是無意識的。

二、差異性的隱喻

差異性建構了邊疆風物的奇異狀貌，也意味著對正常秩序的顛覆或破壞。不過有一點我們必須注意到，從邏輯上看，差異性的認識建立在已有的某種相似性的基礎上，並通過比較得出的結論。因而對於差異性的書寫，既可以

〔註81〕羅蘭・巴特《文之悅》，90～95 頁。
〔註82〕洪亮吉《瀚海贊》，《洪北江詩文集・更生齋文乙集》卷一，四部備要本，89冊，39 頁。

從相似性的一面入手，注重於「同」的方面，亦可以從非相似性的一面入手，注重於「異」的方面。由此，邊疆的差異性可以通過書寫被引向兩種截然不同的隱喻之中。雖然這兩種隱喻都以差異性為基本特質，但是邊疆差異性的表徵意義和方式卻可以完全不同。

首先，第一種邊疆景觀的書寫是建立在邊疆與中國器質性機理構成的相似性之上的，即這種內在的器質性機理（如陰、陽）同樣也是中國風物的基本屬性。這也就是說，邊疆同中國並非完全毫無關聯地截然分開，它們在更深層次上依然存在著某種本質上的共通。只不過邊疆由於其內質過於偏執、過於充沛、或是某種缺乏，使得它某一方面的器質畸形地突出。正因如此，邊疆反而超越了中國同類風物平和沉穩的形態，幻化出更為宏闊、瑰麗、雄壯、奇異的景觀。如嘉慶十年，史地學家祁韻士遣戍伊犁，在途徑星星峽時曾作詩云：

> 天地鼓洪爐，鎔鑄非一狀。荒僻關塞外，亦復參意匠。紅柳既
> 稱殊，星星又別樣。一峽鎖萬峰，橫絕瀚海上。大石阻岋崿，
> 磨牙屹相向。迂迴過石門，新境疑忽創。雲氣生蒼茫，層巒與疊嶂。被
> 以五色土，色色出意量……〔註83〕

在祁韻士的筆下，天地在生成萬物具象的時候存在著差異性（鎔鑄非一狀），北部邊疆其位於荒僻的關塞之外，反而獲得了更為細緻的塑造（亦復參意匠），因而才有景觀的奇特之美。在許多邊疆書寫者的筆下，這種對比形成了較為固定的書寫模式，即它往往從邊疆景觀與內地同類景觀的比較入手，認為邊疆某種偏執的器質過於繁盛而超越了內地。

慧成（生卒年未詳），滿洲鑲黃旗人，道光十六年（1836）進士，道光二十八年（1848），赴科布多城任參贊大臣。道光二十九年（1849）四月的春天，按照慣例，慧成帶隊巡閱科布多的卡倫哨所部署情況。在到達烏柯克高原之後，慧成在《巡邊日記》中開始大段地描述邊疆的景觀。二十一日所記云：

> 辰刻啟行，入山漸深景愈妙。一丘一壑直可與永嘉相頡頏，而
> 雄秀深邃遠過之。松柏參天一望無際，或如大自在身現千臂寶相，
> 或如天魔作長袖舞，或如蛟龍攫拏，或如幢蓋森列。巨石如屋，半
> 皆黃碧色。分布深林仄徑之中。苔花遍滿，古雅可愛。山風習習，

〔註83〕祁韻士《濛池行稿·星星峽》，山右叢書初編，民國二十三年鉛印本。

澗草崖花，松釵柏葉都作自然，香黏惹襟袖。前驅蒙古兵捏口學鹿鳴，其聲清越，遠谷應聲，胡馬皆聳耳以聽。是日貪玩林泉，凡五下馬席地坐，拾松枝煮苦茗啜之，命蒙古解鞍牧馬澗旁，隨從弁兵亦令其弛禮貌，任意坐臥言笑。〔註84〕

其二十二日所記云：

約行十餘里，於半山中得平川，四圍翠山如屏。瀑布數十道注平川匯為湖，大約十餘里。澄澈如鏡，山峰樹影倒印其中。湖旁苔徑芍藥叢生，並五色山花，雖不知名，要皆纖媚穠豔，爛然如錦繡照眼。翠山後，復有雪山插天，高約百里，以泰山、華嶽之景，較此尚覺卑小淺陋，奚論其餘。始知天下奇景不盡在中土，然則十洲三島之說，何可概指為荒唐耶。〔註85〕

慧成雖然是來自北部邊疆少數族裔的滿人，但是他一直生活在內地，沒有邊疆的經歷。從其書寫方式上來看，依舊是以中原之視角審視邊疆景觀，並以中原內地的名山佳景與邊疆景觀相比較。在烏柯克高原上，「一丘一壑直可與永嘉相頡頏，而雄秀深邃遠過之」；泰山、華山與不知名的崒山、雪山等邊疆景觀相比「尚覺卑小淺陋」。在《科布多巡邊日記》中，慧成更是多次感歎「不圖荒邊絕塞，居然步入山陰，此行真為不虛矣」〔註86〕，「自烏柯克行百里以後，即得佳山水幾三百里，不可謂非宇宙間偉觀也。」〔註87〕

同樣，明亮（1736～1822），滿洲鑲黃旗人，曾先後任伊犁領隊大臣、寧古塔副都統等職。嘉慶七年（1802），調任烏魯木齊都統之後，曾作《望祀博克達山長歌》並勒石於博克達山頂，其文曰：

穹窿乎博克達，山之高高極天。吐納日月，陰陽莫能測其候；變幻晴雨，寒暑不得司其權。乾坤苞符，欲啟尚未啟土；父澤母精，氣融結雲根懸。其勢博大，崇寵未可以數計；比諸嵩高太華，有過之而無不及焉……〔註88〕

〔註84〕慧成《科布多巡邊日記》，《中國邊境史料通編（續）》，45冊，香港：蝠池書院出版有限公司，2009，17782頁。

〔註85〕慧成《科布多巡邊日記》，《中國邊境史料通編（續）》，17784頁。

〔註86〕慧成《科布多巡邊日記》，《中國邊境史料通編（續）》，17783頁。

〔註87〕慧成《科布多巡邊日記》，《中國邊境史料通編（續）》，17786頁。

〔註88〕明亮《望祀博克達山長歌》，和瑛等《三州輯略·藝文門》卷八，中國西北文獻叢書（二編），5冊，蘭州：甘肅省古籍文獻整理編譯中心，2006，454頁。

在這裡，博克達山的高度、日月、雲雨、氣候都賦予了神奇、博大的氣質，它的物態同嵩山、華山相比「有過之而無不及」。如果將北部邊疆景觀簡單地歸結為「接受／排斥」兩種話語規則的話，邊疆景觀的書寫表徵，無疑指向了接受的一面。

與此不同，第二種邊疆景觀差異性的形態被建構在畸形樣態之上。如前所述，這種畸形是因為邊疆器質性的缺失造成的，進而將景觀的差異性引向某種病態的、對正常秩序顛覆性的表徵意義上來。

方希孟（1839～1913），安徽壽縣人，曾兩次以幕僚的身份隨邊疆駐防大臣進入新疆，其遊記《後西征錄》（又名《西征續錄》）非常有名。在《後西征錄》中，方希孟返鄉經途戈壁，他描繪了眼前戈壁的情景：

> 大風吹空車輪走，蠍虎如人蟒如狗。老鴉鳴鳴鬼車哭，掠地黑鷹啄人肉。前山火飛後山雪，寸草不生石骨熱。馬蹄陷沙沙入穴，駝骨支冰冰橋裂。人生只羨狼居骨，直到沙場心亦折。千里忽見獨樹青，氣霧雜沓天冥冥。怪禽四啼行人恐，寶刀淒涼色不勇。月中一管飛秦聲，征客聞之皆淚零。早知關塞難如此，悔不村間抱犢死。（《戈壁行》）〔註89〕

> 城頭老木啼鬼車，海蟲烈烈吹黃沙。荊棘纏天白草死，骷髏十萬多於瓜。漫山蟲蟻飛如雨，斗大青磷作人舞。燒蓬刮地旋風急，怪馬跑泉四蹄立。（《古牧地行》）〔註90〕

在這裡，風土（大風、石、沙、冰、青磷、旋風）、氣候（前山火飛後山雪）等邊疆景觀徹底失範、幻化成了鬼魅，甚至連蠍虎、蟒、老鴉、黑鷹、蟲蟻等生物也都變異失常，人的生命在這一空間中慘遭殺戮，沒有任何力量可以制止和規訓邊疆的秩序。作為「征客」的方希孟渴望回歸，甚至稱「早知關塞難如此，悔不村間抱犢死。」

又如趙鈞彤（1741～1805），山東萊陽人，乾隆四十年進士（1775），任唐山知縣，後以貪贓被彈劾，於乾隆四十九年（1785）譴戌伊犁。他在《西行日記》中這樣描述了瀚海及颶風景觀：

> 瀚海也，氣出戈壁間，毒能使人死。往有官人子望之以為水，

〔註89〕 方希孟《戈壁行》，星漢《清代西域詩輯注》，烏魯木齊：新疆人民出版社，1996，436頁。
〔註90〕 方希孟《古牧地行》，星漢《清代西域詩輯注》，424頁。

策馬就之沒其中，與馬俱斃，眼耳鼻俱出血，因悟西平先生日記云：
戈壁間，蹈非其地則迷陷不得出，蓋非沙石也，氣也。〔註91〕

口外多颶風，其色黑黃，白晝必燈火，而久者或數日。在臬蘭楊
生亦云，高臺肅州間或有紅風關外來。來則居人盡閉戶，行人伏地，
恐揚去。有人立西門，風吹落城東門，觸扉鐵而顱碎，乃其大父任
高臺所親見。〔註92〕

在趙鈞彤筆下，人和生物在邊疆被怪異的景觀殺死、毒死，有的人眼耳
鼻俱出血，有的人顱骨被擊碎——死相皆異常恐怖。他用日記這種更為平實
的書寫文體記錄這一切，駭人的景觀歷歷在目，讀起來更為可信。

不難發現，這些邊疆景觀都與陰暗的、詭異的與扼殺生命等特徵相聯繫，
展現出對正常秩序的顛覆或破壞。對邊疆景觀的病態特徵的關注與書寫，延
續了十六世紀以來邊疆對於中國各種威脅論的敘述話語——邊疆是危險的，
這也再次喚醒了知識精英們的集體記憶，由此在清帝國時期依舊秉承了對於
邊疆的疏離與排斥。

今天我們閱讀這些邊疆文本的時候，會驚訝地發現，邊疆書寫者筆下的
景觀一會兒被建構為奇妙的形態，一會兒則被建構為畸形的形態，即便是在
同一位書寫者的敘述中也都是如此。對這樣一種書寫情形，過去的研究大多
用「複雜心情」等詞語粗略地概括。但是在這裡我更強調的是，這些邊疆景
觀只要進入文字世界，就無法「真實」的呈現，其異樣的特徵受控於不同的
表徵意指，邊疆景觀形態在這兩種差異性書寫所圈畫的表徵意義空間中不停
地徘徊游蕩。在這一點上看，邊疆景觀本身即意味著一種意義的不確定性，
這就為帝國表徵意義的介入提供了可能。

三、景觀的帝國化

清帝國的國家表徵意義是在邊疆差異性的基礎上，對其景觀再建構的過
程。如果說之前差異性的書寫具有私人化寫作或者直觀化感受特徵的話，那
麼，帝國表徵意義則可視為是對邊疆景觀價值的有意賦予。在此過程中，邊
疆書寫者的私人身份被淡化或是直接隱去，帝國公式化的敘述成為建構邊疆
景觀的技術手段。從此類書寫文本的使用場所來看，帝國意義下的景觀描述

〔註91〕趙鈞彤《西征日記》卷三，吳江吳氏輯刊本。
〔註92〕趙鈞彤《西征日記》卷三，吳江吳氏輯刊本。

更偏重於在祭祀文、典志、文書等具有公務書寫性質的空間中使用。在這些公務性質的書寫中，帝國邊疆景觀的形態往往與帝國的邊疆事業直接關聯在一起。

這些帝國主動參與的邊疆景觀書寫，其書寫者一般站在這樣的立場上：邊疆景觀所在的區域「語言所不通、聲教所弗及於是地」〔註93〕，同時少數族裔的叛亂徹底斷絕了它被內地瞭解的可能。此時，只有通過帝國開拓北部邊疆這一過程，邊疆才進入到帝國的管控中。由此，帝國的事業成為發現邊疆景觀，並將之文明化的推動力。邊疆景觀奇妙和畸形的雙重特徵，從不同的層面被帝國的意義所進一步發揮。

首先，就畸形的樣貌來說，帝國被視為文明的化身，文化主義進入邊疆，猶如一劑良藥，迅速治癒了邊疆的畸形，其病態的狀貌得以回歸正常。如乾隆皇帝親自題寫的《平定準噶爾告成太學碑文》所云：

> 北路以二月丙辰，西路以二月己巳，各啟行。哈密瀚海向無雨，
> 今春乃大雨，咸以為時雨之師。〔註94〕

又如《祭額林哈畢爾噶山》也云：

> 已而王旅駿加，賊軍輒駭，四山草木，盡助聲威，諸嶺風雲，
> 俱增叱吒。奔鹿遂不遑擇蔭，窮魚乃自絕遊魂。〔註95〕

又如《迪化城關帝廟碑文》所云：

> 昔日之冰天雪窖，今已涼燠應時；昔日氈幕穹廬，今已閭閻匝
> 地，此皆盛朝德化所涵育。〔註96〕

向來無雨的哈密瀚海，因為帝國軍隊的經過，春雨如期而至。而春雨本身的出現又蘊含著從此之後四時和順的寓意；軍隊所到之處，敵軍望風披靡，風雲草木山川為此變色，為帝國助陣，那些惶惶不安的野鹿，失魂落魄的遊魚從此回歸到正常的狀態；甚至冰天雪地極寒的邊疆自然氣候，也因為清帝國的統治有如中原內地一樣，涼燠應時。

〔註93〕明亮《望祀博克達山長歌》，和瑛等《三州輯略·藝文門》卷八，中國西北文獻叢書（二編），5冊，454頁。

〔註94〕乾隆《平定準噶爾告成太學碑文》，《西域圖志校注·天章》卷一，烏魯木齊：新疆人民出版社，2002，3頁。

〔註95〕《祭額林哈畢爾噶山》，徐松《西域水道記》，北京：中華書局，107頁。

〔註96〕《迪化城關帝廟碑文》，和瑛等《三州輯略·禮儀門》卷六，中國西北文獻書（二編），5冊，445頁。

　　從常識即可知，草木、山嶺、風雨等自然現象，當然不會因為某種人為的意志和理想而發生變化，但是在這些官方書寫的敘述話語中，都將它們的變化歸因於帝國的介入。邊疆怪異、失範、混亂的秩序瞬間就被帝國的神秘力量徹底治癒了，即所謂「盛朝德化所涵育」的結果。這一系列由官方政治話語所建構的歷史敘述，隱喻著清帝國強大的國家權威。

　　如前所述，由於進入邊疆的許多帝國知識精英，他們的邊疆活動都與帝國的邊疆事業相聯繫，從而也使這種邊疆景觀帝國化的敘述話語滲入到邊疆官員公務活動的敘述之中。隨索額圖赴俄羅斯進行談判的張鵬翮，在其《奉使倭羅斯日記》的末尾單獨整理了一篇「紀異」。我們知道，這一使團返程的途中徹底崩潰，成了逃亡之旅。但是在「紀異」中沿途饑渴、瀕臨死亡之時，默念皇恩，就忽然降雨或者出現了野兔可以充饑，甚至將被數萬敵軍包圍之際，卻都因為帝國的神秘力量而自然退卻，帝國的國家權威成為了扭轉邊疆景觀的靈驗咒語：

> 使節至豐洲，鄉導言：「沙漠無水，渾脫載水不能繼。」使臣在道默思皇上盛德格天，天心亦愛使節，歷無水之地，天必降雨，以濟師行。時方盛夏，喀爾喀久旱乏水，每求水不得，人馬渴乏之際，即降霖雨以潤之。往返百日，無毫發爽，真有天相之……今之此行，自度沙漠來，每遇無水，天必降雨。孤軍深入額爾德境，亂兵數萬突至，見我節使即馴服，避道以讓師行。迨還旆噶祿，日久乏糧，平沙忽有兔無算，將士捕獵以為食。繼此糧至全師入關，真皇上仁德所感，百神效福，度越古帝王遠矣。〔註97〕

　　這一系列溢美之詞，很難與張鵬翮日記中記錄的苦痛經歷聯繫起來，它應該並不是寫作者真實的生命體驗。但是在書寫的世界裏，帝國的神秘力量不但給與了那些瀕死將士們活下去的補給，甚至只要向帝國默念禱告，瞬間就改變了邊疆的自然景觀和生存境遇。死亡九百餘人的慘痛遭遇被徹底掩蓋，邊疆的一切都順從了帝國的預設，在這種書寫模式中，北部邊疆的一切都按照帝國權威話語所要求，重構了文本記憶。

　　其次，那些邊疆奇妙的景觀，帝國的知識精英們認為它們的形態、樣貌、氣質都超越了中原內地的那些名山大川。因而帝國更注重從其本身已被認定的價值的基礎上，進一步拔升並賦予其新的意義。特別是那些具有宏闊、瑰麗、

〔註97〕張鵬翮《奉使倭羅斯日記》，33 頁。

雄壯、奇峻等特徵的邊疆山川河流，帝國往往與這些風物的神性相聯繫，並將之作為清帝國官方祭祀的對象。

從今天所保留下來的帝國北部邊疆的官方文獻來看，從滿洲經過蒙古諸部到天山南北，帝國北部邊疆各地都有需要被祭祀的邊疆景觀。以天山南北的回疆地域為例。乾隆三十七年（1772），參贊大臣蘇爾德（生卒年未詳）主持完成了《新疆回部志》（又名《回疆志》）新版本修訂。在這份方志中，他記錄了帝國每年在回疆地區需要祭祀的山川河流：

> 正祭：伊犁河、格登山、額林哈必爾罕山、塔爾奇山、阿爾坦額們爾都圖山、阿布拉爾山、空高羅鄂博山。
>
> 副祭：察罕烏獲河、霍爾果斯河、塞里麻諾爾河、薩滿爾河、奎屯河、車吉河、空吉斯河、哈什河、阿里麻圖河。〔註98〕

這些山川河流都是帝國每年需要祭祀的對象。在這裡，還需做一個意義上的分疏。就祭祀活動本身而言，它是建構邊疆景觀的第一個層次，是一種具體的文化實踐，並不屬於書寫的範圍。但是祭文作為祭祀活動的文本化表達，它既參與到祭祀儀式之中，又以書寫的方式將祭祀對象的價值和意義明確化、定型化，是具體祭祀儀式基礎上第二個層面上的建構。同時，許多祭文也被收錄在邊疆地方志的藝文志或是書寫者的個人文集之中，又可以作為文學文本來閱讀。因此，同樣可以將這些祭文作為書寫文本來考察。

對於邊疆景觀奇妙意義的進一步闡發，主要出現在帝國的一系列邊疆祭文之中，聊舉其中幾例。如《格登山祀文》云：

> 朕綏定遐荒，削平大漠。負陰抱陽之類，莫不尊親；出雲降雨之司，咸同覆載。惟格登山之雄峙，環伊犁河以高騫。地險爰標，神功攸懋。在奪累擒生之日，助王師以宣威；值摩崖紀績之辰，翼天麻而效順。作屏遠服，載揚赫濯聲靈；考制名山，用展庋縣典物。〔註99〕

《阿布喇勒山祀文》云：

> 朕丕昭武略，龕定遐荒。昧谷之西，遣亥章以測日；輪臺以外，駐戊巳而開屯。乃眷名山，實稱福地。犁庭露布，久徵默佑之功；

〔註98〕蘇爾德《新疆回部志》，中國方志叢書，臺北：成文出版社，1868，37～38 頁。抄本題為《新疆回部志略》。

〔註99〕《格登山祀文》，徐松《西域水道記》，207 頁。

觸石雲興，允著懷柔之效。緬皈章之式廓，庶沙磧之永寧。嘉覩聿臻，明禋肇舉。刊旅未詳於《禹貢》，始知際會有期；度縣載考夫《周官》，益信報功不爽。春秋望秩，瞻峻極於北庭；風雨和甘，垂祐庥於西海。自今以始，申錫無疆。〔註100〕

　　韓明士（Robert Hymes）在研究皇帝賜予神靈的祭文中聰明地指出，這些祭文具有對話性質的，在這些祭文皇帝自稱「朕」，被祭祀的神靈則被虛構為皇帝聆聽訓示的對象。作為自然景觀的山川河流被神性化，帝國的皇帝作為天下的統治者，直接同這些山川神靈對話，由此建立起一套同於世俗朝廷「官僚模式」的關係〔註101〕。

　　在景觀的祭文中，我們注意到「懷柔」一詞的使用。「懷柔」原是用來描述帝國與邊疆異族統領者之間關係的詞彙。其背後是帝國天下秩序向邊疆地區延展。在這裡，皇帝是偉岸的君主，統轄著宇宙萬物，天下四時和順，周流運轉，都是帝國化育的結果。護佑一方的神靈，有如地方德高望重的諸侯——「作屏遠服，載揚赫濯聲靈」、「庶沙磧之永寧」。皇帝與山川神靈都有維繫地方安定的責任，所以帝國的邊疆官員們通過宣讀祭文和一系列祭祀儀式，將這一關係和責任不斷地予以確認，即所謂「聖天子奄有中外，懷柔百神，凡名山大川有能澤潤民物者，必秩而祭之。」〔註102〕從而在神秘的宇宙觀中，達成清帝國與邊疆的默契。這樣，這些自然景觀的神性被拔升出來，徹底成為帝國邊疆事業神格化的代理人。帝國期待用它的神力佑護所轄區域的安定，以輔助帝國邊疆事業的開拓。

　　比如邊疆的駐紮大臣和瑛，在《祈雨博克達山文》中，將神格化景觀的職能敘述得更為清晰：

　　　　博克達者，神靈之謂也。雄鎮一方，佑茲萬姓……和奉天子命保鰲其茲土，爵職與尊神等。政不就理，咎在都統；澤不下逮，咎在尊神。〔註103〕

〔註100〕《阿布喇勒山祀文》，徐松《西域水道記》，226頁。

〔註101〕韓明士《道與庶道：宋代以來的道教、民間信仰和神靈模式》，第七章《官僚模式：一個推論》，南京：江蘇人民出版社，2007。

〔註102〕《靈山天池疏鑿水渠碑記》，和瑛等《三州輯略‧禮儀門》卷六，中國西北文獻叢書（二編），5冊，442頁。

〔註103〕和瑛《祈雨博克達山文》，和瑛等《三州輯略‧藝文門》卷七，中國西北文獻叢書（二編），5冊，457頁。

　　邊疆的山川神祇同帝國邊疆的官員具有同樣的職能，他們都是地方的管理者，是帝國的代理人。邊疆駐紮官員是政治的管理者，邊疆的山川神靈是自然的管理者，二者只是職務不同而已，如果管理不善即便是神靈也有責任，他們共同服務於帝國「保釐其茲土」的邊疆事業。

　　在這裡，我們還需要注意這些祭文的使用方式：在時間上，這些祭祀邊疆景觀的祭文，是政治文化語境中的表演文本，它們被安排在每年春、秋兩季的固定日期由帝國邊疆官員在祭祀中予以誦讀，只要帝國同北部邊疆的隸屬關係存在，邊疆作為帝國行政管轄的一部分，這種誦讀活動就不會停止，祭文所賦予的帝國意義也就反覆被召喚，以告知所有的聽眾；同時，在空間上，這些祭祀文本又被刊刻成碑文，安放在這些邊疆景觀所處的位置，凡是周遊或旅行至此的人們都可以閱讀它們。可以說，帝國將神格化後的邊疆景觀安置在秩序化的邊疆時間和空間之中，使它們被建構為展現帝國統治力量的實物象徵。

第四節　邊疆的物產

一、私人知識家筆下的邊疆物產

　　在清帝國開始有計劃地為北部邊疆修纂地方志、錄入邊疆物產以前，最早關注邊疆物產的人群是那些進入到邊疆的書寫者們。他們對於物產的書寫主要源於個人對異域風物的熱情或是求知欲。一般來說，同一事物若依照不同的文本類型來書寫，會使這一事物展現出不同的影像和側面，產生不同的文本預期，比如考證著述側重於事實呈現及知識真實性的評判；而詩歌往往使用一系列的修辭方法注重於經驗感受和審美價值的引導等等。多種文本類型的介入，一方面使事物的形象更為豐富，另一方面，也為事物本身提供了多重意義指向的可能性。有關北部邊疆物產的書寫也是如此，這些書寫文本大體可以分為考證類和詩文類兩大類型來加以解析。

　　在清帝國佔據北部邊疆之前，帝國的知識譜系中雖有一些零散的傳聞和記述，但是就北部邊疆詳細的物產情況，無論是帝國的官方還是知識精英們都並不完全清楚，北部邊疆的圖景一直漫漶不清，其中充斥著各種來自於《山海經》《穆天子傳》中的怪異的傳聞，這些傳聞又往往通過邊疆的物產被證實。

如邊疆史地家俞浩（生卒年不詳）作《西域考古錄》，其好友史地研究家葉圭綬
在這部書的序言中回顧了以往公共知識領域對於西域的認識：

> 西域者，三代前會通中國之地……其時虞帝致西母之朝，大禹
> 至三危之國，是以嶰竹取於黃帝，茲白貢於成周，用知三代前之西
> 戎雖未列玉帛於塗山，固已通筐篚於積石矣。〔註104〕

在這些來自中國古典文獻中的記述中，在神話時代，中國同西域就已經
建立了交往關係，其中所記述的物產成為驗證歷史傳聞、進而推導出西域與
中國關係的主要依據。由此，形成了一條「由物產到邊疆」的認知鏈條，其間
又雜糅了各種虛構的歷史記憶和帝國想像，邊疆的情態和樣貌也被無限制地
誇大了。這樣的認知狀態，在相當長的時間段內一直延續著。當清帝國的知
識精英們進入北部邊疆之後，知識家們對於邊疆的書寫活動很多都是從物產
的角度展開的。邊疆之行，成為了一場博物學的發現之旅。

知識家們的邊疆物產書寫文本大體可以分為兩類。第一類是單篇的記錄，
書寫者們在邊疆生活或旅行的過程中偶然發現了某一在中原所未見的奇特物
產，並將之記錄下來。

這類邊疆物產的記錄，主要源自書寫者對異域的獵奇，並不具備官方書
寫的任務性或是系統收錄知識的目的性，依舊屬於知識精英們日常化書寫的
一部分，故而這類書寫沒有固定的格式和體例的限制，書寫也更為隨意自由。
曾經被流放到烏魯木齊效力的紀昀，在《閱微草堂筆記》中講述了許多舊日
在新疆的見聞，其中就包括了諸如「雪蓮」、「烏魯木齊花卉」等當地物產。如
其中對於「雪蓮」的描述：

> 塞外有雪蓮，生崇山積雪中，狀如今之洋菊，名以蓮耳。其生
> 必雙，雄者差大，雌者小。然不並生，亦不同根，相去必一兩丈，
> 見其一，再覓其一，無不得者。蓋如菟絲、茯苓，一氣所化、氣相
> 屬也。凡望見此花，默往探之則獲。如指以相告，則縮入雪中，杳
> 無痕跡，即瘞雪求之亦不獲。草木有知，理不可解。土人曰，山神
> 惜之。其或然歟？此花生極寒之地，而性極熱，蓋二氣有偏勝，無
> 偏絕，積陰外凝，則純陽內結，坎卦以一陽陷二陰之中，剝、復二
> 卦，以一陽居五陰之上下，是其象也。然浸酒為補劑，多血熱妄行，

〔註104〕 葉圭綬《西域考古錄・序》，俞浩《西域考古錄》，中國西北文獻叢書（二編），
48冊，蘭州：甘肅省古籍文獻整理編譯中心，2006，10頁。

或用合媚藥，其禍尤烈。〔註105〕

在文本中，紀昀詳細描述了雪蓮的生長的環境、名稱、樣態、採摘方法、物性、藥理等等。對於內地的讀者來說，「雪蓮」等許多從未見過甚至從未聽說過的邊疆物產，都通過這樣的文本予以形象化的再現。

此外，還有一種全景式的簡要寫法，同紀昀對單一物產細緻描述不同，這類文本從宏觀的角度對物產做了全景式的記錄。如趙鈞彤在日記中記述了新疆的物產：

> 所產稻麥外，若粟豆、雜糧、園蔬、山果無不備。柴則榆、柳、梧桐、娑娑。草則蘆葦、芨芨、駱駝刺，盈野無邊際。山出金、鐵、煤、炭。獸則狼、鹿、狐、黃羊，遠山內有虎豹，而野多牛、羊、馬，每一群千百計。飛鳥家禽外，有鴻鵠、鷺鷥、鴿、鳥、雀、山雞並各山禽，多文采。近水多水鳧，又有黃鴨即鴛鴦，而水或生魚，惟少棉少布帛。而連轂高駝，商販麕至，凡山珍海錯，布縷、綵繒、筆札、藥餌皆山積，又諸罪人擅有工技藝，窮極精巧，而兵民力屯田，臺卡緝盜賊，故夜無犬吠，而歲獲豐稔，其廣大殷富較勝甘肅。〔註106〕

雖然這種總體性的概括不夠細緻，但是邊疆物產的全貌可見一斑。這些單篇的文本，從各自的角度對邊疆物產做了或是微觀或是宏觀的記錄，無疑帶動了內地知識家們對於邊疆物產認識。

除了這樣單篇文本之外，最引人入勝的就是邊疆知識家們書寫的具有學術性的考察文本。知識家們的責任感和求知欲推動了這些文本的產生。最早進入到新疆地區，並系統地記述了這一地域物產的書寫者——七十一（生卒年未詳），因其學術著作《西域聞見錄》享有盛譽。

七十一，為滿洲正藍旗人，乾隆十九年（1755）進士，曾長年歷職北部邊疆，《西域聞見錄》為其在邊疆工作之餘，對邊疆情況的日常積累。七十一說：

> 荒陬絕徼之區，地無文物之盛，人非禮讓之倫，其俗陋不可以風，其事俚不足以傳，君子在所不取，應亦鄙之而不屑道。其說固然，然亦非大方之通論也……夫楛矢來於肅慎，萍實浮諸海隅，

〔註105〕紀昀《閱微草堂筆記‧灤陽消夏錄三》。
〔註106〕趙鈞彤《西行日記》卷三，吳江吳氏輯刊本。

爰居商羊，見而知名，苟非載籍極博，寧由悟入，志其俗可以知其
變，志其產可以備其物，志其山川道里可以知其扼要情形。切目前
之實錄，備博望之後編，未必非淹洽君子之一助也。〔註107〕

七十一希望能夠通過自己的書寫使邊疆的圖像清晰起來，使其他的知識
精英們瞭解，邊疆物產的記錄則是其中最重要的一項（「志其產可以備其物」）。
這幾乎是當時邊疆博物學家們共同的知識理想。

從知識生產的角度來說，這類邊疆博物志，大體都有兩個相同的特徵：
其一，是書寫者本人深入到北部邊疆的異域世界之中，對邊疆物產身臨其境
的考察，並以實證的態度，一面記錄物產本身的樣態、屬性等特徵，另一方
面則通過帝國已有的文獻進行比對求證研究。其二，則是在一一考證之後，
對這些邊疆物產進行系統化的整理，從而形成一部邊疆物產的知識圖譜。這
一問題，可以通過方拱乾《絕域紀略》（又名《寧古塔志》）、吳桭臣《寧古塔
紀略》、方式濟《龍沙紀略》和楊賓《絕域紀略》四部私人知識家修纂的紀略
予以考察。

方拱乾、吳桭臣（1664～未詳）和方式濟（1678～1720）皆因獲罪流放寧
古塔，他們在寧古塔生活數年甚至數十年，邊疆的許多物產都是其生活中習
見之物。楊賓因其父楊越流放寧古塔，他「往年以省親出塞，所過嚴疆要地，
必停驂周覽，從老校退卒詢訪墜聞逸事。歸而考諸圖籍，參之見聞，為《柳邊
紀略》」〔註 108〕，四部紀略都是邊疆的知識家親歷考察的結果，而不同於傳
統中原域內僅僅依靠傳聞隨手記錄的書寫模式。

其中，楊賓《柳邊紀略》，吳桭臣《寧古塔紀略》皆依其邊疆之見聞逐條
記錄，內容不分門類。方拱乾《絕域紀略》將其所見聞整理之後，分為流傳、
天時、土地、宮室、樹畜、風俗、飲食七個門類；方式濟《龍沙紀略》也與之
相似，他在書中將邊疆各類事項分為方隅、山川、經制、時令、風俗、飲食、
貢賦、物產、屋宇九個門類，其中飲食、貢賦、物產、樹畜等各門類略有不
同，但就總體而言，皆可視作「物產」之屬。就這些文本收錄的物產來看，記
錄物產的篇幅大體都占其紀略的三分之一左右，記錄的內容和囊括的邊疆物
產的品類相當豐富。

〔註107〕七十一《西域聞見錄》，國家圖書館藏，清刻本。
〔註108〕潘耒《柳邊紀略·序》，楊賓《柳邊紀略》，續修四庫全書本，731 冊，227
　　　　頁。

四部寧古塔紀略收錄物產表

書寫者	紀略文本	物　產
方拱乾	《絕域紀略》（1662）	粟、稗子、鈴鐺麥、小麥、蕎麥、瓜、茄、菜豆、絲瓜、扁豆、撒蘭、蓮子、松子、榛子、酸梨、歐李子、纍子尾、蘑菇、黃菌、山查子、遮鱸、刺姑、豚、鴨、鵝等
楊賓	《柳邊紀略》（1707）	馬、珠、人參、貂、獺、猞猁猻、雕、鹿、麃、鱘鰉魚、黑羊皮、貉子皮、火石、火斨、銼草、紅根草、木桿、稗子、小麥、大麥、粟、秫、黍、稷、高粱、蕎麥、橫麥、緝麻、海豹皮、紅姑娘、大發哈魚、楛木、鹽、桃花、荸薺、黃精、蘑菇、猴頭、雞腿、護臘、塔子頭、松塔、榛、樺皮等
吳桭臣	《寧古塔紀略》（1721）	白梨、紅杏、芍藥、楓、發綠、哈什馬、鱘鰉魚、青魚、鯉魚、鯿魚、鯽魚、榛、玫瑰、玫瑰糖、衣而哈目克、鳥綠栗、歐栗子、梨子、山查、榛子糕、松子糕、人參、松子、貂皮、玄狐、黃狐、海螺、黃鼠、灰鼠、水獺、石砮、五色石、水瑪瑙、東珠、烏臘、香瓜等
方式濟	《龍沙紀略》（未詳）	粟、黍、橫麥、稷、稻米、蕎麥、茶、鹽、黃米、蘇子、松、柞、海青、鷈雞、遮鱸魚、歐李子、花水、老槍菜、菱、蕎麥麵、艾渾麥麵、白惡、杜實、誇蘭蘑菇、老槍谷、蜀葵、兔葵、萱蔞、鳳仙、長春、刺梅、金錢、雀、草芙蓉、萬年菊花、高麗菊、萵苣蓮、菊、棠梨、柳、益母草、赤白、芍藥、芳芳、黃芪、百合、木賊、蒺藜、甘草、車前子、麥蔞冬、五味子、薄荷、黃精、黃連、羊草、馬、鯉、鯿、鱖、勾星魚、沙雞、老槍雀、蚊、五色石、空青、龍骨等

在這些記錄中，物產並非如清單一般僅是羅列名稱，每一項物產的物態、性味、屬性、產地、用途乃至作為貢品的情況，都被一一記錄在冊，非常詳細。聊舉數例，以觀全貌：

　　大發哈魚，一作打法哈，子若梧桐子，色正紅，噉之鮮水耳。其皮色淡，黃若文錦，可為衣為裳為履為襪為線。本產阿機各喀喇，而走山及寧古塔之貧者多服用之。〔註109〕（楊賓《柳邊紀略·大發哈魚》）

　　羊草，西北邊謂之羊鬍草，長尺許，莖末圓，勁如松針，黝色油潤。飼馬肥澤，勝豆粟遠甚。居人於七八月間刈，積之經冬不變。

〔註109〕楊賓《柳邊紀略·大發哈魚》卷三，續修四庫全書本，731 冊，426 頁。

大宛首蓿疑即此，中土以首蓿為菜蓋名同也。〔註110〕（方式濟《龍
沙紀略・物產・羊草》）

　　有刺姑焉，身如蝦，兩螯如蟹，大可盈尺，搗之成膏，至今宗
廟必需之，屆期馳驛而進御。〔註111〕（方拱乾《絕域紀略・樹畜・
刺姑》）

　　產人參，爾時多賤竟如吾鄉之桃李。草本方梗，對節而生葉，葉
似秋海棠。六七月開小白花，八月結子似天竹子。生於深山草叢中，
較他草高尺許。土性鬆，掘數尺不見泥，若朽爛樹葉。以八九月間
者為最佳。生者色白，蒸熟輒帶紅色，紅而明亮者其精神足為第一
等。〔註112〕（吳桭臣《寧古塔紀略・人參》）

　　這些邊疆博物志，無論其記錄的詳實程度內容，還是囊括的知識數量，
都遠遠超越了之前明帝國時代的邊疆同類書寫。這些著作，在清帝國的公共
知識領域評價非常之高。比如《龍沙紀略》被收入四庫全書，並稱其所記錄
的內容「多《盛京通志》所未載，固志輿圖者所必考。」〔註113〕其後，無論
是滿洲地方《盛京通志》的修訂，還是帝國中央的書寫工程《大清一統志》的
修撰，乃至於當代地方史志的整理編寫，對這些邊疆博物志的條目都有大量
的引用或直接收錄。

　　這一邊疆博物志的書寫活動，使得邊疆物產的樣態逐漸明晰化、具象化
和譜系化。就其敘述結構而言，物產不但其樣態躍然紙上，而且邊疆環境、
餐飲習慣、生活方式等一系列的相關情勢也與物產的敘述纏繞在一起，共同
被內地的知識精英們所瞭解。由於清帝國時代，北部邊疆業已成為帝國的疆
域，故而邊疆物產也隨之進入到中原地區。那麼，對於內地的知識精英們而
言，相當一部分來自邊疆的物產都可以在生活中見到或使用，整個北部邊疆
也都通過其物產直觀地呈現出來。

　　這些邊疆博物志對於帝國至少有兩個最為重要的價值：其一，因為物產
知識日益系統化、清晰化，漫漶不清的邊疆傳聞被目見耳聞的事實所取代，

〔註110〕方式濟《龍沙紀略・物產・羊草》，文淵閣四庫全書本，592 冊，臺北：臺灣
　　　　商務印書館，2008，858 頁。
〔註111〕方拱乾《絕域紀略・樹畜・刺姑》，《黑龍江述略（外六種）》，110 頁。
〔註112〕吳桭臣《寧古塔紀略・人參》，續修四庫全書本，731 冊，上海：上海古籍出
　　　　版社，2002，607 頁。
〔註113〕《四庫全書總目・龍沙紀略》卷七十，北京：中華書局，1965，628 頁。

由此也逐步祛除了邊疆是怪異的、野蠻的等片面化的集體想像，邊疆面貌逐漸清晰起來，從這一點上來說，它無疑有效地消融了「中國／邊疆」的二元對立——邊疆是可以理解的、正常的，這就為帝國在北部邊疆構建起表徵意義掃除了之前二元對立的障礙。其二，由於這些私人知識家所整理的邊疆博物志，既是其親歷考察的結果，內容也非常之詳盡，這就為帝國邊疆地方志的編纂提供了第一手的資料。

二、詠物詩

除了邊疆博物志的編寫之外，中華帝國的知識家還有另一種獨特的邊疆物產收錄方式，即詠物詩的書寫。在中華帝國，詠物詩的寫作有著悠久的傳統，無論是古老的《詩經》還是《楚辭》，由自然界的動物和植物所構成的環境，往往同寫作者試圖在詩歌中表達的個人想法聯繫在一起。在這些詩歌裏，植物、動物有時起到渲染環境氛圍的作用，有時則作為某些有特定內涵的意象。詩人無需直接說出自己的想法，而是通過這些動植物的意象，含蓄地呈現出自己的內心世界，傳統的文學批評稱之為「託物言志」。

除了那些託物言志的詠物詩之外，其實大量詠物詩的寫作並沒有太多的意涵，寫作者僅僅是依詩歌詩的文體，記錄一系列自己所見到的動植物。他們之所以沒有使用博物志的文體，主要的原因似乎是詩歌同博物志比較而言更為雅致，也更具有闡發具體物態之外多重意義和價值的可能性。所以，詠物詩的寫作傳統在中華帝國一直被承繼下來，成為了知識精英們最為熟悉的詩歌寫作文體。

在進入邊疆的知識精英們筆下，詠物詩佔據了很大的比重。這些有關邊疆物產的吟詠，主要源自他們想要表述邊疆奇特動植物的書寫衝動，這些動植物大多都是中原內地所未有之物。其中，最引入注目的即是詠物組詩。

詠物組詩，將一系列事物依次吟詠，事物彼此之間既相互關聯又保持了各篇章的獨立性，從而形成了一套在同一主題之下相互關涉的平行文本序列。在邊疆詠物組詩的書寫中，物產所佔比例非常大。如道光八年（1828），隨提督楊芳（1770～1846）赴喀什噶爾參贊軍機的許乃穀（1785～1835），作《西域詠物詩》20首，其中詠西域物產者有16首。紀昀遣戍烏魯木齊途中「自巴里坤至哈密，得詩一百六十首」〔註114〕，命名為《烏魯木齊雜詩》，

〔註114〕紀昀《烏魯木齊雜詩·序》，鄭光祖《舟車所至》，道光二十三年青玉山房刻本。

全詩共計 160 首，其中有 67 首用以書寫邊疆物產，占到了全詩的三分之一。
遣戍伊犁的祁韻士有《西陲竹枝詞》100 首，其中記述物產者有 52 首，達到
全部詩歌的半數以上。同樣，張光藻有《龍江紀事詩》120 首，其中詠邊疆
物產 37 首，亦達到組詩全數的近三分之一左右。由此可見，物產在許多詠
物組詩中，往往是書寫者呈現邊疆的主要素材。以上四部詠物組詩收錄的邊
疆物產情況如下：

邊疆詠物組詩收錄物產表

書寫者	詠物組詩	物　產
紀昀	《烏魯木齊雜詩》160 首	蒲桃酒、醋、銀魚、榛栗楂梨、土產之瓜、回回帽瓜、黃牙菜、蘑菇、柑橘、松子、春麥、青稞、稻米、豌豆、豆腐、胡麻、金、鐵、硝、青鹽、雲母石、煤、木棉、槐榆垂楊、梭梭、紅柳、罌粟、虞美人花、江西臘、芍藥、葵花、皂莢花、杏、桃花、芨芨草、瑪努香、煙、薄荷、阿魏、茜草、蝗、鵝鴨、鴿、鴛鴦、野雞、燕、喜鵲、鑽天嘯、鳶、馬、野騾、土產羊、狐、虎、野豬、駝、紅柳娃、昌吉魚、凱渡河魚、黃蝶、蟬、促織、虱、蚊虻、蛇等
祁韻士	《西陲竹枝詞》100 首	雁、雉、孔雀、鴛鴦、雪雞、壓油雞、黑雀、鴉、雕、鹿、馬、虎、白駝、黃羊、野豕、麞、豹、魚、八叉蟲、蚊、胡桐、紅柳花、集吉草、梭梭木、雪蓮、幹活草、棉花、苜蓿、沙竹、沙棗、石榴、梨、哈密瓜、葡萄、香菌、沙蔥、圈車、爬離、鮓答、繩伎、瀚海石、硇砂、松皮膏、骨重羊皮、泥屋、煤火、府茶、代酒、酥、阿拉占、皮裘、毛褐、皮筩等
許乃穀	《西域詠物詩》20 首	鹽池、白楊、夏草、雪蓮、沙棗、胡桐、孔雀、天鵝、紫柳菊、白桑椹、芨芨草、莎莎柴、沙雅梨、哈密瓜、葡萄酒等
張光藻	《龍江紀事詩》120 首	烏拉草、黃酒、阿爾占、獨木船、輼輼車、爬犁、桃皮樺木、海青、麞子、麥、韭菜、菠菜、杏花、歐梨、人參、羊草、靈芝草、大木、樺木、松、嫩江石、鷹、野雞、白鶴、臭姑姑、黃豆瓣兒、布特哈犬、鹿哨、犴達罕、四不像、舍利猻、貢貂、灰鼠、鱘鰉、蟋蟀、螳螂、螢火、蜻蜓、青蠅、馬蜂、土蜂、蚊虻等

從表現方式上看，這些詠物組詩的書寫者並未使用託物言志的手段，也沒有詩歌的體裁對物產加以審美化的觀照。他們只是用詩歌的文體記錄物產而已。從這一點上看，詠物詩的寫作用意同那些邊疆博物志並沒有太大的區別。如許乃穀所說：

> 余奉檄從戎，西歷萬里，偶有所見，輒紀以短句，聊志物產，非敢言詩也。〔註115〕

張光藻作《龍江紀事詩》七絕一百二十首的寫作緣由也是純粹的紀錄：

> 是書（《黑龍江外紀》〔註116〕）所載亦將來考證之資也，第文多不勝抄錄，事雜於備記。因擇其有關典志足資談柄者，編為七言絕句一百二十首，義取簡明，詞愧風雅，不足以云詩也，亦聊紀山川風土之大概也。〔註117〕

這些組詩在形式上大多是七言絕句。每一首詩由兩部分組成，一是作為正文的詩歌，二是詩歌之下附加的小注。由於每首詩歌都有固定的字數、韻律，為了保證詩歌自身文本結構的完整性，詩人期望表達的許多內容不得不被捨棄在詩歌文本之外。而小注作為詩歌正文的附加文本，可以用來對詩歌的內容予以更為詳細的解釋和說明，表達也更為自由，因此具有輔助敘述的功能性。比如紀昀《烏魯木齊雜詩·芨芨草》：

> 芨芨草長綠離離，織薦裁簾事事宜。騕褭經過渾不顧，可憐班固未全知。

小注云：

> 芨芨草生沙灘中，一叢數百莖，莖長數尺，即《漢書》息雞草，土音訛也。班固謂：馬食一木即飽，然馬殊不食。〔註118〕

祁韻士《西陲竹枝詞·棉花》：

> 白棉衣被利無窮，裘褐稀勤紡績功。販豎業非泘澼洸，牽車包甌日朝東。

〔註115〕許乃穀《西域詠物詩二十首並引》，星漢《清代西域詩輯注》，334頁。
〔註116〕《黑龍江外紀》八卷，西林覺羅·西清撰。嘉慶朝，西清曾任黑龍江將軍屬下的理刑主事。
〔註117〕張光藻《北戍草·龍江紀事七絕一百二十首》，國家圖書館藏，民國十九年鉛印本。
〔註118〕紀昀《烏魯木齊雜詩·芨芨草》，鄭光祖《舟車所至》，道光二十三年青玉山房刻本。

小注云：

> 土魯番產棉花甚多，宜作布，不宜作線，販入關內絡繹不絕。
> 〔註119〕

許乃穀《西域詠物詩·哈密瓜》：

> 伊吾瓜奪邵平瓜，碧玉為瓤沁齒牙。鼻選舌交紛五色，八城風
> 味更堪佳。

小注云：

> 種極多，以表裏俱綠子少者為最，瓤紅黃者次之，而可遺遠久
> 蓄要尚。不逮南八城所產為尤佳也。〔註120〕

張光藻《龍江紀事詩·海青》：

> 由來異鳥產滄溟，五國城東海氣腥。一自木蘭巡幸少，多年不
> 進海東青。

小注云：

> 海青，一名海東青，身小而健捷異常，能擊鷹鷯。大者力能制
> 鹿，由海外飛來，亦青雕類也。《明一統志》：「五國城東出海東青。」
> 往年七月進鷹鷯，送至木蘭，十一月進海東青，今俱停貢矣。〔註121〕

　　如果除去詩歌，僅保留注釋部分，我們很難把它同紀略之類的邊疆博物志區分開來。清末的知識家王錫祺（1855～1913）就曾將紀昀《烏魯木齊雜詩》小注部分單獨輯出，更名為《烏魯木齊雜記》，將之作為新疆的輿地文獻收入其地理資料彙編——《小方壺齋輿地叢鈔》之中。這從一個側面可見詠物組詩同物產記錄之間的某些共通性。詠物組詩作為一種書寫工具也就同那些博物志一樣，將邊疆的物產納入到知識譜系之中。

　　不過同邊疆博物志相比，詠物詩具有一個獨特的性質。因為詠物詩在文體上畢竟是詩歌的範疇。詩歌作為一種審美書寫，更側重於對某種形而上意義的指涉，即便是那些純粹記錄眼前風物的詩歌文本，也會或多或少地向具象之外尋求某種意義的依存，這是詩歌文體本身的特質所決定的。因此，這些詠物組詩具有開放性的闡釋空間。而其中最常見的方式，就是給這些詠物

〔註119〕 祁韻士《西陲竹枝詞·棉花》，山右叢書初編，民國二十三年鉛印本。
〔註120〕 許乃穀《西域詠物詩二十首並引》，星漢《清代西域詩輯注》，340頁。
〔註121〕 張光藻《北戍草·龍江紀事七絕一百二十首·海青》，國家圖書館藏，民國
　　　　　十九年鉛印本。

組詩加上一篇序言，以提升其意義和價值。比如祁韻士在《西陲竹枝詞》的
序言中說：

> 龍沙萬里，久入版圖，遊斯土者見夫城郭人民之富庶，則思聖
> 德神功怙冒罔極。見夫陵谷藪澤之廣大，則思山經水注掛漏殊多。
> 見夫物產品匯之繁滋，則思雪海昆墟瑰麗不少。每有所觸，情至而
> 景即在是，豈必模山范水始足言景，弄月吟風始足言情哉。塞廬
> 讀書之暇，涉筆為韻，語得一百首。〔註122〕

在這裡，祁韻士將這些詠物組詩的寫作，描述為表徵帝王功業、考證文獻、
發現奇異物產三種用意，這就為邊疆的物產提供了多重意義的闡釋立場。而紀
昀則直接將這些詠物組詩的寫作歸結到清帝國國家主義的意義上來。他說：

> 夫烏魯木齊初為西番一小部耳，神武戡定以來，休養生聚，僅
> 十餘年，而民物之番衍豐臁，至於如此，此實一統之極盛。昔柳宗
> 元有言：「思報國恩，惟有文章。」余雖罪廢之餘，嘗叨預承明之著
> 作，歌詠休明，乃其舊職。今親履邊塞，纂綴見聞，將欲俾寰海內
> 外咸知聖天子威德郅隆，開闢絕徼，龍沙蒽雪，古來聲教不及者，
> 今已為耕鑿弦誦之鄉，歌舞遊冶之地。用以昭示無極，實所至願。
> 不但燈前酒下，供友朋之談助已也。〔註123〕

在這裡，紀昀認為自己雖然被流放新疆，但是之所以能夠來到此處，其
前提是清帝國對邊疆世界的殖拓。那麼，邊疆物產以及其他事項的書寫都被
賦予了帝國的意義。這樣的書寫思路在帝國的地方志中也被廣泛的應用，邊
疆物產成為了表徵清帝國邊疆意義的符號。

三、帝國與邊疆物產的符號化

在中華帝國的知識話語中，一直有這樣一種高傲的敘述。中國的物產已
經超過了周邊所有的地域，異域的物產對中國並沒有直接的實用價值。雖然
如此，但是卻很少有人能夠否認，異域的物產本身是帝國統治合法性的重要
來源之一。

這種理解主要來自於帝國那些最為古老的文獻，比如《禹貢》。這篇文獻
的敘述中混雜了事實、傳說和不同時代的知識家對中國領域範圍的集體想像，

〔註122〕祁韻士《西陲竹枝詞・序》，山右叢書初編，民國二十三年鉛印本。
〔註123〕紀昀《烏魯木齊雜詩》，鄭光祖《舟車所至》，道光二十三年青玉山房刻本。

所以至今學術界依舊無法對其產生的年代及其所記錄內容的真實性，達成普遍認同的結論。不過，這並不影響人們對於《禹貢》所描述世界的心理認同。《禹貢》中所呈現的世界結構規範而整齊，在那裡中國統治的區域被劃分為九個相對獨立的板塊——「九州」，每一板塊都均勻分布著名山、大川和物產。以這些獨立的板塊為基本單位，各地都需要向中央貢獻當地的物產，即「任土作貢」〔註124〕。這種區域結構和政治經驗，在中華帝國相當長的歷史時間段內，都被國家所實踐著。

在另一則同樣重要的傳說中繼續寫到，「九州」的物產作為地方的符號被鑄刻在九鼎之上，九鼎因為彙集了各地的物產符號而象徵了中央對這些地區的統治權力〔註125〕。這種以物產的貢奉驗證統治權力空間的文化政治結構，成為中華帝國推廣政治權威的主要手段之一，並作為傳統中華帝國評判國際關係的主要依據。

在這種知識話語中，物產的意義超過了其本身的實用性，它成為了象徵著地域獨特性的文化符號，用以表徵帝國的權威。在清帝國建立之後，帝國同樣運用著這套知識話語，由此，對於北部邊疆物產的詳盡編錄也同樣意味著清帝國在邊疆統治的合法性確立。

從帝國收錄邊疆物產的方式上看，使用的手段依舊是一系列官方組織的邊疆書寫工程，其中方志是最為有效的編錄方法。方志是專門用於記錄地方知識和物產的文體，即「方志，謂四方物土所記錄者」〔註126〕。同時，方志的編纂也同國家的管控和治理聯繫在一起，即所謂「道四方所識久遠之事，以告王也」〔註127〕。

在帝國編纂的邊疆方志中，物產首先被分門別類，門類的劃分因地制宜而不盡相同。隨後各個門類下再分列諸條，以求在數量上務必詳盡。比如：乾隆朝，清帝國在新疆已取得決定性的勝利。乾隆二十一年（1756）便命劉統勳（1698～1773）、何國宗（未詳～1767）等人組織修纂新疆方志。經不斷

〔註124〕《尚書·禹貢》卷一，四部備要本。
〔註125〕《左傳·宣公三年》卷十：「楚子問鼎之大小輕重焉。對曰：在德不在鼎。昔夏之方有德也，遠方圖物，貢金九牧，鑄鼎象物，百物而為之備。」四部備要本。
〔註126〕《六臣注文選·吳都賦》卷五：「方志所辨，中州所羨」，張銑注，北京：中華書局，2012，104頁。
〔註127〕《周禮注疏·地官·誦訓》：「掌道方志，以詔觀事」鄭玄注，四部備要本。

增訂，至四十七年（1782）終成《西域圖志》五十二卷。

《西域圖志》卷四十三為「土產」，專述新疆物產。該卷先分準噶爾部和回部兩大空間區域，各區域之下又分為三大類屬，依次是：

百穀草木之屬、羽毛鱗介之屬、金石珍寶之屬。

又如：乾隆四十四年（1779），乾隆皇帝命阿桂（1717～1797）、于敏中（1714～1780）、梁國治（1723～1786）等人在中央組織修撰新版的《盛京通志》。新版《盛京通志》共一百三十卷，卷一百六和一百七為物產。其下共包含十四個類屬：

五穀類、衣被類、食貨類、寶藏類、蔬菜類、草類、木類、花類、果類、藥類、禽類、獸類、水族類、蟲豸類。

而《吉林通志》為吉林將軍長順（未詳～1904）在邊疆地方上組織修撰而成。全書共一百二十二卷，其中「物產」收入《食貨志》在三十三、三十四兩卷，共分十六個類屬：

穀屬、蔬屬、瓜屬、果屬、藥屬、花屬、草屬、木屬、禽屬、獸屬、鱗介、蟲屬、庶物、布帛、寶藏、器用。

在這些類屬之下，皆分別羅列各種邊疆物產的條目，並附有各個物產的詳盡說明。這樣的編纂相較知識家寫作的邊疆博物志或詠物組詩而言，對物產的書寫和收編都更具條理化。物產不再是這些遊歷者們的隨筆記錄，而被視作邊疆秩序化的一系列符號，固定在帝國的知識文本之中，以建立起層次明晰的知識系統。

在敘述這些物產的同時，其產地以及貢獻的情況也往往被詳細地注明，甚至有些文本還會比較各地物產性質的優劣。物產來自於北部邊疆的地域，那麼當物產作為北部邊疆的符號納入帝國知識系統的過程中，充滿質感的北部邊疆空間也隨之進入到帝國知識譜系之中。

不過，其中有一點非常值得重視，帝國雖然有能力向北部邊疆派出各種勘察隊調查某一區域內的各種事項，但是在編纂物產文本的過程中，卻很少用實地考察的辦法給物產以細緻的標畫與記錄。相反，帝國仍舊延續著傳統文獻學的方法，從傳統文獻中摘錄出有關的內容編纂成文，並附有考證。聊舉幾例：

鯽，渤海俗所貴者湄沱河之鯽，《唐書》三百十九。鯽魚大者有重至三斤，鮮美不可名狀，《柳邊紀略》。即鮒魚，冬月肉厚子多，

其味道尤美，《本草綱目》四十四。產寧古塔混同江者尤佳，《盛京通志》。（《吉林通志・食貨志六・鱗介・鯽》）。〔註128〕

野馬，《三國志・鮮卑傳》其獸異者野馬，形如馬而小。〔註129〕（《盛京通志・物產二・獸類・野馬》）

野驢，《通考》女真獸多，野牛驢之類。按：野驢似驢而色駁，鬃尾長。〔註130〕（《盛京通志・物產二・獸類・野驢》）

《文獻通考》回紇，出玉、硇砂、金剛鑽、紅鹽。按：古稱悦般國，產石硫黃，回紇出扛硇砂，考字書無硇字，疑即硇砂，硇砂本出北庭山，亦名北庭砂。《本草》又云石硫黃，一名黃硇砂。隋《西域圖記》亦云白山出硇砂，則所謂硇砂者，或即今硫黃，未可知也。至如史傳所載金玉瑟瑟之屬，今之準部，不少概見，惟多產鐵錫。則古今地利衰旺，有不可一概論者。〔註131〕（《西域圖志・土產・準噶爾部・金石珍寶之屬》）

　　應用這樣的方法收編物產，參與其中的當然不是科學家或勘察家，而是對邊疆物產並不完全瞭解、或是沒有實地考察經驗的帝國官員。他們原本在帝國各個部門中各有職責，只是在帝國的邊疆書寫工程中被抽調到工作團隊之內，負責相關文字的輯錄和編纂。從其中大多數人的履歷來看，在完成某一邊疆方志的編纂之後，就再也未從事過邊疆相關的書寫工作。因此，很難說他們對北部邊疆有多大的興趣。他們進入團隊只是為了完成帝國下達的工作而已。因此，他們總是公共領域或是帝國資料庫中選取已有的私人記錄、傳統文獻、地方進送的清冊等文獻資源，從中擇取文字素材，迅速地將它們整理在一起，有些內容也會略加考證。

　　在編纂方志的過程中，團隊人員一般都缺乏實地調查的經驗。這一方面，當然與當時普遍使用的文獻學書寫範式有關，另一方面它也折射出帝國對於北部邊疆物產價值的定位方式：物產需要被符號化，它的符號化意義遠遠大於

〔註128〕《吉林通志》卷三十四，續修四庫全書本，647 冊，上海：上海古籍出版社，2002，628 頁。
〔註129〕《盛京通志・物產二・獸類・野馬》卷一百七，文淵閣四庫全書本，503 冊，臺北：臺灣商務印書館，2008，225 頁。
〔註130〕《盛京通志・物產二・獸類・野驢》卷一百七，文淵閣四庫全書本，503 冊，225 頁。
〔註131〕《西域圖志校注・土產・準噶爾部・金石珍寶之屬》卷四十三，552 頁。

它的真實性和實用性。

我們從文獻的編寫特徵中可以看到這個問題。如前面引述的許多資料，過多地轉引了傳統文獻中的說法。提供這些說法的傳統文獻，諸如《三國志》《唐書》《文獻通考》等都已經存在了千年之久，其中記錄的相當數量的物產已經並不存在了，或根本不能夠被證實。比如《吉林通志》對「楛矢」這種古老貢品的記錄：

> 楛矢，《明帝紀》：肅慎氏獻楛矢《魏志》。魏景元三年，肅慎獻
> 其國弓三十張，長五尺五寸，楛矢長一尺八寸《冊府元龜》。楛矢女
> 直出《明一統志》八十九。楛木長三四寸，色黑或黃或微白，有文
> 理，非鐵非石，可以銷鐵，而每年破於石，居人多得之虎兒哈河。
> 相傳肅慎氏矢以此為之，好事者藏之家，非斗粟不易。楛矢自肅慎
> 氏至今凡五貢中國，勿吉、室韋之俗，皆以此為兵器。或曰楛矢、
> 或曰石鏃、或曰楛砮，歷代史傳之娓娓，今余所見，直楛耳，無有
> 所謂鏃與砮也《柳邊紀略》。〔註132〕

編纂人員發現，清帝國時期並沒有「楛矢」這種物產，滿洲地區只有一種被稱為「楛」的植物，或許與這種古老的貢品有著某些關聯。不過，在地方志的修纂中依舊把「楛矢」列入其中。

又如《西域圖志》對於西域「稻米」的記述，方志的編纂家們在這一詞條的後面附加了這樣一段按語：

> 按：回部五穀中，稻米絕少，而史傳所載焉者、疏勒之屬，則
> 稱其多稻，似不相合。〔註133〕

傳統文獻中記述之物，世事變遷，桑田滄海，今天的北部邊疆未必再有此物。但是帝國邊疆方志的修纂中，依舊將這些物產記錄其中。此類問題非常之多，甚至官方的修纂家們也不得不承認，這種編纂方法存在著相當多的問題：

> 以今證古，核實為難。存之以見流傳之舊。文人或詭華詞，非
> 身履目睹，其誤於記載之沿訛者不少耳。〔註134〕

雖然如此，這種編纂方法還是被保存了下來。對於文獻修纂家們來說，

〔註132〕《吉林通志》卷三十四，續修四庫全書本，647 冊，638～639 頁。
〔註133〕《西域圖志校注·土產·回部·百穀草木之屬》卷四十三，554 頁。
〔註134〕《西域圖志校注·土產·準噶爾部·羽毛鱗介之屬》卷四十三，551 頁。

他們似乎更看重這些記述本身對於帝國的意義。這一做法代表了一種傳統知識的承繼（「存之以見流傳之舊」），清帝國邊疆地方志是對以往知識的全部收錄，各種漫漶不清、支離破碎的文本，在帝國的知識譜系中都被重構，從而建立起一套囊括古今、包羅萬象又清晰明瞭的知識體系。

在帝國修纂地方志時，還可以發現另一個奇怪的現象，那就是大量的詩歌進入到物產的編纂之中。一般來說，地方志中對物產的記述與詩歌的記載屬於不同的類屬，前者屬於物產類，後者屬於藝文類（帝王的詩作則歸入天章類），二者並沒有直接的關係。但是在物產的輯錄中，有關這一物產的詩歌也往往一併書寫在物產的詞條之下。比如《西域圖志・土產》中共有吟詠鷲鷟爾、俊鶻驄、奇石密食、阿克蘇桑椹、和闐玉、和闐采玉、玉甕等二十餘首詩歌，皆是御製詩，其中也包括帝王同臣屬的聯句數首；《吉林通志》中御製詩雖收錄在「天章志」之中，但是在「物產志」許多詞條下卻附有劉綸（1711～1773）、汪由敦（1692～1758）、金德瑛（1701～1762）等臣子的恭和詩，這些詩歌原本是與「天章志」中御製詩的唱和之作。

詩歌與博物志相比具有善於闡發意義的特性，御製詩或恭和御製詩與相關的物產收編在同一詞條下，其用意非常明確，它借用了詩歌的特性將物產引向了帝國賦予它的表徵意義。如《西域圖志・物產》「鷲鷟爾」詞條下，附有乾隆皇帝本人寫作的《御製鷲鷟爾詩》，其詩云：

> 鷲鷟爾何出，伊犁沙水潯。戍還因致此，鳥譜絕難尋。項背如
> 鵁鶄，間關學戴鵀。白斑黑尾點，黃暈赤晴深。忽得翀京闕，能無
> 憶故林。聊將紀殊域，非是寶珍禽。

在這首詩的序言中，乾隆皇帝講述了鷲鷟之類的邊疆物產與帝國統治之間的關係：

> 昔夏后羽毛作貢，廛中土職方恆產。厥後吉光生翠，又不越嶺
> 表炎洲而止，且名率侈豔弗深考。乃者新域，綏遠所征，縶志實在
> 賴。則思囊者剡笴之雄，風紀今時鳴岐之雅，則不其韙乎。〔註135〕

在乾隆皇帝看來，那些異域的珍奇鳥類作為邊疆的貢品，是遠古時代盛世統治的情形，之後的時代便斷絕了。今天，大清帝國的疆域業已將這些荒遠的邊陲都納入到自己的統治區劃之中，這些奇異的邊疆物產再次出現在

〔註135〕乾隆《御製鷲鷟爾詩》，《西域圖志校注・土產・準噶爾部・羽毛鱗介之屬》
卷四十三，551頁。

帝國的視域之內，正是帝國超越前朝歷代的表徵。

從整體的情況看，這些邊疆地方志所收錄的物產詩歌，幾乎都會談及物產同帝國之間的關係。如《御製賦得和闐玉》云：

玉隴宛其玉，珍賢詎此珍。攄誠底方物，慎德幸咸賓。〔註136〕

《御製和闐玉》亦云：

回域定全部，和闐駐我兵。其河人常至，隨取皆瑤瓊。驛致貢天閽，瑟若孚勝呈。瑰寶固匪求，方物亦可聽。〔註137〕

可以說，邊疆物產從實際價值上來說並不十分珍貴。物產的意義在於，物產進入帝國的知識系統是帝國力量的展現。

就這些物產詩歌的使用方式來看，在北部邊疆物產的知識系統裏，御製詩或恭和御製詩參差其中，推動了帝國意義對於這種邊疆物產符號的收編。原本為中國所排斥的北部邊疆，曾經因為物產的怪異被視為野蠻的異域空間。而現在物產按照品類內容，明確地呈現在帝國的文本秩序之中。邊疆物產的野蠻、怪異的特徵被徹底馴服，回歸到正常的面貌，它們對中國沒有威脅，邊疆的形象也因此發生了徹底的扭轉。這就像《西域圖志・土產》序言中所描述的那樣：

魏晉以下，志方物者，往往弔奇尚怪，或失之誣。方今大化翔洽，群生蕃祉，闢振古之狉獉，昭維新之景物。凡屬天喬飛走，跂行喙息，石韞而川含者，向皆盲晦於窮荒絕徼之中，一旦荷聖主之照嫗怐懷，莫不欣欣自愛，露采呈英，以徼靈而獻瑞。邇時，伊犁鷺鷥之鳥，烏梁海俊鶻之鷙，以及和闐之玉，葉爾羌之木瓜安石榴等，莫不驛致禁庭。而奇石蜜食，嘉種鮮聞，並獲移植上林，寵題篇什。雖在微物，亦會逢夫奇遇焉。〔註138〕

由此，物產不僅僅是北部邊疆的實在物，它成為了一系列的邊疆符號，清帝國通過對於邊疆物產的書寫和整理，在北部邊疆建構起國家主義的表徵意義。這一過程也創造出一套新的認知北部邊疆的書寫邏輯：物產——實證——從屬帝國權威的、正常的北部邊疆。

〔註136〕乾隆《御製賦得和闐玉》，《西域圖志校注・土產・回部・金石珍寶之屬》卷四十三，556頁。

〔註137〕乾隆《御製和闐玉》，《西域圖志校注・土產・回部・金石珍寶之屬》卷四十三，555頁。

〔註138〕《西域圖志校注・土產》卷四十三，549頁。

第五節 凝視種族：身體與權力

一、從想像身體到凝視種族

在《山海經、職貢圖和旅行記中的異域記憶》一文中，葛兆光考察了十六世紀末利瑪竇（1552～1610）來華之前，中國的知識精英們是如何通過想像建構起奇異的四夷形象的。

葛兆光主要研究了元明時期中國知識精英們編纂的《異域志》《瀛涯勝覽》《星槎勝覽》《西洋番國志》《海語》《殊域周諮錄》《三才圖會》《諸夷考》等中原書籍。他發現，「這類書仍然常常習慣性地抄撮『古典』，因此，對於那些遙遠的國度與民族，總是在真實的記載之外又加上來自傳說的想像」〔註139〕。比如《異域志》為元人周致中（生卒年未詳）所作，該書在明帝國時期被其他書籍抄錄甚廣。其中所記繳濮國稱：

> 國人有尾，欲坐則先穿地作穴，以安其尾，如或誤折其尾，卒然而死。

氐人國：

> 其狀人面魚身，有手無足，胸以上似人，以下似魚。能人言，有群類，巢居穴處為生，有酋長。〔註140〕

此外，還有無臂國、穿胸國、羽民國、小人國、聶耳國、交頸國、長臂國、三首國、三身國、一臂國、一目國、長腳國、長毛國等等。這些怪異的傳聞是「古代的想像加上後來的想像，故事上疊加故事」〔註141〕，由此建構起對邊疆少數族裔的一種固定化的怪異形象——邊疆的少數族裔的身體構造大多都是畸形的，他們是介於人、動物、鬼怪之間的生物體。〔註142〕

雖然這些描述尚屬於極端的事例，但是從整體上看，把邊疆少數族裔看作怪異的生物體仍舊是清帝國建立之前，中國知識精英們認知邊疆少數族裔的典型集體想像。不過，這些形象到了清帝國時期發生了重大的變化，那就是——它們在書寫文本中消失了。

〔註139〕葛兆光《宅兹中國》，北京：中華書局，2011，74頁。

〔註140〕周致中《異域志》，北京：中華書局，1981。

〔註141〕葛兆光《宅兹中國》，75頁。

〔註142〕如稱柔利國「國人類妖，非人比也。曲膝向前，一手一足。」；羽民國「似人而卵生穴處，即獸蝙蝠之類也」；懸渡國「即猿屬」；猴孫國「與獸同類」等等。

　　葛兆光認為，這種轉變的原因在於利瑪竇來華之後，歐洲的世界構成論造成了對中國傳統世界知識的衝擊，中國知識精英認知觀念從「想像的天下」進入「實際的萬國」。這一研究從思想史的角度出發，其研究價值自不待言，這一轉變也著實是思想更迭中所呈現的大致面貌。但是就具體的邊疆形象變化而言，問題似乎並沒有如此複雜，最重要的一點即在於：任何想像都難以經受事實的碰撞。

　　在中國的知識精英們無法進入邊疆地區直面邊疆少數族裔的時候，想像中著民畸形的身體支持了「中國／邊疆」二元對立的文化模式，種族主義的世界觀通過身體的畸形被無限地誇大。一旦書寫者真正進入邊疆，可以直接面對少數族裔的著民之時，幻想身體的畸形因為眼前的真實而不攻自破，失去了建構邊疆差異性的能力，因此這種書寫也就隨之消失了。進入北部邊疆的書寫者直接看到邊疆的少數族裔，甚至其中的一些書寫者還長期留駐邊疆同這些少數族裔生活在一起，這也促進了書寫邊疆族裔形象的方式的轉變。即從隨機、偶然、迅速、想像性甚至迷幻性的觀看形式，轉向了長期、深刻、實證的「凝視」（Gaze）〔註143〕。

　　可以說，畸形的身體通過想像指向種族主義差異性的認知邏輯，伴隨著邊疆書寫者的進入，被凝視種族這種方式所取代。就凝視這一動作本身而言，它除了觀看的行為本身，更強調文化權力在看的過程中發揮的作用。在凝視的過程中，被審看的對象受到文化權力的規訓與監控，權力通過審看的對象，建構出權力預期的意義和理想秩序。可以說，凝視是文化權力運作下通過觀看來規訓對象的手段。〔註144〕

　　以凝視作為視角審視清帝國北部邊疆書寫，至少在兩方面改變了以往書寫的面貌。其一，凝視善於監控具體的物象，權力的眼睛深入到極其微小的細枝末節之中。傳統邊疆書寫關注的少數族裔形象，往往是因為他們與中原民族之間發生了一系列邊疆軍事、文化衝突。而當書寫者可以進入邊疆，其所審看的內容則深入到邊疆少數族裔的性格、身體、服飾、風俗等更為具體的日常生活空間之中。這就促成了一個書寫上的轉變，即從戰爭中的形象轉向

〔註143〕那種隨機、偶然、迅速的觀看形式可以稱為「瞟」，它具有「迅捷的記錄」的含義，同「凝視」長期監控、強調權力意義的觀看形式不同。見阿雷恩・鮑爾德溫《文化研究導論》，397頁。

〔註144〕福柯《權力的眼睛：福柯訪談錄》，上海：上海人民出版社，1997，149～167頁。

具體的日常生活。其二，也正因為書寫進入到日常生活，凝視行為背後的文化權力也隨之介入到這些場域之中，使規訓與監控進入到更為微細的層面，並在其中建構起帝國表徵意義。

當邊疆的著民可以被凝視的時候，身體畸形的想像很難再具有說服力，一種新的書寫策略卻繼續在邊疆少數族裔的身體上衍生出來。它指向其形象更為內在、更為隱秘的層面，我們大致可以從性格、身體和日常生活幾個方面來剖析書寫如何建構少數族裔形象的。雖然在書寫文本中尚有其他的層面，但是性格、身體和生活方式構成了書寫少數族裔形象不可或缺的基本面。

二、環境、疾病與日常生活

凝視同博物志一樣，對邊疆的少數族裔採取了一種實證的書寫方法。凝視具有解剖學的意義，不過，支持凝視這種行為本身的不是科學主義，而是文化學的意義。北部邊疆少數族裔非中原的特徵，本身即容易將書寫引入傳統的解釋模式之中。在清帝國時期的邊疆書寫者們看來，少數族裔的差異是與生俱來的：

> 五土之民，剛柔燥濕異其齊，大川廣谷異其制。民生其間，習尚判殊。即同一沙漠之壤，而種區族別，其性情好惡所著，暨歲時伏臘交際吉凶諸事宜，亦自各限土風，彼此不能相效。〔註145〕

這都延續了傳統的知識話語。馮客（Frank Dikotter）通過考察，將這種以區域的特徵描述種族樣態的傳統認知話語稱為「環境宿命論」。

「環境宿命論」認為，邊疆的環境或是極度寒冷或是極度炎熱，處於偏執的狀態。只有中國是自然平和的環境，在中原生活的人們是「兩種物質力量完美和諧的產物」。由於邊疆的氣息或土壤的性質同中國存在著差別，「這些差別被假設為對自然和人發揮著決定性的影響」〔註146〕。在邊疆，少數族裔都先天存在著因自然環境所造成的偏執特徵，從而在形象上建構起「中國／邊疆」（正／偏）的二元對立關係。清帝國的書寫者們固執的環境宿命論觀念，延續了種族主義對邊疆少數族裔最基本的設定——少數族裔生長在偏執的地域之中，風土環境的差異決定了他們非中原的種族特徵和性情好惡。

首先，被凝視所關注的是身體的疾病。書寫者們認為，邊疆的氣候或是

〔註145〕《西域圖志校注・風俗》卷三十九，510頁。
〔註146〕馮客《近代中國之種族觀念》，9頁。

奇寒或是燥熱，並不益於生存。邊疆的著民由於受到「環境宿命論」的影響，天生就是病態的，許多邊疆文本都熱衷於解釋邊疆少數族裔與生俱來的病理特徵。比如：李重生（生卒年未詳），雲南鶴慶人，嘉慶二十五年（1820）進士。他在《赫哲土風記》中描述了赫哲人的病理特徵，他認為滿洲北部過於寒冷，不易播種，赫哲著民常以腥臊的魚、肉為食，地理氣候決定了他們處於疾病的狀態：

> 其地土性寒漿，春晚霜早，不產五穀，春夏取河魚為食，秋冬捕野獸為食，魚乾鹿肉，家家堆積為糧焉……其夏復無酷暑，然人常以魚腥為食，胃火最盛。〔註147〕

而在永貴等人編纂的《新疆回部志》中，書寫者們這樣描述了回人的面貌：

> 回人面貌大概鼻高眉低，深睛大須，多連鬢，皮蒼肌粗。女至二十則露衰容，男過三旬即顯老態……少男多身長大腹，女多身矮眉連，小兒每患肌瘦禿瘡，蓋其水土氣候致然。人性耐寒浮躁，其病患則男多痔漏淋瀝，女多瘦袋楊梅。男婦大多有癬瘡、狐氣、掌風，十有八九蓋源食物性熱邪穢無忌之故。又多患偏腦頭風，月或數次，蓋不為病。〔註148〕

新疆燥熱的水土氣候，直接影響到食物的性質（「性熱邪穢」），長期食用這類食物導致了疾病在種族中的普遍出現。需要注意到，這些文本不僅僅代表了書寫者個人的理解，它也代表了清帝國官方的態度。李重生的《赫哲風土記》被全文收錄到《吉林通志》之中，作為官方認可的說法；而《新疆回部志》是清帝國佔有新疆之時最早的官修地方志之一。可以說，帝國面對這些差異性的敘述，採用了默認的態度，並沒有提出異議，這些文本依舊被收入地方志之中。

在許多文本中，還記述了少數族裔著民對於身體疾病的治理方法，其中一則文本講到，回人求阿渾用藥：

> 阿渾用藥，藥多大黃附子之屬，往往殺人。〔註149〕

從藥性來看，大黃其性苦寒、附子其性甘熱，皆是猛藥，並不利於救治病症，故而服用之後，往往適得其反。另一則故事更為可笑，它講述了回部

〔註147〕 李重生《赫哲土風記》，《吉林通志》卷二十七，續修四庫全書本，647 冊，598 頁。

〔註148〕 永貴等《新疆回部志·面貌第十二》，四庫未收書輯刊本，九輯 7 冊，北京：北京出版社，2002，772 頁。

〔註149〕 七十一《西域聞見錄》卷七，國家圖書館藏，清刻本。

著民需要通過沐浴，用葫蘆插入肛門，浣洗腸胃，才能解決天生的燥熱疾病：

　　　　遠鄉小回遇有疾病，必向河中沐浴，冬夏皆然。燥結之症，

　　亦於河中，灌洗谷道，納葫蘆柄於其中，藉水出入探動，以求通

　　利也。〔註150〕

同樣，赫哲人則必須通過在河水中的浸泡，緩解胃火帶來的痛苦：

　　　　故至六七月間，則身熱如焚，時浴於河以解之。〔註151〕

這些治理方法使故事顯得更為真實而生動，不過這些治理方法卻是愚昧的，治療方法同他們的疾病一樣被擯棄在文明世界之外。

如果將這些敘述與此前畸形的身體想像圖畫來對比，種族主義的否定態度表述得更為隱秘，看起來更為真實，破綻也不易察覺。可以發現，此類書寫並不針對著民中的某一個人，它涵蓋了種族的普遍特徵。並且這些故事都來自於「地方志」、「見聞錄」、「風土記」等以真實性為前提的文本，那麼它傳遞了明確的信息：北部邊疆少數族裔就是病態的。

身體的疾病同飲食、環境有直接的關係，那麼，邊疆少數族裔的生活方式本身也是有問題的。對於書寫者們來說，同物產一樣，少數族裔生活方式都是新奇的，他們對於少數族裔生活方式的敘述大多出於增廣見聞的知識欲求。書寫者在書寫的過程中，一般並無固定的體例或是分類法，少數族裔的日常生活狀況常常與物產、時令、節候等其他事項參差敘述。這些書寫有一個大致的共同點，即以實錄的方式敘述眼前的所見所聞。因此，對於當代的邊疆研究家來說，這些邊疆民族志依舊是用來研究清帝國時期邊疆少數族裔生活情況的第一手資料。不過，民族志的敘述方式，並不能掩蓋書寫者的態度和看待少數族裔的基本視角，其凝視日常生活的行為背後依舊受控於固有的話語權力。一種引用甚廣的傳統說法認為：

　　　　凡居民材，必因天地寒暖燥濕，廣谷大川異制。民生其間者異

　　俗，剛柔輕重遲速異齊，五味異和，器械異制，衣服異宜。修其教，

　　不易其俗；齊其政，不易其宜。中國戎夷，五方之民，皆有性也，

　　不可推移。〔註152〕

〔註150〕七十一《西域聞見錄》卷七，國家圖書館藏，清刻本。
〔註151〕李重生《赫哲土風記》，《吉林通志》卷二十七，續修四庫全書本，647冊，508頁。
〔註152〕《禮記·王制》卷五，四部備要本。

在這裡「環境宿命論」依舊發揮著決定性的作用，生存環境的寒冷燥濕不但決定了著民的身體和性情，還直接決定了著民的生活方式，形成了不同的風俗。這些生活方式在本質上就與內地不同。邊疆知識家袁大化（1851～1935）、王樹枏在編撰《新疆圖志》時，描述了帝國對於北部邊疆少數族裔的生活方式的態度：

> 我朝定鼎，聲教西暨，冰雪之窟，不毛之野，氈裘湩酪之族，
> 筼衡天篤之眾，逆者薙獮，順者卵鬻，始則以其種族之人治其種族，
> 繼則改行省，設官吏而郡縣之。以養以教，視同赤子，然而宗教、
> 俗尚、倫理之間，未嘗強而合也。飲食、衣服、言語、文字，未嘗
> 驟易而強之同也。齊之以政刑，化之以禮樂，深之以摩漸，需之以
> 歲時。數百年後，用夏變夷之治，其庶有豸乎。〔註153〕

在他看來，雖然帝國並不想以差別的眼光看待邊疆少數族裔的原住民，但是他們的飲食、衣服、言語、文字等日常生活方式很難在短期內改變。文化普濟主義中「以夏變夷」的做法很難有效地推廣，故而種族的差異性依舊是邊疆日常生活方式的書寫前提。

我們可以看到一些非常典型的例子。在《新疆回部志》中，詳細記錄了少數族裔的回教、經字、禱祀、風俗、年節、樂、戲嬉、面貌、情性、房室、衣冠、飲食、婚姻、喪葬、耕種、織袵、交易、畋漁等日常生活的狀貌。這些文本大多都是以否定的方式引入敘述的，如「回人無書籍，惟知有經」（經字），「回人屋宇不知向背，門窗無分左右」（房屋），「回人不解炊飯，惟啖大餅」（飲食）等等，邊疆的日常生活方式都是以內地為參照。一旦確立了這樣的立足點，邊疆則被排斥到了邊緣。比如其中對於「經字」的描述：

> 回人無書籍，惟知有經，其言大概如釋氏果報之說及咒語等類。
> 字有二十九，字頭二十九韻，配合聯絡以成語句，皆橫斜觀誦。用
> 木籤草枝書寫，欲學者必就阿渾教讀。阿渾亦但能粗解大意，不能
> 悉其深奧也。又有識字之回，號莫洛，惟能粗譯文義，其從之學者，
> 富家圖博讀書之名，貿易者足記姓名而已。〔註154〕

這些描述似乎如實地記錄了回人的經書、文字和學習等事項，它們也可資

〔註153〕袁大化、王樹枏《新疆圖志·禮俗》卷四十八，445 頁。
〔註154〕永貴等《新疆回部志·經字第六》卷二，四庫未收書輯刊本，九輯 7 冊，770頁。

於當代的考證和研究。可是這些日常生活行為都是從否定的敘述模式來表述的：書籍內容並無可取、文字怪異、教授者與學習者都渾渾噩噩，即便有識字者也都徒有虛名。對於日常生活中具有文化內涵的識字行為的描述，非但未能將其拔升入文化的行列，反而將種族主義的差異性建構在日常生活之中。

又如史地學家祁韻士在《厄魯特舊俗紀聞》中對準噶爾人飲食的記述：

> 準夷不習耕作，以畜牧為業。饑食其肉，渴飲其酪，寒衣其皮，驅馳資其用無一不取給於牲。欲粒食則因糧於回部。回人苦其鈔掠，歲賦以粟。然僅供酋豪饘粥，其達官貴人夏食酪漿酸乳，冬食牛羊，貧人則但食乳茶度日。〔註155〕

飲食的敘述關涉到生業、衣服、歲賦、階層等諸多生活層面，這看似細緻的如實的書寫，卻將準噶爾人塑造成氈裘渾酪、貧富不均、以搶奪殺戮為生業的野蠻人。

這樣的記述不僅在專門考察邊疆風俗的研究性文本中出現，即便一般的日常書寫，也都選取了這種以內地審看邊疆日常生活，並在敘述中建構差異性的寫法。比如光緒二十二年（1896），劉文鳳（生卒年未詳）出關赴漠河任職，其日記中《東陲紀行》記錄了達呼利人（達斡爾人）治理疾病的風俗：

> 達呼利人，布特哈城最多，此外齊齊哈爾、墨爾根各城亦不少。其人嗜酒善啖，不知蓄積，以是多貧。病不延醫治，聽命於神，量家計之厚薄，而酬以牛羊豬雞，謂之跳神。接神之巫謂之哆麻。常有傾家禱賽者，其愚至此。〔註156〕

同樣，光緒十八年（1892），王廷襄（生卒年未詳）任葉爾羌城典史，在其日記《葉柝紀行》中，記錄了土爾扈特人、和碩特蒙古人喪葬習俗：

> （土爾扈特、和碩特）無論父母兄弟妻子死，誦經號咷畢，投屍體荒野三日。往觀或豺狼未食，則大戚，謂未獲昇天也。於是聚親屬復與誦經禱祈，且塗牛羊脂膏屍體上，冀豺狼嗅其香膩而速食之。噫！此該部風俗之可痛可悲者矣。〔註157〕

〔註155〕松筠等《西陲總統事略・厄魯特舊俗紀聞》卷一二，北京：中國書店，2010，201頁。

〔註156〕劉文鳳《東陲紀行》，光緒二十五年正月二十一日，《東遊日記（外十六種）》，哈爾濱：黑龍江人民出版社，2009，803頁。

〔註157〕王廷襄《葉柝紀行》上卷，邊疆史地文獻（初編）・西北邊疆，第一輯，11冊，北京：中央編譯出版社，2011，268頁。

達呼利人的疾病從不延醫救治，一切都聽命於巫神，以致傾家蕩產；土爾扈特人、和碩特蒙古人，將父母兄弟妻子的屍體畀諸豺狼，期望速食。通過這些生活細節的敘述，邊疆的少數族裔並未由於書寫者關注了他們的日常生活而拉近邊疆同中國的文化距離，邊疆的少數族裔非中原的屬性從肢體的怪異轉移到了生活的層面否定。在某種程度上說，日常生活成了身體疾病的延伸、種族形象的外化。

而對於邊疆書寫來說，邊疆少數族裔日常生活的書寫愈豐富、愈真實，凝視所介入的範圍也就越廣闊，以至進入到日常生活的方方面面，進而使邊疆的少數族裔的形象再次被定型。這些差異性對帝國有著極其重要的利用價值。如果說，之前明帝國以邊疆的種族主義書寫確立了自身中原統治的合法性的話，那麼清帝國的種族主義書寫將差異性納入到了帝國的文化主義之中，以此證明自己是各個族裔共同擁戴的天下的統治者。

三、性格：隱秘的身體建構

在清帝國的北部邊疆書寫中，少數族裔幾乎總是凝視下失語的他者，由於性格本身無法確證，它更容易在凝視中為權力所掌控。傳統的種族主義和帝國的文化主義對性格有不同的引導，前者經常誇大少數族裔的差異性特徵，善於揭露性格中的陰暗的一面；而後者則一般嚮往性格中積極的因素，力圖將少數族裔從否定中解救出來，發現同帝國相一致的面向。這兩種意義都在指引著書寫所塑造的少數族裔形象。通過對書寫文本的研究，可以發現一個有趣的事實：少數族裔性格的優劣，同他們進入帝國時間的先後順序以及是否「恭順」有直接的關係。

生活在滿洲北部的索倫、達呼爾、赫哲、費爾哈、虎爾哈等少數族裔，是最早進入清帝國統治序列的成員，在帝國內部他們往往被稱為「黑龍江諸部」，或統以「索倫諸部」〔註158〕稱之。在帝國的統治者看來，這些著民同滿人語言相似，又歸附最早，「本皆我一國之人」〔註159〕，不應該把他們排斥在帝國之外。因此，帝國在體制上不斷地將這些邊疆少數族裔中納入到一體化的政治結構中。

〔註158〕 索倫，本指鄂倫春（亦作俄倫春）人，亦泛指滿洲北部的諸多少數族裔。西清《黑龍江外紀》卷三：「達呼爾、俄倫春、畢喇爾則其同鄉而別為部落者，世於黑龍江人不問部族，概稱索倫。」
〔註159〕 《清太宗實錄》卷二十一，天聰八年甲戌十二月壬辰條，280頁。

　　在偏遠地域，帝國派遣的專門官員負責管理那裡的住民，並向他們收取東珠、貂皮等供品〔註160〕；一些聚居的著民則被帝國有意地內遷至吉林烏拉、寧古塔、琿春等處，建立旗籍，編入帝國的軍事組織，即所謂「八家分養」，帝國的統治者稱這些入旗的著民為「新滿洲」〔註161〕。雖然現在的學術界一直在爭論，滿洲到底是國名、地名還是族名，但是清帝國的統治者將自己稱為「滿洲」的同時，將這些內附的少數族裔稱為「新滿洲」，表明了二者之間密切的政治與文化上的聯繫，帝國對這些少數族裔的著民表現出極大的認同感。〔註162〕由此，在性格描述中，帝國文化主義的一致性訴求成為敘述他們性格的主要依據。

　　滿洲的少數族裔在性格上大多被建構為自然、無知、淳樸的族群。如李重生對於赫哲人的描述：

　　　　河口東西一帶為赫哲部落，亦曰黑金，俗以其人食魚鮮，衣魚皮，呼為魚皮達子……其部落無酋長統轄，亦無文字，人各山居野處。無曆書，每至河冰開後，見河中有搭把哈魚過，方知為一年。〔註163〕

袁大化亦云：

　　　　自蒙戈力以下皆赫哲種落，夜置粟米於道，窮民至家，無隔宿糧，皆顧而不知取。有因知者，爭送雞鴨狍腿，賞給錢米，彼則愕然，以意未得伸也。樸誠若斯，洵太古之民，知識未開，果有賢者休養而生聚之，田里學校，古法盡行，必世而後，當臻三代之美。〔註164〕

　　對於性格的描述，有兩個前後相繼的評判層次。其一，他們是否脫離了動物的屬性。其二，他們是否可以劃入文化或是倫理的行列。滿洲地域的少數族裔顯然已經脫離的動物的屬性，在帝國中進入了人的範疇；而在第二個層次上的表述卻相當模糊的——他們沒有知識（非文化的），不過，無知既可以

〔註160〕何秋濤《朔方備乘·索倫諸部內屬述略》卷二，續修四庫全書本，741 冊，上海：上海古籍出版社，2002。

〔註161〕吳智超《略論「新滿洲」》，《滿族研究》，1987 年第 1 期。

〔註162〕佟冬主編《中國東北史》第四卷，長春：吉林文史出版社，1998，1424 頁。

〔註163〕李重生《赫哲土風記》，《吉林通志》卷二十七，續修四庫全書本，647 冊，507 頁。

〔註164〕袁大化《東遊日記·偵探黑河俄情日記》，光緒七年二月初二日，《東遊日記（外十六種）》，哈爾濱：黑龍江人民出版社，2009，743 頁。

解釋為野蠻，也可以闡釋為淳樸。顯然，帝國的知識精英們更願意將他們的無知解釋為後者。

未經文化和倫理教育的淳樸性格，可以通過培育，使這些少數族裔成為帝國優秀的子民，從而為帝國文化主義的介入打開了一扇門。性格的描述需要事件的支持，這些少數族裔被編入八旗，從體制上既被吸納到帝國的戰鬥序列之中，成為帝國武力的重要組成部分〔註165〕，這些都為建構他們的帝國形象提供了有力的證據支持。

在這些少數族裔的性格中驍勇善戰、正直重義的特徵又被特意拔升出來。方拱乾在《絕域紀略‧風俗》中云：

> （黑斤、費雅哈、虎爾哈）三部人皆無官長約束。質直有信義，商賈賒物，約償黑貂，千里不爽期約。勇敢能一人殺虎。朝廷擇其材武者賜以官職。〔註166〕

西林覺羅‧西清（生卒年未詳）在其所著《黑龍江外紀》中亦云：

> 以今日觀之，滿洲直而勇，漢軍精而文，索倫、達呼爾等渾然靈然，有鼓飲鶉居之意。至於務稼穡，習田獵，臨陣遇敵奮不顧身，無問何部族，皆出於性成，是惟在良。有司栽培誘掖使之勤不為貪、剛不為亂，範圍於禮儀廉恥之中，以保全其果敢雄強之氣，則有補於干城藩衛者大矣。〔註167〕

可以說，滿洲北部邊疆的索倫、達呼爾、赫哲、費爾哈、虎爾哈等少數族裔，都被賦予了淳樸、正直、驍勇等優秀的性格，成為帝國文化普濟主義中，被教化、吸納、服從於帝國要求的子民。

相比之下，新疆地區的少數族裔在帝國的話語中卻成為種族主義所排斥的對象。自從清帝國建立之初直到 1884 年新疆設省，新疆地區就從未平靜過。先是康乾之時，準噶爾汗國與清帝國在亞洲內陸的征戰。新疆抵定之後，又先後經歷了乾隆朝的大小和卓之亂（1757～1759）、道光朝的張格爾之亂

〔註165〕萬福麟等《黑龍江志稿》卷三十：「索倫民族，夙稱驍勇，各處有事，徵調頻仍，如康熙年之征噶爾丹、準噶爾，雍正年之征科布多，乾隆年之征金川，嘉慶年之平教匪、陝匪，道光年之回疆不靖、英人犯境，咸豐年之平粵撚、防英法，同光兩代之援新疆、甘肅，前後共計六七十次，轉戰幾達二十二省。」國家圖書館藏，民國二十一年鉛印本。

〔註166〕方拱乾《絕域紀略‧風俗》。

〔註167〕西清《黑龍江外紀》卷六，續修四庫全書本，731 冊，上海：上海古籍出版社，2002，749 頁。

（1820～1828）和浩罕的入侵（1830）、同光朝的阿古柏之亂（1865～1877）等一系列戰爭和叛亂，以至於到了「咸同之際，朝廷方用兵東南，點回金相印等晌新疆備馳，陰結安集延酋阿古柏作亂，陝回白彥虎應之，盡失天山南北之地」〔註168〕，這些征戰幾乎摧毀了乾隆朝以來在新疆開闢的一切政治建構。〔註169〕

　　這些反對力量的組織者和參與者很多都是邊疆少數族裔，如厄魯特蒙古人、新疆回部之人等等。因此，當帝國的知識精英們凝視這些少數族裔的時候，「夷狄」（如準夷、回夷等）的貶義性稱謂依舊被使用（描述滿洲北部的少數族裔的時候很少有這樣的用法），種族族裔的排斥性敘述成為建構他們身體形象的主要表徵意義。

　　善於講故事的學者紀昀多次描述厄魯特蒙古的流民──瑪哈沁食人的恐怖事件：

　　　　瑪哈沁者，額魯特之流民，無君長，無部族，或數十人為隊，或數人為隊；出沒深山中，遇禽食禽，遇獸食獸，遇人即食人。婦為所得，已褫衣縛樹上，熾火於旁。甫割左股一臠，倏聞火器一震，人語喧闐，馬蹄聲殷動林谷。以為官軍掩至，棄而遁。（《如是我聞三》）〔註170〕

　　　　烏魯木齊千總柴有倫言，昔征霍集占時，率卒搜山，出於珠土斯深谷中，遇瑪哈沁，射中其一，負矢奔去。餘七八人亦四竄，奪得其馬及行帳，樹上縛一回婦，左臂左股已臠食見骨，嗷嗷作蟲鳥鳴。（《槐西雜志三》）〔註171〕

　　　　有吉木薩軍士，入山行獵，望見一家，門戶堅閉，而院中似有十餘馬，鞍轡悉具，度必瑪哈沁所據，噪而圍之。瑪哈沁見勢眾，棄鍋帳突圍去。眾憚其死鬥，亦遂不追。入門見骸骨狼籍，寂無一人，惟隱隱有泣聲，尋視見幼童約十三四，裸體懸窗櫺上，解縛問之，曰：瑪哈沁四日前來，父兄與鬥不勝，即一家並被縛，率一日牽二人至山溪洗濯曳歸，共臠割炙食，男婦七八人並盡矣。今日臨行，

〔註168〕袁大化、王樹枏《新疆圖志・建置一》卷一，12頁。
〔註169〕費正清、劉廣京編《劍橋中國晚清史》上卷，北京：中國社會科學出版社，1985，352～389頁；《劍橋中國晚清史》下卷，231～239頁。
〔註170〕紀昀《閱微草堂筆記・如是我聞三》，145頁。
〔註171〕紀昀《閱微草堂筆記・槐西雜志三》，230頁。

洗濯我輩，將就食，中一人搖手止之，雖不解額魯特語，觀其指畫，似欲支解為數段，各攜於馬上為糧。幸兵至棄去，今得更生。（《灤陽續錄四》）〔註172〕

厄魯特蒙古人作為不斷襲擾明帝國北部邊疆瓦剌的後代，同時也是建立準噶爾汗國的叛亂者。這些很容易激起書寫者的歷史記憶——他們曾經是傳統知識話語不斷貶斥的對象。在這裡，厄魯特的流民除了沒有身體的天然畸形之外，同清帝國之前的種族主義敘述相比併沒有什麼不同。任意殺戮、肢解身體、茹毛飲血的行為依舊在書寫中被延續下來，殘忍、殺戮、非人化的性格通過故事再次被驗證。在現實世界中，他們是帝國軍隊搜捕、追擊的對象（可以發現這些故事都是軍事題材的）。而在文化上，他們依舊近似於動物的屬性，如食人的生活方式等，他們被描述為一群無可救藥的野蠻人。

同樣，新疆回部之人也被排斥在倫理之外，《回部政俗略》的書寫者這樣評價回人的性格：

> 回人性多疑而嗜利，且習於殘忍。不獨視不同教者儼如仇敵，即猶是教門族類而於派罕巴爾之外分門別戶，以強凌弱，以眾報寡。〔註173〕

邊疆知識家七十一在《西域聞見錄》中評述地更詳：

> 回子性多疑，人言皆不甚取信；多詐，其言亦不可深信，其頭目尤甚。待之以禮則慢，謂人之畏己也；待之以嚴屬，又內懼不自安。待之之法，惟日簡傲加之，而時施以小惠，庶幾生其畏敬。知自私自利，而不知下人艱苦。欺下凌弱，其陋習然也。回子與回子比肩，則各不相下。遇事拗戾，故為勃谿，釀成雙隙，因而不共戴天。〔註174〕

官方所修纂的《新疆回部志》對其的情性敘述中，亦云：

> 回人賦性多疑無定，狡猾詐偽，嗜酒耽色，貪利鄙吝，不以悔約誑語為恥。夫妻父子各自藏匿銀錢以為私蓄，甚至一錢失墜溝池，必淘涸撈獲乃止。驕淫矜誇，耽逸惡勞，以有暇晝寢為享福，

〔註172〕紀昀《閱微草堂筆記·灤陽續錄四》，387頁。
〔註173〕闕名《回部政俗略》，小方壺齋輿地叢鈔本。
〔註174〕七十一《西域聞見錄》卷七，國家圖書館藏，清刻本。

以徹夜醉歌為大快。性懦弱而無遠慮，不知習技藝積貯穀米，故必待有所依而後能存活。〔註175〕

多疑、狡詐、傲慢、嚴酷、嗜利、殘忍、自私自利、欺下凌弱、睚眥必報、貪酒好色、好逸惡勞等一系列貶斥性的描述，建構了回人不堪的狀貌。王廷襄認為，回人性格之所以如此在於「亙古未沐綱常之教，是以禽獸之行，習貫而不知。」〔註176〕凝視的眼睛再次將種族主義的話語注入隱秘的身體內部，種族主義的話語成為建構這些著民形象的依據。

這些書寫都傳遞了這樣的信息：無論是在厄魯特蒙古人，還是回人，他們在性格上都是醜陋、變態、不可救藥的。由於性格並不能被直觀察覺，故而一旦經由書寫成為民族志文本，其性格也隨之定型，其背後的種族主義話語也就更不容易被改變。

四、《皇清職貢圖》

從歷史縱向上看，帝國的文化主義話語來源於傳統的天下觀念，它要求不同的種族都進入到帝國的空間範圍之內，以證明帝國的統治者絕非某一狹小空間的領袖，而是天下之主。在這一邏輯下，天下子民都應該被同等審視，沒有遠近貴賤之分，以顯示帝王的仁慈和普濟的神力。在這種想像的世界秩序之中，帝國必須以教化的手段變更邊疆少數族裔的差異性（「以夏變夷」）。不過，種族的差異性在某種程度上也必須予以保留，以表徵帝國統治是天下各種族裔所共同擁護的對象（「天下共主」）。這樣，在帝國的書寫中就出現了兩個層次：帝國文化主義是建構邊疆少數族裔形象的基礎，種族主義是這一層面下次一級的書寫，以保留有限度的差異性。

正是在這種書寫觀念下，清帝國出現了《皇清職貢圖》這樣的官修民族志。乾隆十六年（1751），熱衷於組織帝國書寫工程的乾隆皇帝頒布上諭，帝國計劃編纂一部帝國統御下各個族裔的知識圖譜。這項書寫工作委託給軍機處負責，各地族裔民人的樣貌首先由當地的督撫負責圖寫，各地督撫再將稿本呈送給軍機處，經審定無誤之後，最後交予宮廷畫院按照統一體例繪製完成。

〔註175〕永貴等《新疆回部志·性情第十三》，四庫未收書輯刊本，九輯 7 冊，772 頁。

〔註176〕王廷襄《葉桥紀行》下卷，邊疆史地文獻（初編）·西北邊疆，第一輯，11 冊，北京：中央編譯出版社，2011，377 頁。

　　乾隆二十六年（1761），全書告成。隨著不斷有少數邊疆族裔歸服到帝國版圖之內，該書在乾隆朝和嘉慶朝也在不斷地增補。〔註177〕按照四庫館修纂官們的說法：

　　　　考《南史》載梁武帝使裴子野撰《方國使圖》，廣述懷來之盛，
　　　　自荒服至海表凡二十國。張彥遠《歷代名畫記》載梁元帝有《職貢
　　　　圖》。史繩祖《學齋佔畢》引李公麟云：「元帝鎮荊州，作《職貢圖》，
　　　　狀其形而識其土俗，凡三十餘國」，其為數較今所繪不及十分之一。
　　　　至《山海經》所載諸國，多出虛撰，概不足憑。《漢書‧西域傳》以
　　　　下，史家所述，多出傳聞。核以道里山川，亦往往失實。又不及今
　　　　之所繪，或奉贄貢篚，親睹其人；或仗鉞乘軺，實經其地。允攝提
　　　　合雒以來所未睹之隆軌。〔註178〕

　　從這部官修民族志收錄範圍看，其收錄的種族遠遠超越了梁武帝、梁元帝等時代繪製的同類《職貢圖》。其內容也比歷代同類著作更為詳實可靠，超越了《山海經》《漢書‧西域傳》對邊疆山川、著民漫漶不清、詭異失實的記述。

　　《皇清職貢圖》共計九卷，全書「以朝鮮以下諸外藩為首，其餘諸藩諸蠻各以所隸之省為次……每圖各繪其男女之狀，及其諸部長屬眾衣冠之別，凡性情、習俗、服食、好尚，罔不具載。」〔註179〕其空間構架非常明確。

　　《皇清職貢圖》將帝國設定為世界的中心，少數族裔所生活的區域，按照帝國的位置為參照系，從卷次上加以區分。東（卷一）、西（卷二）、東北（卷三）、東南（卷三、四）、西北（卷五）、西南（卷六到八）的空間秩序來劃分少數族裔，卷九為「新附」，收錄乾隆二十六年（1761）之後歸服帝國的少數族裔。在各個卷次之下依次錄入少數族裔著民的樣貌，整部著作清晰又有條理。

　　在具體每一種族的書寫中，《皇清職貢圖》延續了梁元帝蕭繹（508～554）《職貢圖》的做法，將種族特徵通過少數族裔著民的身體圖像予以展現，並在圖像後面附以相應的文字說明。比如：

　　　　哈薩克在準噶爾西北，即漢大宛也，有東西二部，自古未通中
　　　　國。乾隆二十二年，東哈薩克之阿布賴、阿布爾班必特，西哈薩克之

〔註177〕祁慶富《〈皇清職貢圖〉的編繪與刊刻》，《民族研究》，2003 年第 5 期。
〔註178〕《四庫全書總目‧皇清職貢圖》卷七一，633～634 頁。
〔註179〕《四庫全書總目‧皇清職貢圖》卷七一，633 頁。

阿必里斯等先後率眾歸誠，各遣其子侄赴京瞻仰，並進獻馬匹，遂隸版圖。其俗以游牧為生，亦知耕種，頭目等戴紅白方高頂皮邊帽，衣長袖錦衣，絲絛革鞮。婦人辮髮雙垂，耳貫珠環，錦鑲長袖衣，冠履與男子同。其民人男婦則多氈帽褐衣而已。（卷二「哈薩克」條）

寧古塔之東北海島一帶，《唐書》所云「少海之北，三面阻海，人依嶼散居，有魚鹽之利」者。人有數種，鄂倫綽其一也。在近海之多羅河、強黔山游牧。男女皆披髮跣足，以養角鹿捕魚為生，所居以魚皮為帳。性懦弱，歲進貂皮。（卷三「鄂倫綽」條）

恰喀拉〔註180〕散處於琿春沿東海及富沁岳色等河。男女俱於鼻旁穿環，綴寸許銀銅人為飾。男以鹿皮為冠，布衣跣足。婦女則披髮不笄，而襟衽間多刺繡紋。其屋廬舟船俱用樺皮，俗不知綱罟，以叉魚射獵為生。性遊惰，無蓄積。土語謂之恰喀拉話。歲進貂皮。（卷三「恰喀拉」條）

同前代以周致中《異域志》為藍本的各種少數族裔想像文本相比，帝國邊疆少數族裔的知識圖譜，將邊疆少數族裔的差異性建構在實證主義的基礎上，各個族裔被簡化為地域環境、生活方式、狀貌裝束、性格特點等少數要點，用幾個簡明的本質特徵加以概括，從身體延展到日常生活空間都歷歷在目，且充滿質感，沒有人可以懷疑他們的真實性。

這一書寫的過程即是少數族裔再一次被定型化的過程。定型化使他們的形象不再容易變化或發展，邊疆的差異性通過書寫也被進一步本質化和固定化。〔註181〕在這些文本中，少數族裔著民仍舊是野蠻的，他們依然無法被帝國徹底「文化」。但是，這些文本中卻滲透了帝國的權力，無論是「率眾歸誠」、「赴京瞻仰」、「進獻馬匹」，還是「歲進貂皮」之類的敘述，都將帝國的統治權力同邊疆少數族裔的形象聯繫在一起。

其實，這種政治預期在知識圖譜修纂之初就確定下來，乾隆皇帝在修纂該書的上諭中說得非常明確：

我朝統一區宇，內外苗夷輸誠向化，其衣冠狀貌各有不同，著

〔註180〕「恰喀拉」今被劃為滿族的一支，見楊茂盛《清代恰喀拉族源考》，《社會科學輯刊》，1990 年第 4 期。

〔註181〕參見斯圖爾特·霍爾《表徵：文化表象與意指實踐》，第四章《「他者」的景觀》。

沿邊各督撫於所屬苗猺黎獞以及外夷番眾，仿其服飾繪圖送軍機
處，匯齊呈覽，以昭王會之盛。〔註182〕

就像書名本身所描述的那樣，少數族裔是天下秩序下「職貢」的野蠻人，
他們為帝國的文化主義所吸引，懷著誠意而來，祈求帝國的統治和教化。通
過這樣的一部知識圖譜，帝國策略地處理了種族主義和文化主義兩種知識話
語的關係。種族主義被囊括到帝國文化主義之中，少數族裔著民嚮往帝國的
文化（「輸誠向化」），把自己交給了帝國。那麼，帝國的北部邊疆在天下秩序
中也就順理成章地成為了帝國的必然組成部分。

結語

清帝國時期的北部邊疆書寫發生了兩項最為重大的變化：其一，書寫者得
以通過帝國身份進入到北部邊疆這一空間之中，對北部邊疆親歷觀察，這是清
帝國建立之前根本無法實現的事情。進入邊疆的書寫活動較明帝國時期建立了
更為細緻的邊疆知識譜系，原本模糊不清、充滿了各種迷幻與想像的邊疆形態，
為實證性的知識體系所取代。其二，在清帝國的疆域版圖中，無論是中原內地
還是邊疆都是清帝國的組成部分。面對著為傳統中華帝國所排斥的北部邊疆，
書寫者們一方面延續了傳統話語中邊疆差異性的認知態度，延續著種族主義的
書寫等；而另一方面，這些書寫者也在清帝國文化主義的觀照下，建構起從屬
於清帝國的空間狀貌來。因此，在他們的行紀文本中，邊疆並非如明帝國那樣
一無是處，邊疆同樣可以發掘出符合中國傳統價值的東西，他們對邊疆這一「他
者」空間的認知也為整個邊疆風貌的書寫奠定了基調。邊疆的景觀、物產乃至
少數族裔的身體和生活狀貌，都是定義邊疆、表述邊疆最具標誌性的事項。在
這些事項的書寫中，都延續了這樣一種態度——邊疆的確存在著差異性，不過
邊疆的差異性是可以被帝國所收編和利用的。

經過有清一代帝國知識精英們的書寫，邊疆的狀貌不斷地明晰化、定型
化，內地的知識精英們依靠書寫的文本，得以細緻地瞭解邊疆的各個方面。
這樣，「中國／邊疆」二元對立的緊張關係也逐步緩和或在某些層面上得以消
解，邊疆逐漸為帝國的知識精英們所認同——整個北部邊疆空間都被納入到
清帝國文化知識的版圖中來。

〔註182〕傅恆等《皇清職貢圖‧上諭》，揚州：廣陵書社，2008，1 頁。

第三章　邊疆書寫的範式

第一節　技術性書寫與表意性書寫

　　所謂書寫範式（Paradigm），是指在一段時期內用以組織書寫的一般性實踐基礎，它是書寫所需遵從的一套規則或規範。在這一固定的書寫範式之內，知識精英們使用大致相同的專業術語、概念、理論工具和方法論，並以之發現知識、組織書寫、討論問題等等。書寫範式需要通過學習來掌握，凡是不能夠按照這套規則書寫的文本，都被排斥在知識共同體之外，無法獲得認同與交流。知識精英們應用書寫範式建立起系統的知識譜系。可以說，書寫範式就是書寫活動中為知識精英們所「公認的模型或模式」〔註1〕。此外，當我們通過書寫建立某一知識譜系的時候，權力也隨之滲透到知識之中。〔註2〕這也就是說，書寫範式背後總會受到某一更為宏大的權力話語的支配，書寫範式中生成的文本以及知識譜系也同樣為權力話語所操控，並在書寫過程中建構起權力話語所預設的樣態。

　　為了能夠細緻地說明，清帝國時期北部邊疆的書寫範式的情況，我大致將書寫範式分為技術性書寫和表意性書寫兩種基本的書寫規範，分別對之加以討論。

一、技術性書寫

　　漢學家何偉亞討論如何使用文書檔案建構清帝國新秩序的觀點，對隨後的

〔註1〕托馬斯・庫恩《科學革命的結構》，北京：北京大學出版社，2003，21 頁。
〔註2〕斯圖加特・霍爾《表徵：文化表象與意義實踐》，10 頁。

分析有重要的啟發。他認為：

> 紙上的跡痕——圖片、文本、數字和符號——被添加到他者的
> 物質世界中，沿著歐洲的通訊網絡，最終通過各種技術手段連接到
> 各個收藏中心。在這些中心，實地工作者的銘寫符號讓那些一直十
> 分遙遠的模糊事物清晰地展現在規劃和管理人員面前。〔註3〕

　　書寫的過程使中國的形象更為明晰，這些文本確定了英國政府對中國的固定看法，並輔助歐洲的殖民拓張。從這一理論觀點出發，審視清帝國時代的北部邊疆書寫，雖然在諸多問題上同歐洲於中國的殖民拓張有質的差別，但僅從書寫一隅而言，以明確知識收編為目的的北部邊疆書寫同樣發揮著使邊疆圖景愈加清晰的作用，並輔助於帝國的邊疆管理。在本書中，我將這類書寫稱為技術性書寫。

　　就技術性書寫的基本特徵來看，它總是力求追尋知識的「本真」（當然「本真」是由技術性書寫所使用的話語範式自身邏輯所規設的），不斷地對異域知識加以整合，並使之簡易化、直觀化，概念化。它使廣闊的邊疆空間通過諸如輿圖、方志、字典等一系列檔案性質的文本，轉化為二維平面上系統而規範的符號，現實世界中複雜而凌亂的知識因為技術性書寫而簡潔明瞭，秩序井然。

　　在清帝國時期，這種追尋「本真」的書寫動力，因為考據學的出現而更具方法論的價值。考據學的興起，源於中國的知識精英們對於傳統經典儒家文獻的重新考量，清代的考據學者們認為宋明理學家對儒家經典那些形而上和本體論過分闡釋的方法論，業已扭曲了聖賢的原義。現在，需要一條新的道路來重新認識經典。他們相信應用輯佚、辨偽、注釋以及文字、音韻、訓詁等學術工具，以重構經典文獻的「原貌」，就可以在現實世界重建聖人理想的社會秩序和生活方式。〔註4〕即如戴震所云：

> 經之至者道也，所以明道者詞也，所以成詞者字者也。由字以
> 通其詞，由詞以通其道。〔註5〕

　　雖然理學依舊作為官方正統的意識形態，其基本論說在國家政治話語以及

〔註3〕何偉亞《英國的課業：19世紀中國的帝國主義教程》，北京：社會科學文獻出版社，2007，135頁。

〔註4〕葛兆光《中國思想史》，上海：復旦大學出版社，2007，413～445頁。

〔註5〕戴震《戴震文集‧與是仲明論學書》，北京：中華書局，1980，140頁。

科舉考試中也依舊被嚴格遵循。但是考據學作為一種對理學具有革命性的新的研究範式已經突破了理學的範疇，對之加以抨擊和非難，這並未受到清帝國的嚴格遏制。相反，清帝國同樣也是這一新的研究方法的贊助者。在《四庫全書》的修纂工作中，考據學者在其中發揮了中堅力量。即如美國漢學家艾爾曼（Benjamin A. Elman）所言：

> 在評述《四庫全書》所收圖書時，編者壓倒一切的關注焦點是能否正確運用史料及考證方法。一部著作之後廣搜博取不同的史料，用實證方法加以辨析，重視古文獻中典章、名物、禮制的考訂，才夠的上「考證之助」水平，受到《四庫》編修者的青睞。如果它在這些方面沒有成功，就會被四庫館臣指責為「疏於考證」或「無足以資考證」。〔註6〕

在這一思想的推動下，相當多的學者迅速地將考據學的實證態度應用於儒家經典文獻的研讀之中。學者們通過日積月累地搜集證據，撰寫劄記，精心地選擇研究課題，對儒家經典文獻進行嚴謹而系統的批判，在京師和江南等地區形成了龐大的學術交流網絡。具有實證性和批判意義的考據學磨礪了書寫技術整體的規範化，並展現出近似於近代科學主義範式的特徵。

雖然考據學最初只宥於儒家經典文獻的考察，但是隨著知識精英們個人的書寫旨趣以及學術自身慣性的發展，以文獻為基礎、以實證作為基本方法的考據學，同樣向著諸如史地學、方志學、輿圖學等其他知識範域延展，並成為清帝國官方書寫工程中普遍使用的一種書寫慣則。

從北部邊疆的知識面貌上來看，其數千年來一直處於混沌不清的狀態，比如：俞浩在《西域考古錄》序言中，回顧了傳統中原知識體系中西北邊疆知識錯亂乖謬的普遍狀況：

> 自漢武至於今二千餘載，片瓦頹垣中具史書數百萬言。魏晉以後，大亂屢產，如蠕蠕、高車、吐谷渾以及東西突厥、回鶻、吐蕃，其吞噬蓋無異於厄魯特之猓猓。洎乎有元，西逾蔥嶺，東迄玉門，郡縣諸國一變而為封建維藩，至此而漢唐以來相傳之國名與其子孫遂劃削而百無一存，而況乎史官失職，事蹟全湮者哉！諸君所載非無典要，沿革多乖，混淆難曉。或種非同類，尚襲先稱，地異舊邦，

〔註6〕艾爾曼《從理學到樸學》，南京：江蘇人民出版社，2012，51頁。

猶仍昔號。或逞臆而失之誣，或鑿空而長其傲，或疏於援據，或少
所發揮，事實易舛，考證尤非，苟因循而弗改，附會而不違，其能
使後之人齊其口而勿肆詆譏乎？〔註7〕

對於清帝國而言，前代相關的知識文本數量很少，並且大多都是「見聞
所逮，約略志之」〔註8〕。這種狀況，已經很難再滿足技術性書寫範式對知識
真實性的訴求。整頓邊疆知識的雜亂、還原邊疆面貌的「本真」，成為了清帝
國和學者們的共同責任。在這一知識訴求之下，學者們通過親身走訪調查，
長年累月地對所學術問題搜集資料，對歷史記述進行分析和評判。在知識精
度上力求準確，在資料範圍上力求全面——成為他們自覺的工作態度。比如
祁韻士遣戍新疆，在沿途之中：

所見山川、城堡、名勝、古蹟、人物、風俗及塞外煙墩、沙磧，
一切可異可怖之狀，無不周覽遍歷，繫於心目，每憩息旅舍，隨手
疏記，投行篋中，時日既久，積累遂多……抑使他日東歸可按冊而
稽焉。〔註9〕

同樣，徐松在新疆戍所之時，也是以同樣的方式搜集整理邊疆知識：

於南北兩路壯遊殆遍，每所之適，攜開方小冊，置指南針，記
其山川曲折，下馬錄之。至郵舍則進僕夫、驛卒、臺弁、通事，意
義與之講求。積之既久，繪為全圖。乃遍稽舊史、《方略》即案牘之
關地理者，筆之為記。〔註10〕

不論是祁韻士還是徐松其搜集研究資料的方式，都遵循了之前顧炎武的
工作方式，而顧炎武則被認為開拓了清帝國時代考據學研究範式的先河。

學者們這一系列私人邊疆研究工作的展開，完全是對於學術問題自身的
興趣，其知識探求相當純粹。正是在這一種局面之下，在清帝國中後期形成
了由祁韻士、徐松、李兆洛、俞正燮、龔自珍、魏源、張穆、沈垚、程同文、
何秋濤等人組成的西北邊疆研究學派。他們中的許多人或是親友、或是師生，
通過常年的書信往來討論邊疆學術問題，彼此分享研究成果。這一學術流派
的出現，也標誌著北部邊疆問題再次回歸到公共知識領域之中。

〔註7〕俞浩《西域考古錄·自序》，中國西北文獻叢書（二編），48 冊，20 頁。
〔註8〕高士奇《扈從東巡日錄·自敘》，遼海叢書本，瀋陽：遼海書社，217 頁。
〔註9〕祁韻士《萬里行程紀·序》，山右叢書初編，民國二十三年鉛印本。
〔註10〕龍萬育《西域水道記·序》，徐松《西域水道記》，9 頁。

　　當然，更大規模且有計劃的邊疆技術性書寫工程是帝國所組織的，祁韻士、徐松以及許多知名的邊疆考據學者都曾直接或是間接地參與其中。〔註11〕國家的邊疆書寫工程，一方面提供了足夠的資金和寬鬆的文化政策，贊助考據學大規模的展開；另一方面，邊疆書寫在更為規範的學術方法論的指導下井然有序地推進，考據學者們編纂的技術性書寫文本無論其規模、數量還是質量都超越了前代，並為今天的邊疆研究提供了豐厚的知識積累。技術性書寫構成了邊疆書寫範式一個重要的側面。

二、表意性書寫

　　從邊疆書寫範式的結構來看，其背後存在著一個清帝國的文化主義權力話語，它對邊疆書寫範式發揮著操控作用。文化主義的話語不僅僅隱性地支配了書寫範式本身，同樣，它也直接介入到書寫範式之中，隨時盡可能地表達自身。我將這種直接表達清帝國文化主義話語的書寫方法，稱之為表意性書寫，以同整個書寫範式背後的表徵意義做出必要的區別。在具體的邊疆書寫範式之內，表意性書寫構成了另一個重要的組成側面。

　　同整個書寫範式背後的表徵意義相比，表意性書寫更具直觀性，它無需隱匿於範式的背後，而可以直接自我言說，因此於書寫中更為靈活、表述亦更為直白。與技術性書寫相比，表意性書寫並不熱衷於如實地還原邊疆的「本真」，它更側重將邊疆直接納入意識形態的範圍之內，賦予其意義。在邊疆書寫中，這種意義主要體現在對帝王澤業的頌揚、文明教化的繁盛等意義指向上，從而將邊疆各種事項都納入到清帝國文化主義的表徵之中。

　　那麼，這就涉及到一個必須解決的基礎問題：為何文化主義的話語意義能夠在邊疆書寫範式中，以表意性書寫的樣態直接表述？這同表意性書寫所依存的文本特徵直接相關。同技術性書寫主要使用字典、地方志、輿圖等文本類型不同，表意性書寫主要依存於詩、文等以「文」的形式表達的文本。「文」本身具有將事物符號化、審美化的特徵，並賦予事物某種意義，這也就使「文」同帝國的某些預期相互貫聯成為可能。

〔註11〕如祁韻士於乾隆四十三年（1778）入翰林院，為庶吉士，曾學習清文，並參與到《外藩蒙古回部王公表傳》等國史館的修書活動中，流放伊犁又參與到伊犁將軍松筠組織的《西陲總統事略》的修纂中；徐松嘉慶十一年（1806）入翰林院，為庶吉士，曾參與到《全唐文》等修書活動中。流放伊犁其間又應松筠之邀，重新編訂了《西陲總統事略》，題名為《新疆識略》。

　　雖然「文」的書寫並非僅僅指向帝國的層面，不過就邊疆書寫來看，清帝國前中期，特別是經歷康、雍、乾三朝，在蒙古、新疆開拓的邊疆空間範圍，已經與傳統中國內地的範圍相埒。帝國在邊疆的開拓，「一十八省之外陳職貢者數百區；四十九旗而贏備衛藩者幾千族」〔註12〕，的確遠遠超越了前代，由此，邊疆的書寫者在心理上形成了對於帝國邊疆事業的認同感，這就使邊疆的書寫者們自覺或不自覺地將邊疆書寫引向了帝國的意義層面。比如《皇輿全圖》的修纂者們所言：

> 　　中華當大地之東北，西域則中華之西北，為大地直北境也。
> 自嘉峪關西，迄準部回部，外列藩部，圓廣二萬餘里，其疆圍之
> 闊遠，幾與中土埒……我皇上神靈天亶，舉堯舜禹湯文武之所以
> 為君者，集其大成以宰制寓內，夫固清和咸理矣。而無窮之德量，
> 猶恢恢乎有餘地焉。於是乎帝心攸眷，乾眖彌隆。用創鴻規以翊
> 我聖人未有之奇功於前古後今之際，而後中土之與西域，始合為
> 一家。〔註13〕

　　即便是那些私人知識家，在其私人著作中也往往不自覺地流露出對帝國邊疆開拓的自豪感與認同感，比如邊疆研究家七十一在《西域聞見錄》的序言中說：

> 　　我皇上神聖文武，卓越前朝，西陸疆域開拓萬里。自古之險遠
> 不到，凶頑負固之地，莫不歸入版圖。而言語侏儷、衣冠詭異之倫，
> 罔不匍匐稽顙，隸諸臣僕，且懷德畏者遍及於西海之濱。〔註14〕

　　這就形成了在邊疆的表意性書寫中，帝國表徵意義的普泛化表述，並使表意性書寫成為邊疆文本敘述中某種固定的話語。雖然這一認同感，在清帝國末期因邊疆失地、國事不靖等諸多末世頹相，於邊疆書寫中發生了些許動搖。但是從總體上來看，頌世話語始終都是帝國邊疆表意性書寫的主要宗趣。

　　不過也需明確，無論是技術性書寫，還是表意性書寫，兩者從未截然分開過。表意性書寫往往需要技術性書寫提供「本真」作為事實的支持；同樣，技術性書寫也無法研究純粹的「本真」，特別是當邊疆的技術性書寫一般都

〔註12〕和珅《大清一統志‧表》，文淵閣四庫全書本，474 冊，臺北：臺灣商務印書館，2008，7 頁。
〔註13〕《西域圖志校注‧皇輿全圖說》，59 頁。
〔註14〕七十一《西域聞見錄‧序》，國家圖書館藏，清刻本。

是由帝國所贊助、書寫者也具有帝國身份的時候。抹去帝國意義、單純追求知識的技術性書寫難以大規模的展開。可以這樣說，幾乎沒有一部邊疆書寫是純粹技術性或表意性的。

最後還需說明的是，由技術性書寫和表意性書寫構成的清帝國邊疆書寫範式，隨著兩種書寫各自的演進，其自身也在不斷地更新和調整。技術性書寫在追求「本真」的過程中，勢必提出新問題、新視角、新方法，比如展開實地考察、引入最新觀點、採用新的實證技術等等，這些都推動技術性書寫的變革。同樣，表意性書寫的表徵意義來源於清帝國的文化主義，當清帝國的文化主義在十九世紀中後期遭遇到主權國家話語的挑戰之時，原本的表意性書寫也必然面對新話語的衝擊。當清帝國邊疆書寫範式尚可在自身框架下解決這些問題時，這一範式還能夠存在，而當舊的範式無法滿足這些變革需求的時候，舊書寫範式的崩潰就無法避免，新的邊疆書寫範式也將隨之出現。

第二節　邊疆知識的譜系化

對於帝國和邊疆的研究家們來說，通過技術性的方法可以系統地認知邊疆。在帝國之前相當多的傳統文獻中都有關於北部邊疆的記述，帝國和研究家們相信，那些諸如《山海經》中對邊疆異域的描述並不真實，即便其中某些零星的內容可能也是通過實證獲得的知識，但是它們大多都是碎片化的隻言片語，邊疆的面貌有待於用技術性的手段加以系統的澄清。清代的研究家們也同樣相信，自己已經掌握了找出真相的科學工具——「考據學」。這種技術性書寫的實踐不斷地追尋研究對象的真實面目，這一書寫實踐既是知識譜系化、精密化的過程，也是一個去昧的過程。

一、邊疆語言辭典的編纂

語言是重構世界的方式，帝國對邊疆知識的系統整理，首先就體現在邊疆辭典的修纂上。在中國歷史上，似乎沒有哪一個朝代可以像清帝國那樣熱衷於邊疆辭典的編纂。清帝國統轄的範圍已經遠遠超越了傳統中國的範圍，特別在北部邊疆，滿語、蒙古語、托忒蒙古語、回語——這些原本很少被中原所瞭解的邊疆語言，都進入到帝國的統治疆域之內。許多的邊疆區域的著民都使用著自己本民族的語言，而語言群域的明顯分化則潛伏著帝國疆域被分裂的危險。這就必然要求清帝國對邊疆的語言進行統一。

　　對清帝國來說，前代的知識遺產並沒有為如何處理這一問題，提供太多有價值的實踐經驗。古代漢文典籍對於邊疆語言的記述支離零散，混雜了太多的錯誤。雖然在古代有些知識家進入了邊疆地域，不過在當時，少數族裔的語言很少卻能夠調動起學者們研究的興趣。而那些生活在中原與邊疆交雜地區的著民，他們中的某些人具備著雙語或多語的能力，而他們所掌握的這種獨特技術，很少能夠進入到書寫層面形成的流通文本。即如乾隆皇帝所云：

> 山川部落，前史類多舛誤。蓋外藩本無載籍，史官無所徵信，又未嘗親履其地，惟藉傳聞，而方言口授，輕重緩急間，語音頓異，況復時代遷移，益難追考。〔註15〕

　　如果邊疆諸多事物無法確定名稱、無法準確描述與言說，那麼組建穩固的政治支配體制，特別是推行中原傳統的文書制度根本無從談起。在這種情況下，「這是什麼」，「如何拼寫」——這樣簡單的疑問句成為了帝國統治者和知識精英們所要解決的首要難題。

　　為了應對這一問題，在清帝國文書行政體系內部——從中央到地方以及各地八旗駐防衙門等機構，皆配有「筆帖式」這一特殊的雙語職位。筆帖式多為滿蒙出身，本人擁有雙語交際和文字書寫能力，用以應對文書行政中的多民族語言問題。從行政機構上看，在中央一級設置有內閣蒙古房、內閣漢本房、理藩院蒙古翻譯房、內閣實錄館以及內藩書房等專門的雙語翻譯機構。其中，理藩院的內閣蒙古房、蒙古翻譯房和軍機處下轄的內翻譯房等機構，主要負責各種邊疆語言相關的翻譯工作。

　　內閣蒙古房，主要負責翻譯蒙、回、藏各部文字的本章、慶賀表文；繕寫皇帝頒發給部的誥、敕，碑文，武英殿蒙文書簽及各體印文；同時也負責內閣大庫及皇史宬所藏蒙文實錄、聖訓的編號記檔和管理。該機構設侍讀學士二人，侍讀二人，中書十六人，貼寫中書十六人，均為蒙員。理藩院蒙古翻譯房，主要負責蒙古語翻譯之事。以蒙古員外郎一人主之，下設主事、經承等官員。內翻書房，設管理大臣，由滿洲軍機大臣兼充，主要負責諭旨、御論、冊祝文字的滿語翻譯諸事。下設提調、協辦提調等官員，並有專門的翻譯人員四十人。〔註16〕

〔註15〕《西域圖志校注·諭旨》，3頁。
〔註16〕馬祖毅《中國翻譯簡史》，北京：中國出版集團，2004，309頁。

　　由於清帝國行政體系中獨特的多民族人員構成，加之許多八旗駐防地區多民族人員雜居，這就使得邊疆辭典的修撰展現出多種樣態。清帝國時期所組織修纂的邊疆辭典既有官修又有私撰。在地方上，八旗駐防衙門、八旗駐防總學等機構，或為具體工作所需，或為八旗滿蒙子弟教學所用，都組織人員編纂過不少滿蒙文辭典。〔註 17〕比如荊州駐防總學教習志寬、培寬編《清文總匯》十二卷，以為教授之用。該書為滿漢雙語辭典，收滿漢對照詞條約 23000 餘組；又如光緒十七年（1891），荊州駐防翻譯總學刊刻《清語輯要》兩卷，為漢滿雙語辭典，全書共分書、禮樂、祭祀、城郭、宮殿、年號、壇廟、封表、諭旨、臣宰、山陵、關隘、街道、神佛、部院、旗份佐領、倉庫、人、鬼怪、果品、草木、藥、婚喪、飲食、車、衣服、冠履、言語、文教、器用、貨財、衡量、散語、時令等三十四個門類，收錄漢滿對照詞條 1667 組。〔註 18〕

　　而其中最大規模的邊疆語言辭典活動，則是在帝國中央進行的。在這一工作中，清帝國皇帝本人作為書寫工程的發起者和贊助人，將具體的編纂任務交給理藩院、翰林院或是軍機處。編纂工作的負責官員和筆帖式多為滿蒙出身，他們中的許多人都擁有雙語交際和書寫的能力，這些先天的優勢確保了邊疆辭典在編纂、校對、謄錄中的準確性。

　　邊疆辭典所涵蓋的疆域範圍包括了滿洲和蒙古諸部、新疆、衛藏等被統稱為藩部的區域，邊疆辭典主要記敘這些區域內少數族裔的語言。在這些區域中，除了衛藏地區屬於西南邊疆之外，其辭典的數量也相對有限，其餘的邊疆辭典幾乎都是用以描述清帝國的北部邊疆區域內少數族裔語言的。從類別上看，這些北部邊疆辭典大體可以分為專門辭典和百科辭典兩大類。無論專門辭典還是百科辭典，大多都是按照綱舉目張，逐級分類的編纂原則，將邊疆的語詞收錄在帝國為之預設的知識系統之中。

　　專門辭典又稱為「術語辭典」，它是針對某一邊疆相關問題所特地編纂的辭典，具有明確的實用目的，故而其收錄的往往只是某一領域之內的專用詞彙。比如乾隆二十八年（1763）編纂的《西域同文志》，是在清帝國「勘定伊犁，又削平回部，崑崙月窟，咸隸黃圖」的情況下展開的邊疆書寫工程。該書以圖天下同文，為治理所用。《西域同文志》共二十四卷，全書首先按照

〔註17〕春花《清代滿蒙文詞典研究》，瀋陽：遼寧民族出版社，2008，28～37 頁。
〔註18〕春花《清代滿蒙文詞典研究》，175～176 頁。

族別，分為天山北路、天山南路、青海和西番四大類屬。各類屬下又有門目，「其門目之別曰地，曰山，曰水，曰人。」〔註19〕，在地、山、水、人這四個門目之下收錄邊疆的詞語。全書共收錄新疆、青海、西藏地名、山名、水名、人名計 3202 條，每個詞條皆以滿、漢、蒙、西番、回、托忒蒙古文六種文字寫成。

同樣，《遼金元三史國語解》則是乾隆皇帝在閱讀遼史、金史、元史之時，發現了一系列由於語言障礙所出現的謬誤，即命館臣專門修纂一書，以正訛誤。即如四庫館臣所言：

> 元托克托等修宋、遼、金三史，多襲舊文，不加刊正。考其編輯成書已當元末。是時如臺哈布哈號為文士，今所傳納新《金臺集》首，有所題篆字，亦自署曰：「泰不華」，居然訛異。蓋舊俗已漓，並色目諸人亦不甚通其國語，宜諸史之訛謬百出矣。迨及明初，宋濂等纂修《元史》，以八月告成，事蹟掛漏，尚難殫數。前代譯語，更非所諳。三史所附《國語解》顛舛支離，如出一轍，固其宜也。我皇上聖明天縱，邁古涵今，洞悉諸國之文，灼見舊編之誤，特命館臣，詳加釐定，並一一親加指示，務得其真。〔註20〕

全書有「遼史語解」十卷，「今史語解」二十卷，「元史語解」二十四卷，分別按照「首君名，附以後后妃、皇子、公主；次宮衛，附以軍名；次部族，附以屬國；次地理，次職官，次人名，次名物」等大致的分類，「一一著其名義，詳解字音」〔註21〕。全書共收錄滿漢對照詞條 6689 組。

百科辭典則是盡量收集邊疆各類知識，希圖最大限度地記述邊疆區域內的某一種或某幾種語言所使用的各種詞彙，其中最有代表性的文本即《清文鑒》系統。

從康熙十二年（1673）開始到康熙四十七年（1708），帝國共耗費了三十五年，終於完成了第一部《清文鑒》──《御製清文鑒》的編寫。《御製清文鑒》是一部純滿語辭典，全書共二十一卷。該書在修纂中有一個重要的特徵，即將中國傳統分類學的體式引入進來。它按照《太平御覽》「部、類、則」三級的分類法統籌全書。《御製清文鑒》第一級分為三十六個部屬，依次為：

〔註19〕《四庫全書總目‧欽定西域同文志》卷四十一，356 頁。
〔註20〕《四庫全書總目‧欽定遼金元三史語解》卷四十六，415 頁。
〔註21〕《四庫全書總目‧欽定遼金元三史語解》卷四十六，415 頁。

天部、時令部、地部、君部、諭旨部、設官部、政部、禮儀部、
樂部、文學部、武功部、人部、僧道部、奇異部、醫巫部、技藝部、
居處部、產業部、火部、布帛部、衣飾部、器皿部、營造部、船部、
車轎部、食物部、雜糧部、雜果部、草部、樹木部、花部、鳥雀部、
獸部、牲畜部、鱗甲部、蟲部。

毫無疑問，這一分類法沿用了中國傳統分類法中「天、地、人」三才為首的模式。以之作為總體框架收編邊疆語言、表述各類知識，折射出整個世界規範而有序的體系。由此，邊疆的各種物項都被納入到中國的秩序體系中來。在部屬之下的第二級，又分為二百八十個類屬；第三級是具體的詞條的類別——則。比如第一卷，「天部」之下只有一個類屬，即「天文類」。「天文類」下分別為「天」、「星」、「伐星」、「雲」、「雨」、「露」、「氣」七則。在七則之下，分別收錄具體的詞條。全書共計收錄 11210 個詞條。

辭典的編纂對帝國來說至少有兩個最重要的價值。其一，詞彙量龐大的邊疆辭典，囊括了世間萬物，邊疆的各類事物都可以通過書寫在文本中再現。即如康熙皇帝在《御製清文鑒》的跋文中所評述的那樣：

天地、日月、星辰、五行、四時，無不俱備。探性命道德之極，
明禮樂兵田之全，又自人間萬物繁雜之事飲食諸項推之，皆分門別
類，盡納其中。蓋因聖者無所不通，致古今義理完備無閡；因智者
無處不鑒，稗細微之處清晰分明。〔註22〕

其二，由於語言文字的秩序化，使一切事物都能被準確的認知和表達，掌握了這些詞彙的任何人都可以彼此交流，邊疆不再是因語言的障礙而被隔離的區域。這就像康熙皇帝在《清文鑒序》中所指出的那樣：

近來老成者舊漸就凋謝，因而微文要旨，久而弗彰，承偽襲
舛，習而不察，字句偶有失落，語音或有不正。國書所關至鉅，
政事文章皆由此出，非詳加釐定，何所折衷。非編輯成書，何以
取法……或博諮於故老，或參考於舊編，大而天文地理，小而名
物象數，十二字母、五聲、切音俱載集中，名曰《清文鑒》。用探
音聲之本原，究字畫之詳盡，為部三十有六，為類二百八十，為
書二十一卷，清文得此而無餘蘊。凡以明祖德之源流，敬本之深

〔註22〕康熙《御製清文鑒·跋》，轉引自江橋《康熙〈御製清文鑒〉研究》，北京：
燕山出版社，2009，193 頁。

意也。《易》云：「觀乎人文，以化成天下。」朕仰承列祖創造之
弘模，深惟國家同文之盛典，歲月數周，匯成全帙。誦是編者，
尚其體朕歷載之勤劬，因音聲以求字畫，因字畫以求文章。繼自
今詔令之出，納章奏之敷陳，以及達於邇敢陬，勒諸琰琬，大經
大法，咸有依據，一話一言，式循典則，庶幾國書永貽於千百祀，
而與日星河漢長存天壤也夫。〔註23〕

由於邊疆辭典的編纂，邊疆的各種語言得以標準化，系統化。這將使帝
國的詔令得以準確、順達地表述與言說，並通過文書行政一直到達那些遙遠
的邊疆。

康熙皇帝的後繼者們，同樣重視邊疆語言收編對於國家政治秩序一體化
的價值。在這種觀念下，《御製清文鑒》不斷地被增補、修訂，甚至私人的書
寫者也對這一書寫工程充滿了熱情。比如：雍正朝內廷的筆帖式——明鐸，
滿洲鑲黃旗人。精通滿漢雙語的能力，他對翻譯修訂《御製清文鑒》充滿了
熱情。經數年之功，明鐸憑一己之力作《音漢清文鑒》。該書在體例上沿用了
《御製清文鑒》二百八十類的體系，不但將《御製清文鑒》中的滿文全部對
譯為漢文，使其著作成為雙語辭典，同時又用漢語對每一詞條加以訓釋，後
世學者對之評價非常之高。〔註24〕正是在帝國官方與非官方的修纂中，有清
一代《清文鑒》系統內先後出現了二十個版本。

《清文鑒》系列統計表〔註25〕

序次	書　　名	語　　種	修　　纂	辭典性能
1	御製清文鑒	滿	官修	注解辭典
2	清文合蒙古鑒	滿蒙	官修	注解辭典
3	御製滿蒙文鑒	滿蒙	官修	注解辭典
4	御製增訂清文鑒	滿漢	官修	注解辭典、表音辭典
5	御製清文鑒補遺匯抄	滿漢	官修	對照辭典
6	御製兼漢清文鑒	滿漢	官修	標音辭典

〔註23〕康熙《聖祖仁皇帝御製文集第三集‧清文鑒序》卷二十，162頁。
〔註24〕「該詞典是由漢文翻譯《御製清文鑒》而成，但不是一般的對照詞典，滿漢
　　　　文互譯的同時還附漢文注解，是清代唯一一部附有漢文注解的大型分類詞
　　　　典，其中有關天文、地理、歷史等方面的知識極為豐富，為滿漢文翻譯最珍
　　　　貴的資料之一。」春花《清代滿蒙文詞典研究》，189頁。
〔註25〕此表轉引自春花《清代滿蒙文詞典研究》95頁，略有更易。

7	一學三貫清文鑑	滿漢	非官修	注解辭典
8	清文鑑擇錄	滿漢	官修	對照辭典
9	音漢清文鑑	滿漢	非官修	注解辭典
10	選錄清文鑑要語	漢滿	非官修	對照辭典
11	清文鑑外新語	滿漢	官修	對照辭典
12	御製滿洲蒙古漢字 三合切音清文鑑	滿蒙漢	官修	標音辭典
13	三體合璧文鑑	滿蒙漢	非官修	對照辭典
14	三體合璧文鑑〔註26〕	滿蒙漢	非官修	對照辭典
15	滿蒙漢合璧文鑑	滿蒙漢	非官修	對照辭典
16	滿蒙漢三體字書	滿蒙漢	官修	對照辭典
17	唐固特文鑑	滿藏漢	非官修	對照辭典
18	御製四體清文鑑	滿蒙漢藏	官修	對照辭典
19	四體合璧文鑑	滿蒙漢藏	非官修	標音辭典
20	御製五體清文鑑	滿蒙漢藏回	官修	標音辭典

　　從《清文鑑》系統的整體來看，第一版《清文鑑》是純粹的滿語辭典，而在隨後不斷地增訂中，漢文、蒙古文、藏文、回文都被收錄在《清文鑑》當中。《清文鑑》從單語辭典演變為融匯滿蒙、漢、藏、回涵蓋五種語言的多語辭典。其所收錄的詞條也從最初的 11210 條增至《御製五體清文鑑》的 18671 條。

　　需要注意的是，在這些邊疆語言的辭典中，滿語稱作「國語」、「清語」或「滿洲語」，滿文則稱為「國書」或「清文」。幾乎所有的官修邊疆辭典都將滿文作為標準詞頭，排佈在詞條的第一位，其後再分列出相應的蒙古文、漢文等，與之貫通。可以說，在邊疆辭典的編纂中，清帝國的統治者將滿文作為所有語言的中心，漢文在其中並不佔據核心地位。這背後當然是以滿人這一少數族裔身份為中心的統治觀念。不過，這些邊疆辭典所借用的認知框架和分類模式卻源自於中原的知識傳統，並且在實際統治中，帝國也必須使漢語能夠與其他邊疆語言相互交流——辭典的用途正在於此。所以，帝國必須也將漢文納入到辭典中來。

〔註26〕與表中 13 非同一版本，見春花《清代滿蒙文詞典研究》，201～205 頁。

　　按照《清代滿蒙文詞典研究》一書對於清帝國邊疆辭典的統計，已知清帝國時期修纂的邊疆辭典共有 187 種，收錄語言的種類包括：滿語、漢語、蒙古語、托忒蒙古語、回語、西番語、嘉戎語、梵語等等〔註 27〕。

清帝國邊疆辭典概況表〔註 28〕

體　式	語　種	種　數	體　式	語　　種	種　數
一體	滿	3	三體	滿蒙、回	1
	蒙	2		漢、西番、滿	1
二體	滿蒙	9		滿、漢、托忒	1
	滿、漢	51		托忒、滿、漢	1
	漢、滿	80	四體	滿、西番、蒙、漢	1
	蒙、漢	3		滿蒙、西番、漢	1
	漢、蒙	1		滿蒙、西番、回	1
三體	滿蒙、漢	6	五體	西番、滿蒙、回、漢	1
	滿、漢、蒙	11		滿蒙、西番、嘉戎、回	1
	蒙、漢、滿	5		梵、西番、滿蒙、漢	3
	漢、滿蒙	3	六體	滿、漢、蒙、西番、回、托忒	1

　　這些辭典語言應用範圍涵蓋了滿洲、蒙古諸部、天山南北、衛藏等諸多邊疆區域，從表中所收錄的辭典來看亦不難發現，北部邊疆的辭典數量佔據了絕對的優勢。其中除了少數幾種辭典屬於北部邊疆少數族裔之間的單語辭典（如滿蒙單語辭典）或多語辭典（如滿蒙、滿蒙藏回等）之外，其他所有的邊疆語言辭典都引入了漢語。

　　在這裡就出現了一個困難，即漢語的引入必須解決它與邊疆語言互譯中的字義和字音問題，字音、字義的解析二者必不可缺，就像乾隆皇帝《御製增訂清文鑒序》中所言「將欲觀其會通，惟音、義兩端為之樞筦」〔註 29〕。

〔註 27〕托忒語，即準噶爾部蒙古語；嘉戎語，為藏語一支，另一說為羌語一支。

〔註 28〕此表依據春花《清代滿蒙文詞典研究》之《滿文、蒙文及滿蒙合璧的詞典情況表》略作訂改而成。原表見《清代滿蒙文詞典研究》，4 頁。原表中稱「藏語」、「維語」者，因清帝國時期稱「西番語」、「回語」，從清人稱法；另外，原表中並無「六體」，但是按照「滿、漢、蒙、西番、回、托忒」的描述應該指的是《西域同文志》。《西域同文志》收錄六種文字無疑，故予以補齊。

〔註 29〕乾隆《御製增訂清文鑒・序》，《御製增訂清文鑒》，文淵閣四庫全書本，232冊，臺北：臺灣商務印書館，2008，12 頁。

此時，訓詁學被用來解決字義的問題，音韻學被用來解決字音的問題。這兩門學科都是清帝國學者們最嫻熟的技術工具，學者們相信應用這些技術工具，可以訂正文獻的訛誤，在文獻中還原事物的「本真」。

就訓詁學來看，「解釋名物，亦即解釋其字義。故訓詁者，通名也。」〔註30〕其價值在於詳細精準地解釋事物的名義。自漢代以來，這項學術工具得到了普遍的推廣，用於解釋那些古老文本中難以理解的字詞。在技術性書寫的支持之下，那些古老的文獻逐漸形成了以其原典為中心、以「注」、「疏」、「證」、「解」、「箋」等為名稱的附加文本。這項附加文本，既可以幫助讀者們順暢地閱讀原典中的詞句，又在學者之間形成了更為廣泛的學術討論，進一步磨礪了訓詁學的學術工具。

清代學者們特別熱衷於訓詁工作。他們不但對各種儒家經典予以詳細解釋，而且也對歷史上流傳下來的各種古老的字書進行再整理。學者們相信通過對這些古老字書的整理，可以把握每個文字的本義以及在不同歷史時代中的含義和用法，以此為考量的標準，才能夠最為準確的理解那些古代經典中每一個字的確切含義。比如清代學者關於許慎《說文解字》的訓詁專著就達三百餘種，其中又以段玉裁《說文解字注》、桂馥《說文解字義證》、王筠《說文釋例》、朱駿聲《說文通訓定聲》最為著名；《爾雅》的研究，則以邵晉涵《爾雅正義》、郝懿行《爾雅義疏》著稱；揚雄編纂的《方言》，有戴震《方言疏證》、錢繹《方言箋疏》等；張揖所撰的《廣雅》，則有王念孫《廣雅疏證》、錢大昭《廣雅疏義》等。

這一趨勢，無疑帶動了整個公共知識領域對於訓詁學這一學術工具的熱情。在清帝國邊疆辭典的編纂中，訓詁學也為技術性書寫範式奠定了一塊堅固的基石。在乾隆三十六年（1771）修訂的三十二卷本《清文鑒》，訓詁學的方法成為衡量這部書價值的重要技術標尺：

> 聖人製作，亦因乎勢之自然，為事之當然而已。伏而讀之，因漢文可以通國書，因國書可以通漢文。形聲訓詁，無所不具，亦可云包羅鉅細、辯別精微者矣。〔註31〕

同樣，乾隆四十四年（1779），三十三卷本《御製滿洲蒙古漢字三合切音清文鑒》的修纂中也貫穿了訓詁學的方法，並將此書的修纂方式追述到具有

〔註30〕《四庫全書總目・經部・小學類》卷四十一，344 頁。
〔註31〕《四庫全書總目・御定清文鑒》卷四十一，356 頁。

訓詁學典範意義的《說文解字》和《方言》：

> 以國書為主，而貫通於蒙古書、漢書。每國語一句，必兼列蒙
> 古語一句、漢語一句，以明其義。又以蒙古字、漢字各對國語之音
> 以定其聲。漢字之音不具，則三合以取之。蒙古字之音不具，則分
> 各種讀法、寫法、收法以取之。經緯貫穿，至精密而至明顯。循文
> 伏讀，無不一覽了然……然則三體互通，使彼此共喻，實本古義。
> 許慎作《說文》，小篆之下兼列籀文、古文，以互證其字。揚雄作《方
> 言》，每一語一物，亦具載某地謂之某，以互證其語。則三體匯為一
> 編，使彼此相釋，亦因古例，用達書名於四方。雖成周大同之盛，
> 亦無以逾於斯矣。〔註32〕

可以說，在這些邊疆語言辭典的編纂中，訓詁學技術性書寫的方法成為帝國普遍應用的執行標準，以確保語言知識和文字的準確性。

對於如何處理字音的問題，存在著更大的困難。從今天語言學的描述上看，漢語與滿蒙等邊疆語言完全屬於不同的語系。其語法結構、詞彙、發音方法也都完全不同，體現在文字上，這一差別顯而易見。十三世紀，畏兀兒人塔塔統阿以回鶻文字為基礎，創建了回鶻體蒙古文的書寫系統，一直沿用到清代。至於滿文，則是萬曆二十七年（1599），清太祖努爾哈赤命伊爾根覺羅·噶蓋（未詳～1600）與額爾德尼（未詳～1623）參照回鶻體蒙古文所創製的書寫系統。天聰六年（1632），清太宗皇太極又命達海（1595～1632）對這一書寫系統進行改進修繕，成新滿文。新滿文在隨後建立的清帝國得以普遍推廣，成為八旗子弟所學習和使用的本民族的文字。不論是回鶻體蒙古文還是以此為參照創製的滿文，皆屬於拼音文字。通過基礎字母的背記和學習，可以直接拼讀、拼寫。但是，漢字屬於表意文字，讀音與字形二者之間沒有緊密的聯繫，每一個漢字都需要單獨的背記和學習，才能夠閱讀和書寫。可以說，漢字與邊疆少數族裔所使用的拼音文字系統，在書寫方式上沒有任何聯繫。

但是在很多情況下，清帝國都需要將滿蒙語言中所表述的事物，特別是那些固有名詞，在書寫系統中轉寫為漢文。之前書寫者由於沒有固定的表音標準，往往隨意翻譯，這就出現了很多的訛誤，甚至不知所云。而在那些涉及邊疆事物的行政公文中出現這些音譯文字，更是讓清帝國的統治者非常苦惱：

〔註32〕《四庫全書總目·御製滿洲蒙古漢字三合切音清文鑒》卷四十一，356頁。

向來內外各衙門題奏諮行事件，凡遇滿洲、蒙古人地名應對譯漢
字者，往往任意書寫，不合清文、蒙古文本音。因而舛誤鄙俚之字，
不一而足，甚至以字義之優劣，強為分別軒輊，尤為可笑。〔註33〕

為了解決這些字音的問題，清帝國的滿、漢知識精英們共同建立了一套
滿、漢對音體系——《清漢對音字式》〔註34〕。

這套對音體系，括而言之，即每一個滿語詞彙的音節都使用統一規定的
漢字與之對應。一般一個滿語音節對應一組漢字，每一組一般使用一到兩個
漢字。這種方法被稱為「切音」，這些漢字被稱為「切音字」。比如：滿語「ᠠ」
（a）對音「阿」讀如「六麻韻」；「ᡳ」對音「伊依」（ii）〔註35〕等等。滿語
音節排列組合之後，共計 1299 條（包括十二個字頭），那麼對應的漢字即有
1299 組。從音韻的角度看，用字頭同音節拼寫成一個滿語詞，這就需要兩組
漢字拼讀在一起，即需要二到三個切音字，故而又稱為「二合」或「三合切
音」。在具體的詞條書寫中：

每條標注國語，左為漢字，或一字對音或二合三合切音，毫髮
不爽。其右列漢語，又其右音以國書，俾覽者皆可成誦。〔註36〕

有了這個標準化的書寫系統，就可以非常容易地用漢文拼讀滿語了。邊
疆少數族裔的語言大多都是拼音文字，這種以漢字與少數族裔音節相對照的
切音法不但可以用來拼讀滿語，還可以拼讀蒙古語、托忒蒙古語（如《御製
滿洲蒙古漢字三合切音清文鑒》）、梵語（如《御製同文韻統》）等其他邊疆語
言。這種對語音的整理工作，亦是各民族語言在書寫系統中規範化、標準化
的過程。近代以來，各種邊疆少數族裔語言辭典的編寫都得益於清帝國的這
一系列國家書寫工程積累下來的豐厚成果。

這邊疆事物的字義、字音都通過漢文書寫系統確定下來之後，原本陌生
的邊疆各色事物就都能夠很容易地被理解。比如：

ᠪᠠᡵᡴᡠᠯ（巴爾庫勒），這個詞是《西域同文志》的第一個詞條，我們根本不知
道這是什麼。但是經過技術性書寫的收編，我們就可以理解其含義。這個詞

〔註33〕《清漢對音字式‧乾隆三十七年三月二十九日上諭》，光緒十六年聚珍堂本。

〔註34〕關於這一對音體系的情況，可以參看春花《乾隆敕修〈欽定清漢對音字式〉
及其影響》，以及江橋《康熙〈御製清文鑒〉研究》，北京：燕山出版社，
2009。

〔註35〕《清漢對音字式》，光緒十六年聚珍堂本。

〔註36〕《四庫全書總目‧御製清文鑒》卷四十一，356 頁。

收錄在「天山北路地名」的分類之下，詞條以滿文 為首領，其文左側書寫漢字「巴爾庫勒」四字，漢字下訓詁字義：

> 回語，巴爾，有也。庫勒，池也。城北有池故名轉音為巴里坤。
> 古匈奴東蒲類王茲力支地。池即匈奴中蒲類海也。《後漢書》為伊吾
> 廬地。魏入蠕蠕，隋唐屬伊吾郡，後入突厥。唐屬伊州，明屬瓦剌。
> 《後漢書·班超傳》注：「蒲類海，在敦煌郡北。」〔註37〕

次寫「三合切音：巴阿呼、枯烏勒」（bar kun），即用漢字標識巴爾庫勒在少數族裔語言中的標準讀音。再其後，則依次為巴爾庫勒的蒙古文、西番文、托忒文、回文的各種寫法。

到了乾隆時期，邊疆語言辭典形成了一套完備的書寫體例：

> 首列國書以為樞紐，次以漢書，詳注其名義。次以三合切音曲
> 取其音聲，次列蒙古字、西番字、托忒字、回字排比連綴，各注其
> 譯語對音。使綱舉目張，絲連珠貫。〔註38〕

無論是滿洲、蒙古還是新疆的詞彙，都以清帝國為中心匯聚在一起，彼此之間消除了語言的隔閡。特別是對於中原而言，其分類體系建構起邊疆語言辭典的知識框架，訓詁、音韻等中原知識工具，徹底打破了隱藏在語言背後的邊疆隔閡。就像乾隆皇帝自豪地宣稱的那樣：

> 兀格蟀自之言不須譯鞮象寄，而凡識漢字者，莫不通其文解其
> 意，了若列眉，易若指掌。〔註39〕

帝國的知識精英們也相信，當擁有了這些邊疆辭典之後：

> 能同條共貫，和會諸方。一展卷而異俗殊音，皆如面語。〔註40〕

北部邊疆因技術性的精密書寫得以在文本中再現，邊疆的一切皆可被漢文書寫和言說。

二、地方志

從時間上看，在十八世紀之前，清帝國的北部邊疆尚未建立起完善的知識體系，究其原因，一方面在於北部邊疆還未完全納入帝國的版圖；另一方面，

〔註37〕《西域同文志·天山北路地名》卷一，文淵閣四庫全書，235冊，臺北：臺灣商務印書館，2008，4頁。
〔註38〕《四庫全書總目·欽定西域同文志》卷四十一，356頁。
〔註39〕《西域同文志·序》，文淵閣四庫全書，235冊，1頁。
〔註40〕《四庫全書總目·欽定西域同文志》卷四十一，356頁。

即便已有的一些文本也大多屬於行紀、民族志或博物志等性質的文體，尚不能滿足帝國對於北部邊疆知識的充分瞭解。

康熙十一年（1672），康熙皇帝發布上諭，全國各個行省仿照《河南通志》《陝西通志》修纂地方志，以為國家編輯《大清一統志》做前期準備。其後，中央修纂《一統志》的工作因為三藩之亂而停滯，不過地方官廳的修纂工作卻並未就此停止，數年下來積累了豐厚的成果。三藩之亂平定之後，僅康熙二十一年至二十四年，修成和刊刻的地方志就有劉梅等編纂的《山西通志》三十二卷，郭棻修纂的《畿輔通志》四十六卷，黃宗羲等編寫的《浙江通志》五十卷等十種行省通志，其他府州縣志也達 194 種。〔註41〕康熙二十五年，中央成立了《一統志》館，汲取各地業已修纂的地方志開始了中央編纂《一統志》的工作。歷經康、雍、乾三朝，至乾隆八年始成《大清一統志》三百四十二卷。此後，在乾隆二十九年、嘉慶十六年，《一統志》皆有重修，先後修成《乾隆續修一統志》五百卷和《嘉慶重修一統志》五百六十卷。其卷帙和收錄的內容都在不斷拓展。〔註42〕

如果同《大明一統志》做一個簡單的對比，就不難發現，《大明一統志》描繪的主要是傳統中原內地各個行省的情況。其中，除了對北部邊疆的遼東地區（大致相當於滿洲最南部）有一些專門的章節記述之外，其餘的滿洲大部、蒙古諸部、天山南北，皆不在《大明一統志》的範圍之內。這當然是由於明帝國並沒有實際控制這些地域的緣故，同時，這也反映出明帝國的知識精英們所認知的國家空間範圍。

在《大清一統志》中，這些北部邊疆地區都逐步納入到清帝國的疆域之中，由於知識的書寫是一個時間積累的過程，所以北部邊疆——包括滿洲、蒙古諸部和新疆的迅速殖拓，並不能與這一地區空間知識的完善相同步。在康熙朝，《大清一統志》的副總裁官徐乾學（1631～1694），就指出北部邊疆知識的收集存在著巨大的困難：

> 本朝功德隆盛，聲教遐訖，幅員之廣，亙古所無，外蕃各國例宜備載。今自朝鮮、琉球、安南等國尚易考究，惟盛京邊外所轄

〔註41〕巴兆祥《論〈大清一統志〉的編修對清代地方志的影響》，《寧夏社會科學》，2004 年第 3 期。
〔註42〕有關《大清一統志》修纂的情況，可以參看王大文《文獻修纂與「大一統」觀念：〈大清一統志〉研究》，北京：方志出版社，2016 年。

地方及奉貢諸部，凡沿革、風俗、山川、物產無有故牘可稽。〔註43〕

為此，徐乾學建議借修纂《一統志》的機會，「敕在館諸臣撰成草稿，寄付與臣一體編入」〔註44〕，藉此將北部邊疆的知識體系建立起來。〔註45〕

我們現在無從知道帝國最早完成的北部邊疆地方志，即徐乾學所謂那些「草稿」的形態。不過，從修志所要求的固定體例以及隨後修纂的成果來看，北部邊疆的知識體系是按照《大清一統志》修纂體例的統一要求而建構起來的。它也沿用了中國傳統的知識編碼體系作為建構邊疆知識的框架：

> 首分野、次建置沿革、次形勢、次風俗、次城池、次學校、次戶口、次田賦、次山川、次古蹟、次關隘、次津梁、次堤堰、次陵墓、次寺觀、次名宦、次人物、次流寓、次列女、次仙釋、次土產各分二十一門。〔註46〕

這種被稱為「平列諸目體」的修纂體例，門類之間無需太多的邏輯關涉，其諸目類項也可以根據修纂的具體情況增加或裁減，以這種方法編纂的地方志更像是一部百科全書。

這一修纂體例不但在《大清一統志》中被貫徹，同時在邊疆各種地方志的寫作中也被遵循。由於北部邊疆地區特殊的史地條件以及管理方式的差別，故而在修纂過程中也可以因地制宜，選擇不同的分類事項。比如《一統志》收錄的「蒙古諸部」其內容分為：

> 分野、建置沿革、旗分、封爵、職官、驛站、風俗、山川、土產等九個門類。

而《盛京通志》則在帝國《一統志》分類的要求基礎上，擴增為：

> 綸音、天章、京城、壇廟、宮殿、山陵、星土、建置沿革、疆域形勝、山川、城池、關郵、津梁、戶口、田賦、職官、學校、官署、選舉、兵防、名宦、歷朝人物、國朝人物、忠節、孝義、文學、隱逸、流寓、方伎、仙釋、列女、祠祀、古蹟、陵墓、風俗、物產、雜志、列朝藝文、國朝藝文等三十五個門類。

〔註43〕徐乾學《備陳修書事宜疏》，《清人文集地理類彙編（一）》，杭州：浙江人民出版社，1986，238頁。

〔註44〕徐乾學《備陳修書事宜疏》，238頁。

〔註45〕從現有的資料可以明確地知曉，除了滿洲地區的《盛京通志》是在盛京地方編纂而成的，其餘蒙古、新疆等北部邊疆的章節都是在帝國中央完成的。

〔註46〕《四庫全書總目‧大清一統志》卷六十八，597頁。

同樣，《西域圖志》根據西域地區獨特的社會情形，將西域的情況分為：

> 天章、圖考、列表、晷度、疆域、山、水、官制、兵防、屯政、
> 貢賦、錢法、學校、封爵、風俗、音樂、服物、土產、藩屬、雜錄
> 等二十個門類。

在知識體系的建構中，有兩個要旨被反覆地強調：其一，要求邊疆方志的內容系統而全面；其二，要求其知識詳細而精準。在此，技術性書寫對於「本真」的訴求再次顯現其作用，傳統的學術工具——考據學又一次發揮了特長。

就第一點而言，首先是分類法的運用。在分類法中，邊疆知識被逐級分類，劃分為多個層次。大的類別之下包含小的類屬，類屬下則設置諸多的詞條，知識在瑣細的層面被建構起來，並納入到統一的框架之中——即所謂「支分派別，總歸綱舉目張」〔註47〕，這也是方志修纂的一般性原則。知識的分類意味著認知的細化，在這一譜系中，任何的邊疆知識都很容易被查閱。

在這裡除了分類學之外，空間和時間兩條線索被作為知識分類系統必須遵循的敘述模式。由於地方志是對地方知識系統性的建構，空間疆域的明確化被放置在首要的位置上。在地方志中，分野、疆域、建置沿革、城池、山川甚至地方輿圖等事項，都是為了這一目的而設置的。在此，邊疆區域範圍被做出了明確的劃分，比如《盛京通志》對於「吉林」疆域的描述：

> 疆域東至海三千餘里，西至邊門五百九十里開原縣界；南至鴨
> 綠江九百九十七里，江之南接朝鮮界；北至邊地六百餘里蒙古界；
> 東南至錫赫特山二千三百餘里海界；西南至英莪邊門，七百餘里奉
> 天將軍所轄界；東北至赫哲、費雅哈三千餘里海界；西北至克而素
> 邊門，四百五十餘里蒙古界。〔註48〕

之後，分別記述吉林境內的寧古塔、白都訥、三姓、阿勒楚喀、琿春、打牲烏拉等下轄疆域的範圍，其書寫方法也與此如出一轍。在每一個更為狹小的區域之內，建置城郭、職官駐防、風俗物產、藝文雜錄都以這一區域作為描述的範圍。

〔註47〕《盛京通志·凡例》，文淵閣四庫全書本，501冊，24頁。
〔註48〕《盛京通志·疆域形勝·吉林》卷二十四，文淵閣四庫全書本，501冊，419頁。

　　按照這一體式，邊疆的空間知識圖譜可以任意縮小或放大，大可以放至於整個區域，甚至更大範圍可以放置於整個帝國統御的版圖之中。小則可以縮微到某一山川、河流、城鎮、部落。空間的明確化至少有兩個最重要的作用，其一，完成了邊疆的塑形，使得邊疆區域的面貌得以全面、系統而清晰的展現；其二，空間範圍的確立，使北部邊疆的敘述不再移動或飄忽不定（之前許多邊疆行紀都是以移動的方式書寫邊疆區位，並不容易真正掌握），固定的邊疆形態也使帝國的管控更為鞏固和直觀。

　　在固定的區域空間之內，歷史的時間感往往被作為下一級技術性書寫的標尺，以求對北部邊疆知識予以時間維度上的把握。在地方志中，諸如疆域沿革、圖表等描述地方歷史情形的類項同樣也是基礎的內容。按照《西域圖志·凡例》中的說法，「志以述事，務求前後備登，首位畢貫」〔註49〕——這些分類能夠澄清地方時間源流，使敘述的脈絡清晰，也易於查詢。這樣的事例非常豐富。

　　比如：《西域圖志·列表》它沿用了全書將西域分為安西南路、安西北路、天山北路、天山南路四大空間區域的劃分，各個空間區域分別描述其下各地理單元在西漢、東漢、三國、晉、北魏、周、隋、唐、五代、宋、元、明等歷史時期的空間樣態。在對北部邊疆空間的描述中，歷史的統一性成為整合邊疆區域史的主要目的。比如在「安西北路」之下有「哈密」條，敘述哈密的歷史：

> 哈密。西漢：匈奴呼衍王庭；東漢：匈奴伊吾盧地；三國：鮮卑西部；北魏：蠕蠕，太和十年伊吾戍王高羔子以城內附；周：伊吾；隋：伊吾，附突厥；唐：伊吾縣，屬伊吾州、伊吾郡。貞觀四年，突厥頡利亡，伊吾長內附，以其地置西伊州，六年，更名。領縣三：伊吾、柔遠、納職。五代：胡盧磧，仲雲所居；宋：伊州；明：哈密衛。永樂初朝貢，封忠順王於此，三年立衛。成化八年土爾番入其地，移哈密衛於苦峪城。十八年還居故地。宏治中復如土爾番，旋復之。正德八年叛，附土爾番，後復內附。〔註50〕

　　在這類歷史脈絡的書寫中，空間上的異質性（非中原）被時間上的一致性（中原的王朝次序）所掩蓋，中原王朝從古至今、一以貫之的歷史更迭，

〔註49〕《西域圖志校注·凡例》，7頁。
〔註50〕《西域圖志校注·列表·哈密屬表》卷四，126頁。

作為建構北部邊疆區域歷史的固定標尺。

　　同樣，光緒十七年（1891），吉林將軍郭布羅・長順（1839～1904）組織修撰了《吉林通志》一百二十卷。卷十至卷十二專述吉林地區的歷史沿革，皆以中原王朝的更迭為參照，敘述各個區域的歷史沿革。比如，該書伊通州所轄之地歷史沿革為：

> 伊通州。唐虞三代：虞為息慎，夏至周為肅慎，亦曰稷慎。兩漢為元菟郡西蓋馬縣西境及高句麗轄地。三國為高句麗北境。北魏為高句麗北境。隋為高句麗。唐初為高句麗，後為渤海中京顯德府，顯、鐵、興三州。遼為率賓府及輝發部安定國。金為東京咸平路歸仁、玉山二縣地。元為咸平府境。明初為塔山、雅哈河、伊敦河、拉克山、發河等衛，後為輝發、葉赫等部。〔註51〕

　　清帝國所認可的王朝譜系被設定為合法的中心，遼、金、元等來自於北部邊疆的少數族裔所建立的政權也被清帝國納入到譜系之中，北部邊疆的全部歷史時間都是按照這個中心來整合歷史，即便那些地域在之前相當長的歷史時間段內並非隸屬於中原王朝直接統轄的疆域版圖。

　　當空間與時間都完全確定下來之後，邊疆地方的山川、城池、關郵、津梁、戶口、職官、學校、官署、選舉、兵防、名宦、人物、忠節、孝義、文學、隱逸、流寓、方伎、祠祀、古蹟、陵墓、風俗、物產、封爵、風俗、音樂、服物、土產、藩屬等諸多知識類項，都被固定在空間和時間共同構建的知識座標系之中，邊疆的所有知識皆可以依靠這個座標系來查詢。

　　就第二點而言，詳細精準、真實可信是技術性書寫的宗旨。在方志的修纂中，這條宗旨常作為方法論或是指導意見被提出。比如《滿洲源流考》是按照如下的書寫原則被編纂而成，每一門類皆需貫徹這一原則：

> 參考史籍，證以地形之方位，念以舊俗之流傳，博徵詳校，列為四門。
>
> 　一曰「部族」。自肅慎氏以後，在漢為三韓，在魏晉為挹婁，在元魏為勿吉，在隋唐為靺鞨、新羅、渤海、百濟諸國，在金為完顏部。並一一考訂異同，存真辨妄，而索倫、費雅喀諸部毗連相附者，亦並載焉。
>
> 　二曰「疆域」。凡渤海之上京龍泉府、靺鞨之黑水府、燕州勃

〔註51〕《吉林通志・沿革志・伊通州》卷十，續修四庫全書本，647冊，188頁。

利州，遼之上京黃龍府，金之上京會寧府，元之肇州。並考驗道里，辨正方位，而一切古蹟附見焉。

三曰「山川」。凡境內名勝，分條臚載，如白山之或稱太白山、徒太山，黑水或稱完水，或稱室建河，以及松花江即粟末水，寧古塔即忽汗水。今古異名者，皆詳為辯證。其古有而今不可考者，則別為存疑，附於末。

四曰「國俗」。如《左傳》所載楛矢貫隼，可以見騎射之原；《松漠紀聞》所載軟脂蜜膏，可以見飲食之概。而《後漢書》所載辰韓生兒以石壓頭之類，妄誕無稽者，則訂證其謬。至於渤海以來之文字，金源以來之官制，亦皆並列。

其體例，每門以國朝為綱，而詳述列朝，以溯本始。其援據以御製為據，而博採諸書以廣參稽。允足訂諸史之訛，而傳千古之信，非諸家地志影響附會者所能擬也。〔註52〕

在此，部族情形，要求一一考訂異同，存真辨妄；疆域範圍，要求詳細考驗道里，辨正方位；山川形勝，要求分條臚載，不可考者，別為存疑；歷史風俗，要求將那些妄誕無稽者，訂證其謬。這樣，四個門類全部都使用考據學的方法辯證真偽、考鏡源流。

同樣，《西域圖志》也直接將這一原則寫入凡例，並在每一門類的編寫中都予以強調：

一列表，始自兩漢，訖於元明，遵《一統志》例也。周秦以前有可考證者，分見志中，表不贅列。漢唐諸國通名內地，搜訂易於賅備，五代以降，聲教日淺，史傳紀載，源流不詳，茲為匯採古書，取足徵信者，參互貫串，畢登於帙間。有無憑考索之處，則慎以傳疑，未敢強生附會。

一西域高山長流，大者延折數千里，各有脈絡，未宜分裂以隸諸路，別志山水二門，俾得審求根脈，考證原委，流崎大觀，於斯倍顯。

一考驗古蹟，備一方掌故，志沿革者所有事也。雖塞外無史書碑碣，山川異稱，城郭非故，而於形勢音義間求之，往往有合編中，

遍稽正史，旁羅群籍，擇其尤雅，凡可考據者，引述辯證，不厭其
詳。徵信存疑，兼為區析，並加按字，別之所引原文，有與本地本
事未為毗切者，量加節錄，有其地兩涉者，彼此互引。若於史傳脫
逸，鉤索無從，則姑置闕如，以昭慎重。〔註53〕

　　對於時代的更迭列表，採其足以徵信者，避免牽強附會；山川形勢，則
審求根脈，考證原委，考驗古蹟，更是引述辯證，不厭其詳。此類要求在地方
志中屢見不鮮。知識精英們認為，通過技術性書寫的手段對北部邊疆進行描
述，將所有關於北部邊疆的歷史記錄進行的整理，才能夠對邊疆的來龍去脈
有系統的把握。

　　在具體詞條的寫作中，帝國知識精英們嫻熟的史料編纂學方法同樣發揮
了優勢。從邊疆具體詞條的構成上看，一方面它是描述性的，描述性的文字
一般以記述當下的狀貌。邊疆的界限、有哪些地理標誌、風物土俗等等，
這些文字大都言簡意賅、直接展現出邊疆的固有狀貌。另一方面則是證明性
的，它往往從古代典籍中，汲取有關於這一地區的知識，辨偽存真，以對以
往的錯誤予以系統地訂正。

　　比如：《西域圖志・疆域》僅「安西南路」一卷引證的書目就包括：《明
史》《漢書》《後漢書》《晉書》《隋書》《唐書》《五代史》《元史》《一統志》
《元和志》《寰宇志》《通典》《左傳》《使于闐記》《博物記》《十六國春秋》
《三國志》《甘肅新志》《魏略》《尚書》《山海經》《周書》《通志》《廣志》
《高昌行紀》等二十五部典籍。從中引文將近一百條，並附加按語二十四處，
按語考辨動輒數百字，並附上乾隆《御製陽關考》一篇，作為定論。〔註54〕
將技術性書寫貫穿在每一個詞條之中，是各地地方志在編纂過程中普遍使用
的方法。

　　此外，為了追求知識的準確，邊疆地方志總是在不斷地補充修繕。比如
乾隆六十年（1795）修成的《蒙古及回部王公表傳》是記錄蒙古、回部王公貴
族功勞與爵位的文獻，全書三百六十卷。但是隨著各部王公貴族子孫的繁衍、
功勞爵位日益增多，原書已遠遠不能滿足，知識必須更新。因此「嘉慶十七
年經總裁臣松筠等議，準續纂章程。自嘉慶元年以前表傳內襲至第幾次止，

〔註53〕《西域圖志校注・凡例》，6頁。
〔註54〕《西域圖志校注・疆域一》卷八「安西南路」，164～175頁。

即以所止之，次修纂於十九年完竣。道光十六年八月奏請續纂，於十九年完竣。二十九年四月奏請續纂，於咸豐元年完竣。」〔註55〕而咸豐九年（1859），該書又再次續修。從乾隆六十年（1795）到咸豐九年的六十年中，該書修纂了五次，卷帙也不斷地擴大、內容也更為完善翔實。

同樣，康熙二十三年（1684）修纂的《盛京通志》僅有三十二卷，門類卷帙都十分簡約。隨後，清帝國的知識精英們認為這部龍興之地的方志——「經營草創，敘述未詳」〔註56〕，仍然不夠完美，因此又經歷了康、雍、乾三朝，先後增訂了三個版本。直至乾隆四十四年（1799），全書已經擴充到一百三十卷，門類和卷帙都遠遠超越了第一版。邊疆方志不斷修繕的過程，也是在技術性書寫的指導下，使邊疆知識不斷積累、不斷豐盈的過程。

這種對於「本真」的訴求不僅僅是修纂官員們的學術品格，同時也是帝國所反覆要求的。追溯其背後的原因，則是知識的真實直接與帝國對於北部邊疆管控的有效性相聯繫。即如吉林將軍固慶（生卒年未詳）所言：

> 志者，所以紀其地志山川、疆域、建置、沿革、城池、學校、公廨、苑囿、祠祀、橋樑、古蹟，與夫官職之大小，兵額之多寡，錢糧出入之數，田產物土之宜，人物風俗之異，靡不職要職詳，載之簡編。俾蒞治者披卷即得其概，洵為政之要也。〔註57〕

《大清一統志》副總裁官徐乾學亦云：

> 益灼知天下阨塞形勢，封域戶口、兵民財賦之要，以章明綱紀，損益利病，奠茲疆寓，億萬斯年，非徒景式廓之圖，資考稽之益也。〔註58〕

迄有清一代，清帝國時期修纂的北部邊疆地方志，新疆 99 種、盛京 69 種，寧古塔（吉林）32 種，黑龍江 12 種，蒙古 16 種。〔註59〕

〔註55〕《續纂蒙古及回部王公表傳·奏摺》，續修四庫全書本，537 冊，上海：上海古籍出版社，2002，502 頁。

〔註56〕《四庫全書總目·盛京通志》卷六十八，605 頁。

〔註57〕固慶《吉林外紀·敘》，薩英額《吉林外紀》，長春：吉林文史出版社，1986，4 頁。

〔註58〕徐乾學《大清一統志·凡例》，《清人文集地理類彙編（一）》，240 頁。

〔註59〕統計來源於《中國地方志聯合目錄》。該目錄中，蒙古僅指內蒙古，如果從清帝國時期蒙古的範圍來看，範圍亦將今外蒙古納入其中，那麼，其所修纂的地方志應該還要多一些。見黃燕生《清代方志的編修、類型和特點》，《史學史研究》，1990 年第 4 期。

清帝國北部邊疆方志簡表（省級）〔註60〕

區域	方志名稱	時代	修纂者
蒙古	《蒙古游牧記》十六卷	同治	張穆纂
	《蒙古志》三卷	光緒	姚明輝纂
	《河套志》六卷	乾隆	陳履中纂
	《河套志》一卷	光緒	儲大文纂
盛京	《柳邊紀略》五卷	康熙	楊賓纂
	《盛京通志》三十二卷	康熙	伊把漢、董秉忠等修，孫成等纂
	《盛京通志》三十三卷首一卷	雍正	呂耀曾、王河修，魏樞等纂
	《盛京通志》四十八卷首一卷	乾隆	呂耀曾、王河、宋筠修，魏樞等纂
	《盛京通志》三十二卷	乾隆	佚名纂
	《盛京通志》一百三十卷首一卷	乾隆	阿桂、董誥修，劉謹之、程雄岳等纂
	《遼海志略》一百六十卷	咸豐	隋汝齡纂修
	《陪都紀略》二卷	同治	劉世英纂
	《奉天新志略》	光緒	壽騰飛纂
	《奉天通志稿》	光緒	吳廷燮纂
	《遼載前集》	康熙	林本裕纂
吉林	《吉林外紀》十卷	道光	薩英額纂
	《吉林通志》一百二十卷圖一卷	光緒	長順、訥欽修，李桂林、顧雲纂
	《吉林誌略》	光緒	袁昶纂
	《吉林輿地略》二卷	光緒	楊伯馨、秦世銓等纂
黑龍江	《黑龍江外紀》八卷	嘉慶	西清纂
	《黑龍江述略》六卷	光緒	徐宗亮纂
	《黑龍江鄉土志》	宣統	林傳甲等編
	《龍沙紀略》一卷	康熙	方式濟纂

〔註60〕清帝國國家行政體系分為中央、行省、府廳、州縣四個層級，邊疆區域在19
世紀末之前雖尚未建省，但其管理層級與內地十八行省大致平行，此表僅收
錄北部邊疆蒙古、奉天、吉林、黑龍江、新疆五個地區省一級的方志目錄，
以觀清帝國修纂北部邊疆方志之狀貌。此表參考《中國地方志聯合目錄》整
理，北京：中華書局，1985。

新疆	《皇輿西域圖志》四十八卷首四卷	乾隆	傅恆等修，褚廷璋等纂，英廉等增纂
	《回疆志》四卷首一卷	乾隆	蘇爾德纂
	《西域聞見錄》八卷首一卷	乾隆	七十一纂
	《西陲總統事略》二十卷	乾隆	汪廷楷原輯，松筠纂，祁韻士編
	《新疆識略》十二卷首一卷	乾隆	徐松原著，松筠纂
	《回疆通志》十二卷	嘉慶	和寧纂
	《西陲要略》四卷	嘉慶	祁韻士纂
	《新疆志略》不分卷	嘉慶	佚名纂
	《新疆紀略》	道光	珠克登纂
	《西域考古錄》十八卷	道光	俞浩纂
	《新疆四道志》	光緒	佚名纂
	《新疆回部紀略》十二卷	光緒	慕璋纂
	《訊鮮錄》	光緒	佚名纂
	《新疆志》	光緒	佚名纂
	《新疆大記》六卷首一卷	光緒	闕鳳樓纂
	《新疆通志》	宣統	佚名纂
	《新疆圖志》一百十六卷首一卷	宣統	袁大化修，王樹枬、王學曾纂
	《三州輯略》九卷	嘉慶	和寧（和瑛）纂
	《西域南八城紀略》一卷	光緒	王文錦纂

在清帝國之前，除了滿洲地區有《遼東志》等少數幾部官修地方志之外，新疆、蒙古、寧古塔、黑龍江或根本沒有地方志乘，或是早已散佚無法輯詢。文獻的缺失致使這些地區成為了文化荒蠻之地，大多數北部邊疆空間都是知識圖譜上的空白區域。

而經過有清一代的努力，這些邊疆地域方志的書寫規模，遠遠超越了過去此前任何一個時代對於邊疆知識的收錄。清帝國不但完成了滿洲、蒙古、新疆等轄地一級的地方志（行政上大致與「行省」平級），而且也修纂了眾多府廳、甚至州縣一級的地方志。北部邊疆成為了一系列可以閱讀的知識文本，小到邊疆的一草一木、衣冠服飾，大到整片區域的城郭山川、行政體系，不無包攬在帝國的知識圖譜之中。

清帝國的統治者和知識精英們也無不為這一書寫工程取得的成就頗感

欣喜，比如道光皇帝在為《新疆識略》所做的序言中稱：

> 河山之襟帶，城郭之控制，兵食財賦之儲備，田野畜牧之繁滋，
> 條分件繫，顛末詳臚。〔註61〕

伊犁將軍晉昌（1759～1828）為《西陲總統事略》作序亦稱：

> 凡山川、城郭、土俗、夷情、治兵、治屯、撫夷、鎮邊之要，
> 不井井有條，瞭如指掌，允為任斯土者，所當奉為圭臬也。〔註62〕

通過技術性書寫的建構，帝國的北部邊疆不再是知識貧乏、無法詳細認知的陌生世界，而成為了內容全面、考證精良、「披覽如示諸掌」〔註63〕的地方百科全書。

三、北部邊疆輿圖的繪製

在傳統的知識範域中，輿圖提供直觀的形態，方志敘述地方的知識，二者互文指涉，彼此輔助。即如《西域圖志》所言：

> 山川方位，遠近形勢，匪圖弗顯。圖舉其形，志詳其事，舊例
> 類然。〔註64〕

它們這種奇妙的關係，共同為國家提供了一套詳備的知識圖譜，用以管理國家所統轄的地域。因此，在康熙二十五年（1686），康熙皇帝詔令修纂《大清一統志》之時，也將繪製輿圖作為編纂《大清一統志》最重要的指示：

> 由漢以來，方輿地理，作者頗多，詳略既殊，今昔互異。爰敕
> 所司，肇開館局，網羅文獻，質訂圖經，將薈萃成書，以著一代之
> 鉅典，名曰《大清一統志》。特命卿等為總裁官，其董率纂修官，恪
> 勤乃事，務求採蒐閎博，體例精詳。厄塞山川，風土人物，指掌可
> 治，畫地成圖，萬幾之餘，朕將親覽，且俾奕世子孫，披牒而慎維
> 屏之寄，式版而念小人之依，以永我國家無疆之曆服，有攸賴焉，
> 卿其勉之。〔註65〕

〔註61〕道光《新疆識略・序》，續修四庫全書本，732 冊，上海：上海古籍出版社，2002，487 頁。

〔註62〕晉昌《西陲總統事略・序》，松筠等《西陲總統事略》，3 頁。

〔註63〕永貴《新疆回部志・跋》，四庫未收書輯刊本，九輯 7 冊，813 頁。

〔註64〕《西域圖志校注・凡例》，6 頁。

〔註65〕《清聖祖實錄》卷一二六，康熙二十五年五月庚寅條，《清實錄》，第 5 冊，北京：中華書局，1986，343 頁。

從時間上看，在康熙朝，幾乎在帝國組織北部邊疆書寫工程的同時，北部邊疆的輿圖繪製工作也開始了。輿圖最重要的價值在於標識地理座標的精確位置，故而在輿圖的繪製中，對於知識精準的要求同樣被反覆地強調。即如康熙皇帝所言：

> 朕於古今山川名號，雖在邊徼遐荒，必詳考圖籍，廣詢方言，務得其正。故遣使至崑崙，目擊詳求，載入輿圖。〔註66〕

> 《皇輿全覽圖》，朕費三十餘年心力，始得告成。山脈水道，俱與禹貢相合。爾將此全圖並分省之圖，與九卿細看。倘有不合之處九卿有知者，即便指出看過後面奏。〔註67〕

在具體的輿圖繪製中，輿圖務求精準的要求也作為務必遵循的方法論。如《西域圖志・圖考》中所言：

> 分命臣工，乘傳履勘，方輿晷度，並得諸目擊身親。遠近翔實，訂證舊圖，務俾無苗發爽……復據駐防大吏，各就所轄，分繪互勘，形勢倍顯。〔註68〕

將眾多的地理座標精確的知識統一繪製於一幅二維文本之上，使帝國統轄的地域得以直觀地呈現在眼前。帝國的統治者相信，掌握了精確的輿圖也就掌握了管控地方的樞機，即所謂「國家撫有疆宇，謂之版圖，版言乎其有民，圖言乎其有地」〔註69〕，從而將這一地域收編在帝國的統治權力之內。

在繪製邊疆輿圖之時，除了諸如山川、水道等專門輿圖之外，一般輿圖的繪製都以帝國的某一行政區劃為固定空間，將這一行政區劃內的地理座標繪製出來。比如：《西域圖志》中先載入《皇輿全圖》以展現帝國的全部疆域，隨後收入《西域全圖》一張，展現西域全面，由於「今繪全圖，以限於楮幅，只載山川都會之大者」〔註70〕，因此「總圖所未能晰者，重以分圖」〔註71〕，按照行政區劃將邊疆分為安西南路、安西北路、天山北路、天山南路四大區域，各繪製輿圖。其收錄輿圖如下：

> 《安西南路圖》：安西州屬。共一張。

〔註66〕《清史稿・舒蘭傳》卷二百八十三，10180頁。
〔註67〕康熙《聖祖仁皇帝聖訓・聖學》卷五，康熙五十八年己亥二月乙卯條，214頁。
〔註68〕《西域圖志校注・圖考一》卷一，57頁。
〔註69〕《清史稿》卷二百八十三，10186頁。
〔註70〕《西域圖志校注・圖考一・西域全圖說》卷一，61頁。
〔註71〕《西域圖志校注・圖考一》卷一，57頁。

《安西北路圖》：哈密屬、鎮西府屬，迪化州屬。共二張。

《天山北路圖》：庫爾喀喇烏蘇屬、塔爾巴噶臺屬，伊犁東路，伊犁西路。共三張。

《天山南路圖》：闢展屬，哈喇沙爾屬、庫車屬，賽喇木屬、阿克蘇屬，烏什屬、喀什噶爾屬，葉爾羌屬，和闐屬。共六張。

整個西域，如透視一般從宏闊的帝國疆域，到西域全境、再到西域各路，下至駐防的基層地方轄區，都放置至於各級輿圖之中。多張輿圖彼此之間「山水鉤聯，道途經緯，提綱挈領，縷析條分」〔註72〕，使邊疆按照各個層級區劃的疆界被編織起來，輿圖從小到大層層繪製，也展現出邊疆管理的層級性。

除了地方督撫負責將地方轄區的輿圖詳盡描繪，畫地成圖之外，帝國的中央也派出了專業的團隊測繪全國性的輿圖。比如康熙三十二年（1693），康熙皇帝為修撰《大清一統志》詔令各郡縣圖畫山川、阨塞、城郭、井邑以備記載。畫工王麒（生卒年未詳）奉命，赴塞外實地考察，繪製輿圖。烏程文人溫睿臨（生卒年未詳）根據其口述作《出塞圖畫山川記》，為我們留下了寶貴資料。

當年四月，清帝國派遣滿洲官員二十五人，帶領畫工五人，分五路出塞繪圖。五路分別從喜風口、古北口、沙河口、張家口及山海關出塞。王麒則跟隨蒙古參領布答、兵部職方司郎中鄂倫特、戶部掌印郎中石留柱、中書科筆帖式常在、理藩院筆帖式巴朗五人出山海關，過遼東邊牆，赴土默特、奈漫、科爾沁等蒙古諸部。隊伍配備駝馬、餱糧、酒脯以及從人，共數十騎。隊伍在出發前，先馳檄塞外諸王、貝勒等人。「敕命所過，各棧道皆遣騎兵防護，先期飭飲饌以俟」〔註73〕，為了輿圖的繪製，整個邊疆都被調動起來。

在具體工作中，諸王人等先設宴，其間介紹當地之情形，隨後安排繪圖團隊在當地考察，並盡可能提供一切方便條件：

名王、大將軍以下莫不先驅至使者馬首，請皇上安，具筵宴，為陳沿革之由、封爵之誓。筆帖式從旁襲記其語，以俟討論。其險隘、遠近、道里、疆域，悉指示詳考，始涉筆為圖。〔註74〕

經過八個月的實地考察，繪圖團隊將繪圖上奏朝廷。在整個輿圖繪製的

〔註72〕《新疆識略・凡例》，續修四庫全書本，732冊，489～490頁。
〔註73〕溫睿臨《出塞圖畫山川記》，畢奧南《清代蒙古遊記選輯三十四種》下冊，北京：東方出版社，2015，8頁。
〔註74〕溫睿臨《出塞圖畫山川記》，畢奧南《清代蒙古遊記選輯三十四種》下冊，4頁。

過程中，實地考察和測量成為知識精準化的重要技術保障。不過，由於帝國尚未形成統一的輿圖繪製標準方法，地方志編纂者的輿圖繪製方法差異非常巨大，也缺乏科學性，甚至很多輿圖與圖畫還沒有完全區分開。研究家余定國（Cordell D .K.Yee）在對清代地方志中所收錄的輿圖考察之後指出：

> 這些地圖都沒有地圖座標網格，也沒有比例尺，大地區的地圖一般是平面的，有象形圖畫符號，特別是表示城市和山脈的象形符號。較小地區的地圖，像山區和河谷，一般都是象形的圖畫。不過，也有一些地圖平面表示與圖畫要素兼而有之。〔註75〕

正因為各地繪製的輿圖缺乏座標和比例尺，甚至有很多輿圖直接將微型的亭臺樓閣等圖畫形象呈現在輿圖之中，使得帝國「常常很難利用各省全圖和各府全圖來編繪全國總圖」〔註76〕，這就急需在技術性書寫的方法論上進行調整。

為了解決這一技術問題，清帝國將傳教士所帶來的西方天文學、地理學、數學等科學工具應用於輿圖的繪製當中。自康熙四十七年（1708），繪製全國輿圖的工作委託給傳教士白晉（Joachim Bouvet，1656～1730）、雷孝思（Jean Baptiste Regis，1663～1738）、杜德美（P. Jartoux，1668～1720）、湯尚賢（Pierre-Vincent de Tartre，1669～1724）、宋君榮（Antoine Gaubil，1689～1759）等西洋傳教士負責，由他們負責測量和繪製帝國的實際統轄的疆域。

在這項測繪工程中，西方的近代科學發揮了優勢。具體而言，此次測繪採用了西洋以地圓理論為基礎的經緯度法：

> 經緯度測量方法採用天文測量法和三角測量法，是以通過北京的子午線作為中央經線，用天文測量方法測出少數幾個地點的地理位置為基點，然後再以三角測量方法推算出全國各地的地理經緯度校核後確定。這樣採用經緯度表示的地理座標方法在地圖上表示出各地點在地球上的地理位置。〔註77〕

為了完成這項測量工作，新工具必不可少。測角儀、平板儀、象限儀、羅盤儀、經緯儀、繪圖儀等西洋的新工具也被採買購置回來，清帝國也仿照其樣式置辦了一系列近代科學儀器。就在前一年的康熙四十六年（1707），

〔註75〕余定國《中國地圖學史》，北京：北京大學出版社，2006，226 頁。
〔註76〕余定國《中國地圖學史》，226 頁。
〔註77〕白鴻葉、李孝聰《康熙朝〈皇輿全覽圖〉》，北京：國家圖書館出版社，2014，28 頁。

帝國還在欽天監專門成立了測繪訓練班，培養相關科學人才。

　　測繪工作，首先從京郊長城開始，其次是滿洲、東蒙諸王公的領地以及直隸地區，隨後帝國分兵兩路，一路出塞西行測量蒙古諸部直至新疆哈密地區，一路赴山東測繪中原各省，直到廣東、廣西、雲南、臺灣各地。

　　　　這次大規模的測量工作，建立了以北京為中心的經緯網，以天文點為基點，在全國各地系統地進行了 641 個經緯點的三角測量，範圍包括了關內 15 省（後江南、陝西、湖廣各分二省成 18 省）及關外東北、蒙古各地，歷時近十年之久……這些實測點東起敦敦（東經 19° 58´ 40″，以通過北京的子午線為中經線計，以下同），西至阿斯塔納（今新疆哈密面北，西經 20° 48´ 20″），北起烏魯蘇（今黑龍江省呼瑪縣境，北緯 51° 21´ 36″），南至崖州（北緯 18° 21´ 36″），遍布各地。〔註78〕

　　到了康熙五十八年（1718），這項工作徹底結束，一幅標有詳細經緯度的全國地圖被繪製出來——「圖成，為全圖一，離合凡三十二幀，別分為省圖，省各一幀。」〔註79〕除了當時尚未納入版圖的新疆部分地區和西藏未能列畫其中，其餘帝國的疆土都被詳細標定出來，即如康熙皇帝所言：「核億萬之山河，收寰宇於尺寸之中，畫形勝於几席之上」〔註80〕，整個帝國應用最新的技術手段呈現在一幅二維的文本之上，這幅輿圖被定名為《皇輿全覽圖》。

　　隨著清帝國疆域的不斷擴張，這幅輿圖也在雍正、乾隆朝不斷地修訂，帝國依舊派出測繪家們採用經緯度的繪製方法，竭盡全力地將帝國所有的地理座標都標識在全圖之上。在乾隆朝，帝國又以科學的方法繪製出了《內府輿圖》（1760）。至此，輿圖所描繪的全國範圍已經達到「東自庫頁島，西迄地中海（圖內經度為東經 37º 至西經 97º 之間），南起南海、印度洋，北至北冰洋（圖內維度為北緯 18º 至 80º 之間）」，全圖合計 105 幅。〔註81〕

　　在這樣一幅廣闊的輿圖中，帝國管控的所有疆域都呈現在二維空間的文本上。在輿圖北部邊疆的部分，十六世紀以來，用以區分華夷的長城顯得極為細小，並也沒有限定中外的意思，長城之外標識細密的山川、河流、市鎮、

〔註78〕白鴻葉、李孝聰《康熙朝〈皇輿全覽圖〉》，53 頁。

〔註79〕《清史稿・何國宗》卷二八三，10185 頁。

〔註80〕《清聖祖實錄》卷二八三，康熙五十八年二月乙卯條，765 頁。

〔註81〕李孝聰《歐洲收藏部分中文古地圖敘錄》，轉引自孫喆《康雍乾時期輿圖繪製與疆域形成研究》，北京：中國人民大學出版社，2003，62 頁。

部族，其繁密的程度並不遜於長城以內。其山川、河流、湖泊、市鎮、關隘都詳細地展現出來，最低一級的行政區劃——村、鎮也都標識清楚。這樣開闊而詳盡的邊疆地理知識譜系，是過去從未實現過的事情，北部邊疆的「他者」空間已經同中原內地聯成一體，它們共同屬於大清帝國的廣闊疆土。正如史地研究家陳澧（1810～1882）所言：「康熙、乾隆兩朝命官分測，仰準天度，俯繪地輿，創千古所未有。」〔註82〕

　　總體而言，無論是北部邊疆方志中某一區域的輿圖，還是《皇輿全覽圖》《內府輿圖》等這樣的全國性輿圖，它們都成為帝國的統治者和知識精英們可以閱讀和檢索的工具文本。知識精英們如同拿到了一副顯微鏡，可以按照自己的需求調節到適當的比例來認知北部邊疆的輿地狀貌。既可以放大到全國、亦可以縮小到州縣、村鎮，一城一池，一山一水，皆可以憑藉輿圖來查閱。多張輿圖按照層級共同描繪邊疆空間形態的做法，在邊疆輿圖的繪製中被廣泛採用。在這些輿圖中，最高的層級是帝國的輿圖，地方輿圖都可以在帝國這張大輿圖上找到自己的位置。全圖對於邊疆地區的徹底收納，也宣告了帝國對北部邊疆疆界化的完成。

　　從以上邊疆辭典、地方志、輿圖等文本的考察中不難看出，技術性書寫對於「本真」的要求作為一種強大的推動力，促使北部邊疆的知識日益精密化、精確化。對於帝國和知識精英們而言，北部邊疆的知識已經遠遠超越了前面任何一個時代。經過清帝國知識精英們的努力，北部邊疆破除了幻想、虛構、想像的迷霧，呈現出清晰、真實、系統的面貌。這既在文化上使北部邊疆同中原實現了一致，又輔助了帝國對邊疆的治理。曾經荒蠻、無法認知的他者世界，被中原的文化之光照亮，成為了帝國政治版圖和知識版圖中必不可缺的組成部分。

第三節　帝國邊疆意義的建構

一、作為核心概念的「文」

　　如前所述，表意性書寫意在將邊疆文本的意義引入帝國的表徵話語之中，並在邊疆書寫的實際操作中形成了普遍頌揚帝王功業、表彰文明德化的現象。

〔註82〕陳澧《漢書地理志水道圖說・序》，四庫未收輯刊本，捌輯 4 冊，北京：北京出版社，2000，28 頁。

這並不單指那些從屬於帝國書寫工程之內的文字，同樣，在書寫者筆下，那些日常化、私人化的書寫文本也被這書寫樣態所浸染，將耳目所及、賞心樂事等諸多日常事項都不由自主地納入到清帝國的文化主義敘述當中，甚至將邊疆各種事類都描述為帝王澤業和帝國盛世的產物，由此形成了上至君王、下至一般邊疆書寫者共同使用的固定頌世話語模式。這一點非常值得關注。

其實，就表意性書寫的特徵而言，它並非可以漫無目的、無所限制的泛泛而談，也並非有關帝國邊疆的任何敘述都可以納入表意性書寫之中。它必然圍繞著某一較為具體的話題言說，才能保證敘述的有效性。從總體上來看，帝國的表意性書寫基本是以「文」這一關鍵詞為核心展開的，「文」即是書寫行為的結果，是呈現出來的文本樣態，這一點自不待言。更重要的是，在傳統的知識話語中，「文」也是一種意識形態上主動賦予的過程，從而為帝國價值同書寫活動建立起可以相互聯繫的橋樑。可以說，「文」的概念是邊疆表意性書寫策略最重要的依據。故而，有必要在更深的意義層面上討論之。

從儒家知識話語的角度看，「文」的政治文化理念，是帝國知識精英們最為崇尚的價值理想之一。當清帝國依舊採用了儒家主義治理天下之後，「文」的價值也成為清帝國捍衛統治權威最重要的話語依據。雖然在清帝國初期，中原的知識精英們對清帝國統治者的少數族裔身份尚存某些偏見，對其是否真正具有承繼傳統信仰脈系的能力提出過許多質疑，但是進入到清帝國的中期，知識精英們已經普遍認同了清帝國統治權力同儒家理念的一致性。在他們心目中，清帝國的統治者們同樣是儒家精神的倡導者和實踐者。因此，在知識精英們描述清帝國意識形態的話語中，「道德」、「聲教」、「文治」等一系列與傳統儒家相關的術語依舊被廣泛地應用。在此，「文」已不單純是書寫的結果，它被賦予了深厚的儒家理想的色彩以及帝國統治權威的意義。如康熙皇帝所云：

> 夫經緯天地謂之文，文者載道之器。所以彌綸宇宙，統括古今，化裁民物者也。是以乾苞坤絡非文不宣，聖作賢述非文不著，其為用也大矣。〔註83〕

毫無疑問，清帝國在北部邊疆的殖拓，是帝國政治文化事業最重要的組成部分。在北部邊疆，知識精英們亦通過「文」的書寫，描述帝國邊疆的殖拓事業。比如《盛京通志》的修纂家們所言：

〔註83〕康熙《聖祖仁皇帝御製文集第一集‧古文淵鑒序》卷十九，文淵閣四庫全書本，1298 冊，189 頁。

　　文章者，經世之大業，是以觀於人文可以稽查時變，考鏡得失。
遼瀋山川雄秀，王氣鍾靈，自古帝王拓跡開統，文武名臣，謀謨獻
替，頒之詔令，見之章奏，佈在方策，咸可觀焉。〔註84〕

　　從其敘述邏輯來看，清帝國的政治文化理想、知識精英與邊疆書寫活動
都憑藉「文」這一關鍵概念，實現了彼此的貫聯。由於在漢語世界中，「文」
可以理解為文字、文獻、文學、文辭，甚至文化、文明等一系列彼此相連、又
略有分梳的概念。「文」的多重含義，也就涵蓋了以上諸種知識範域，它們都
可以用於表徵帝國的意義。從現有的表意性書寫文本來看，它們幾乎都可以
納入如下三類以「文」為核心的敘述模式之中。

　　第一類敘述模式，將帝國的邊疆殖拓行為都視作是國家文化主義向非文
明地域的推廣。也就是說，帝國的一切殖拓活動均表徵了清帝國「文化之盛」。

　　由於在清帝國佔有北部邊疆之前，中原內地與北部邊疆在文化上處於「文
明／野蠻」二元對立的緊張關係中。這種二元對立雖然往往表現出極端排斥
的性質，但是還有一個次一級的理解維度，即是野蠻的世界並非無可救藥，
它也可以被理解為是未經琢磨的、未經雕畫的，仍舊保存著質樸、淳真、自
然的一面。這一個次一級的理解維度在敘述中能夠發揮多大的作用，往往取
決於邊疆少數族裔與中華帝國之間的關係。二者之間關係愈緊張，這個次一
級的層次就被壓抑下去；相反，二者關係愈趨於緩和，它就被釋放出來。在
儒家的話語體系中通常稱為「質」。「質」在某種程度上說，可以被認為是一
個褒義詞。它往往同「文」相互指涉，是具有互文性的一組概念。「文」將事
物引向了華美典雅的層面，「質」則保留了天真和純樸。

　　當帝國經過了一個多世紀的征戰，將北部邊疆完全納入到帝國的版圖之
後，帝國在邊疆開拓的過程也被視為「文」對「質」改造的過程。這樣的敘述
話語其背後具有非常聰明的策略性，邊疆已經不再是敵對的另一面，而是在
帝國統御之下的疆域，那麼將之定義為「質」，也就承認了邊疆區域同帝國具
有某種一致性。邊疆少數族裔都擁有善良、美好的品格，而非在戰場上你死
我活的仇敵，從而為帝國改造邊疆提供了進一步的話語支持。

　　從文化主義的角度看，這種敘述上的改造並沒有明確的界限，只要是帝
國與邊疆發生些許關聯，比如將邊疆的某些事項記錄在冊，或是在邊疆發現
某些近似於中原內地的東西——制度、風俗、服飾、城鎮、學校、飲食等等，

〔註84〕《盛京通志・歷朝藝文》卷一百九，文淵閣四庫全書本，503 冊，255 頁。

幾乎什麼範圍內都可以應用。帝國對於邊疆的任何發現、改變或重構，皆可被視作是帝國對於邊疆文明化的結果。

比如乾隆朝長洲（今江蘇蘇州）的藏書家王芑孫（1755～1818），在讀到清帝國組織編纂的《西域圖志》的時候所云：

> 仰見我國家昄章之厚，綏來之廣，以及山川風氣之殊，服物語言之別，奇聞異事亦往往錯見其中，凡漢唐以來所約略而不能晰，佔畢之儒所茫昧而莫能詳者，一旦入我版圖，登我掌故，於戲盛矣。〔註85〕

在王芑孫的理解中，邊疆那些山川、風氣、服物、語言、奇聞異事，以致「漢唐以來所約略而不能晰，佔畢之儒所茫昧而莫能詳者」，經由帝國將之文本化後，都展現了清帝國的文化之盛。

同樣，邊疆知識家張穆（1808～1849）亦云：

> 我皇清受天眷命，統一天下。薄海內外，悉主悉臣。治道之隆，登三咸五。而北戴斗極，西屆日所入，廓疆畛三萬餘里，靡不服屬奔走。禮樂朝會、賦役法制、條教號令，比於內地，盛矣哉！〔註86〕

在這裡，邊疆的禮樂、朝會、服役、法制、條教、號令等等，凡是能夠「比於內地」者也都展現出帝國的價值來。從這一「文」理解出發，可以承載帝國表徵意義的事物幾乎無所不包、無處不在，對任何邊疆事物的書寫也都能夠建構起帝國的意義來。

第二類敘述模式對於「文」的理解則更偏重於文明化之後的書寫動作，即知識精英們以中原知識體系為準繩對北部邊疆事項的予以記錄的過程。這一理解維度，常將文明化表述為「補文獻之缺」的書寫實踐。這一層面的敘述邏輯更重視知識拓展與疆域開拓之間的關係。

從知識學的角度看，知識本身即包含探尋未知世界的衝動，並不斷通過文字書寫將現實世界轉化為文字文本，從而建構起一座由文字文本構成的知識大廈。對於許多知識家而言，窮其一生都在為這座知識大廈服務。他們或是將知識整理成為更具有條理化的譜系，或是將新知識補充到知識體系之中。當北部邊疆成為了知識家們知識探尋對象的時候，以北部邊疆的事物為中心，訂正原有知識體系中的訛誤，創製一系列新的知識文本，成為了知識精英們必然

〔註85〕王芑孫《西陬牧唱・序》，雙照樓叢書，民國刻本。
〔註86〕張穆《蒙古游牧記・序》，《清人文集地理類彙編（三）》，550頁。

要履行的神聖義務。在北部邊疆的表意性書寫中，這一點也被反覆言說。比
如知識家程廷祚（1691～1767）於《書〈西域圖〉後》中所言：

> 余友岳君水軒，歸自安西，手繪《西域圖》，偶以示余。龍沙、
> 蔥嶺，宛在目中，浩然動懷古之情者久之。西域開自炎漢，城國星
> 羅。《隋書》云：魏、晉以後，互相吞併，不可得詳，國名亦率多
> 更易。降及《宋史》，僅有于闐、龜茲。至元世祖盡滅西域，更以
> 諸王駙馬為君長，名號迴殊。《明史》惟存于闐而已。若乃土地山
> 川，遠近夷險，彼方既無紀載，番人之語加以重譯，益滋訛舛，無
> 怪乎履其地而古不能言，古籍雖存，而難以徵信也……頃者天威遠
> 播，克奏膚功，文武將吏往來，有若戶庭之近，則綜覈古今，可得
> 而論列矣。〔註87〕

在程廷祚看來，北部邊疆地處險遠，歷代缺乏記載，即便已有的記述也
是乖誤甚多，難以徵信。清帝國時代對北部邊疆的開拓徹底改變了這種局面，
使得那些錯誤的知識都得以勘驗校正。從而，將原本與政治並無直接關係的
知識整理與清帝國的國家行為聯繫在一起。

在這一理解路徑上，進一步向現實價值方向推進，北部邊疆知識的書寫
則不再是單一的知識討論，而成為了輔助帝國整理文獻的過程。哈達清格（生
卒年未詳），為乾隆朝人，曾任塔子溝（今遼寧省凌源市）通判。在任期間，
哈達清格為當地修撰了第一部地方志，名為《塔子溝紀略》。哈達清格認為，
自己利用工作之餘整理出地方志，這既是知識家對於知識大廈的責任，又期
待這部地方志有助於帝國對塔子溝地區的管理。如其在序言中所云：

> 我朝定鼎以來，中外一統。蒙民向化垂百餘年，今上御極之五
> 年設官分職，建立署宇，俾千古從未開闢之疆域，登之版圖，而體
> 制威儀得與內地無二。豈非聖德汪洋超軼乎唐虞三代之治也……茲
> 於公餘之暇，偶集其略，紀之得若干卷，略陳大概，以見我朝治化
> 之隆千古莫逮，後之考文紀獻者，未必無一助也。〔註88〕

同樣，臺隆阿（生卒年未詳），為道光、咸豐朝人，曾任岫岩通判，在任
期間作《岫岩志略》。在《岫岩志略》的序言中，臺隆阿說明了自己編撰岫岩
地區地方志的初衷：

〔註87〕程廷祚《書〈西域圖〉後》，《清人文集地理類彙編（三）》，520頁。
〔註88〕哈達清格《塔子溝紀略・序》，遼海叢書本，瀋陽：遼瀋書社，1985，885頁。

　　《周禮》小史、外史掌邦國四方之志，是知志同乎史，所以覘
政教之隆，文物之盛，而為一邑文獻之徵也。雖地有繁簡，事有緩
急，要未可以其為具文也而略之。國朝二百年來，荒邊夷徼盡列版
圖，瘴雨蠻煙咸通聲教，而況東都為發祥之區，南國尤化行之地
哉……若不及時考訂，編次成帙以廣流傳，竊恐數十年後老成之人
已杳，稗官之史難憑芳蹤，遺跡恐湮沒於荒煙蔓草之餘，亦士君子
之所深惜矣。即守斯土者，躬膺民社，手握銅符而不知創於前者為
若何，善於後者為若何，民何以庶富，何以教徭役，何以省訟獄，
何以平扼險，提封溪山之固者何在，窮簷曲巷士民之秀者何人，將
於上臺殷勤望治之心，督率作志之意，不更大有所負乎？〔註89〕

　　在這裡，一系列邊疆書寫的目的都是使邊疆能夠在文化上達到「與內地
無二」，而這一書寫行為的最終意義指向依舊是「中外一統」，彰顯帝國「政
教之隆，文物之盛」的表徵意義。

　　第三類敘述模式，源於帝國最古老的文學理論中所描述的文學書寫活動
同國家之間的關係。這種解釋的一個重要來源，是在數千年前漢帝國的知識
家對《詩經》等創作論的解釋。其中一種權威的說法認為，詩歌的寫作具有
「經夫婦，成孝敬，厚人倫，美教化，移風俗」〔註90〕的作用，故而「古有
采詩之官，王者所以觀風俗，知得失，自考正也。」〔註91〕這種解釋，在今
天的文學理論中稱為「采詩說」，它將文學書寫同帝王的道德品行聯繫在一起。
帝王派出采詩之官，到民間搜集意見，純樸的歌謠往往是民間意見的主要載
體。帝王通過收集的民間歌謠考量自己的得失，以匡正自己的行為，改善帝
國的治理。這一理想主義的敘述，隱喻著帝王是道德主義的化身，是民眾所
愛戴的君主，整個帝國君臣和睦，天下大治。這一文學理論觀點在後世被反
覆地言說，特別是當儒家主義成為文學理論敘述的主流之後，采詩之說經常
與國家德治、帝王功業聯繫在一起，其所承載的文體也不僅僅侷限於詩歌，
而將賦、文等多種文類都納入到這種理解之中，諸多來源於民間或是邊遠地
方的文學書寫活動都可以被視作是「采風」的產物。

　　由於邊疆書寫者從身份上來說，都是帝國邊疆事業的直接或是間接的

〔註89〕臺隆阿《岫岩志略·序》，遼海叢書本，瀋陽：遼瀋書社，1985，935 頁。
〔註90〕《毛詩序》，四部叢刊本。
〔註91〕班固《漢書·藝文志》。

參與者，他們經常借用了這套源於中原的文學理論，描述自己在邊疆的書寫
活動。在他們看來，邊疆地處偏遠，帝王難以親自體察當地的民情和風俗，
知識精英們作為帝國的一員，有義務主動為國家完成這項工作。曹麟開（生
卒年未詳），安徽貴池人，乾隆三十六年（1771）舉人，曾任湖北黃梅縣知縣。
後因涉石卓槐「嫁名鑒定詩集案」，於乾隆四十六年（1781）遣戍新疆。在新
疆期間，曹麟開作《塞上竹枝詞》。他在序言中說：

> 今者天威遠被，正當風行雨化之時；聖澤宏敷，同在日照月臨
> 之內。隸版章而綏部落，奸頑罔遁秋毫；闢阡陌以定租庸，荒陋盡
> 回春色。疆通重譯，五單于仍與分封；城啟受降，三葉護依然並建。
> 銅山別鑄銷條，支安息之金錢；石廩增高儲粟，弋渠黎之玉粒。人
> 多游手，新知犢劍牛刀；地昔不毛，近樂鵾筐蟋杼。貢西來之騏駼，
> 曾經萬二程餘；定分野之星躔，似出三千界外。溫吹於黍，頻聞《擊
> 壤》之聲；炙獻其芹，宜有采風之作……從此遐陬僻壤，聲不壅聞，
> 即茲覽勝，臥遊景堪。悅目折衷，繩墨尚希，錦里才人，下采風謠，
> 徐俟輶軒使者。〔註92〕

曹氏雖為流人，但是作為知識精英中的一員，其詩歌寫作伴其一生，從
未終止，即便在流放新疆之時也是如此。他認為，清帝國在新疆的殖拓徹底
改變的那裡的一切，邊疆從混亂變為有序，從貧困變為富有，都是帝國功業
的結果。這些變化應該讓帝王所知曉，自己將這些變化寫成詩歌，等待著采
風之官的到來。

又如潘耒（1646～1708）在為楊賓《柳邊紀略》所作序中亦云：

> 白山黑水之間，在古為荒服，不隸版圖。自遼金迭興，本朝復肇
> 基其地，疆理規畫之制寖詳，然紀載疏略，志乘缺如。邇來流人遷客，
> 頗多文士，往往能言其山川風俗，然有考古證今，著成一書者，以地
> 荒民樸，文獻無徵故也……凡山川形勢，障塞規模，驛站道里，三百
> 八十衛，二十四所，三十六部落，莫不詳稽而備載。物產地宜，民情
> 土俗，瞭如指掌。可以考典制，可以攬形勝，可以采風謠。〔註93〕

〔註92〕曹麟開《塞上竹枝詞·敍》，和瑛等《三州輯略·藝文門》卷八，中國西北文
獻叢書（二編），5 冊，497～498 頁。

〔註93〕潘耒《柳邊紀略·序》，楊賓《柳邊紀略》，續修四庫全書本，731 冊，227～
228 頁。

從題材上看,《柳邊紀略》屬於博物志,潘耒對其價值給予了開放性的闡釋。潘耒認為,楊賓的《柳邊紀略》不但可以補中原典制之缺,也可以攬形勝供日常閱讀,還是帝王采風的對象,他希望這部著作能夠為帝國邊疆政治和文化的事業起到輔助作用。的確,在後來的國家書寫工程中,《柳邊紀略》為《盛京通志》《吉林通志》等多部官修地方志所用,成為最重要的參考文獻之一。

二、帝國書寫

為了考察對表意性書寫如何在邊疆書寫中發揮作用,則有必要對表意性書寫運作的機制做系統的分析。在此,我將表意性書寫分為帝國書寫和私人書寫兩個維度,分別予以論述。

帝國書寫,亦可稱為官方書寫,它是指在國家組織的邊疆書寫工程中,對邊疆事項有計劃地敘述和概括,以將各類文本直接納入到帝國預期的表徵意義之中。由於帝國組織的邊疆書寫工程的大多數成果都是一系列的實用文本,比如各類邊疆辭典、地方志、輿圖等等,技術性書寫是這些文本的基本寫作方式。而國家的表意性書寫同這些技術文本的關係非常緊密。從這一事實出發,考察國家表意性書寫,必須同國家組織的邊疆書寫工程一併審看,才能獲得較為全面的認識。

首先,由於國家組織寫作的技術性文本,必然與國家的某種政治或文化的預期相聯繫。因此,技術性書寫的表述方式仍舊在表意性預設的框架之中,可以說,帝國的意義訴求本身即是邊疆書寫工程的初衷之一。這一點,最直接體現在一系列官方書寫文本的序文、案語等文類之中。

一般來說,序文的目的在於對整個文本的書寫因由、內容價值以及意義做出整體性概括,案語則主要對文本的某些內容做進一步的解釋說明。由於這些文本本身即是帝國官方書寫工程的產物,並不同於私人的邊疆寫作,故而序文或案語的表述往往成為了帝國官方態度的直接呈露。這裡需要有一個明確的認識,其實技術性書寫本身對於「本真」的追尋,總是希圖排除其他不必要的意義闡釋,以使文本記述的內容清晰、明確、直觀。但是表意性的書寫卻能夠應用序文等具有整體概括性的文類,將「本真」的追尋收編在帝國意義的框架之下。

比如:乾隆二十八年完成的邊疆辭典——《西域同文志》,其中收錄了滿、漢、蒙、托忒、回、西番六種文字。一般而言,辭典本身即是對語言的事實

描述，其價值亦在於教授學習者如何掌握語言或異族文字，與國家的表意性主旨並無所直接交涉。但是，帝國卻借用序文將整個文本納入帝國的意識形態之中。乾隆皇帝在序文這樣說：

> 同文者，仍闡韻統之義而特加以各部方言，用明西域紀載之實，期家喻戶曉而無魚魯毫釐之失焉。然嘗思之：天高地下，人位乎其中，是所謂實也。至於文，蓋其名耳，實無不同，文則或有殊矣。今以漢語指天則曰天，以國語指天則曰阿卜喀，以蒙古語、準語指天則曰騰格里，以西番語指天則曰那木喀，以回語指天則曰阿斯滿……然仰首以望昭昭之在上者，漢人以為天而敬之，回人以為阿思滿而敬之，是即其大同也。實既同，名亦無不同焉。達者契淵源於一是，昧者滯名象於紛殊。是志也，將以納方俗於會極，袪群疑之分畛，舉一例凡豹鼠易辨，即世道人心，豈云無禆益哉。〔註94〕

在這裡，技術性書寫對於詞彙互譯的解析，以「期家喻戶曉，而無魚魯毫釐之失」，其精確性固然重要。但是，乾隆皇帝更強調，詞彙表述事物在本質上的一致性。他認為，各民族語言不同，對同一個事物的語音也有各有差異，人們想表達的對象本身卻是一致的。詞彙在能指的差異性以及所指上的一致性，正隱喻了帝國同邊疆各種族之間的關係——彼此存在著差異，而在根本上「淵源於一是」。邊疆辭典的價值正在於打破這種天然的語言壁壘，實現天下諸民族之間的一統和互通。

又如乾隆四十四年，國史館會同理藩院奉旨修纂《外藩蒙古回部王公表傳》。所謂「表傳」，是一種史傳文體，屬於技術性書寫的範疇，這一文體力求準確詳實地敘述人物的生平和譜系等等。《外藩蒙古回部王公表傳》首列乾隆皇帝的諭旨，以敘述乾隆皇帝發起此次邊疆書寫活動的目的：

> 我國家開基定鼎，統壹寰區。蒙古四十九旗及外扎薩克、喀爾喀諸部咸備藩衛，世篤忠貞。中外一家，遠邁前古。在太宗時，其抒誠效順、建立豐功者，固不乏人。而皇祖、皇考及朕御極以來，蒙古王公等之宣猷奏績、著有崇勳者，亦指不勝屈。因念伊等各有軍功事實，若不為追闡成勞，裒輯傳示，非獎勸猷而昭來許之道。著交國史館會

〔註94〕《西域同文志·序》，文淵閣四庫全書，235 冊，臺北：臺灣商務印書館，2008，2 頁。

同理藩院，將各蒙古扎薩克事蹟譜系詳悉採訂，以一部落為一表傳，
其有事實顯著之王公等，即於部落表傳後，每人立一專傳，則凡建功
之端委，傳派之親疏，皆可按籍而稽，昭垂奕世。〔註95〕

　　在乾隆皇帝看來，邊疆蒙古諸部在清帝國建立過程中，南征北戰，做出
了卓越的貢獻，帝國不會忘記那些部族首領們的功勳，故而製作表傳以重建
人們的歷史記憶。同年九月，乾隆皇帝亦告知負責修撰的官員，將新疆回部
投誠效力的各王、貝勒、貝子等一併入傳，為北部邊疆的部族首領們建立了
一套從屬於帝國的家族譜系。這套譜系在編成之後，該書的漢語版收入《四
庫全書》，以彰顯其事蹟，垂範後世。另有用三種語言寫成的版本，則頒發給
邊疆各部，讓其子子孫孫知道皇帝「推恩念舊至意」〔註96〕。

　　同樣，諸如山川、職官、戶口、學校等內容的記述，皆屬於技術性書寫
的章節，也是地方志必備的門類。在很多情況下，修纂家們也依靠案語，將
這些內容都囊括在表意性書寫之中。《盛京通志‧戶口》案語云：

　　　　臣等謹案：《周官》登版籍而拜藏之，重民數也。盛京帝業所基，
　　　深仁淪浹，自世祖統一環宇，休養生息，逮今百數十年。耕屯相望，
　　　戶口日增，盡勿吉、挹婁之境莫不雲連櫛比，蕃庶殷昌。我皇上御
　　　極迄今，民數歲倍，前時歷巡所至，熙攘成風，所以培植本根者，
　　　至宏且遠也。〔註97〕

《西域圖志‧學校》開篇案語云：

　　　　臣等謹按：西域風土剛勁，性桀驁，樂戰鬥，固於習尚，教化不
　　　先。又其地與中土隔絕，流移僑寄所不及，詩書羽籥之盛，渺乎未有
　　　聞焉……我聖朝化洽西濛，宏開疆索，農耕其野，商出其途，招徠生
　　　息，民多秀良。巴爾庫勒、烏魯木齊諸境喁喁向風。或附進額於安西
　　　三縣，或開義塾於迪化、寧邊二廳，固已人思振奮矣。爰於建置州郡
　　　之始，興學育才，以彰盛治。璘瑜炳蔚，千古一時。於焉仰數仞之宮
　　　牆，秩兩丁之彝典。溢生徒於膠序，儲選造於閭閻。居斯土者，咸雍
　　　容焉。〔註98〕

〔註95〕《外藩蒙古蒙古回部王公表傳‧上諭》，文淵閣四庫全書本，454冊，臺北：
　　　　臺灣商務印書館，2008，217～218頁。
〔註96〕《外藩蒙古蒙古回部王公表傳‧上諭》，218頁。
〔註97〕《盛京通志》卷三十五，文淵閣四庫全書本，502冊，2頁。
〔註98〕《西域圖志校注》，483頁。

　　此類敘述，不一而足。除了這種有明確目的的意義收編方式之外，表意性書寫也滲入到具體行文的敘述中。在這些行文中，表意性書寫嵌入得更為隱秘，語詞在不經意間總是流露出對帝國價值論的認可。這一點，可能並不一定為書寫者所明確認知，他們只是遵循了這一場域中的敘述慣則而已。

　　比如：晉昌在《西陲總統事略・敘》中簡要地描述了帝國在乾隆朝平定新疆各種叛亂的經過：

> 我高宗純皇帝神威聖武，恢擴遐方。自乾隆二十年蕩平達瓦齊之亂，始有其地。是年，阿穆爾撒納叛。越二年，將軍兆惠平之。迄二十四年掃清回部，南路八城增其式。廓闢千古未闢之土，實萬世無疆之休。迺監於漢唐之陋，設將軍於伊犁，為南北總統。建城九，調滿漢眷兵六千置領隊大臣，四屯鎮一，撫民理事。同知各一，勁旅基布，城郭星羅，兵農並寓，教養兼施，聲教旁敷，無遠弗屆。大荒以西如哈薩克、瓦哩蘇爾坦等，咸知沐浴聖化，駢集共球，以視前代之徒事羈縻之術者，恢乎遠矣。〔註99〕

　　這裡以敘事為主，歷史沿革通過古今對比的方式，將新疆的歷史同清帝國聯繫在了一起，清帝國的政治合法性與道德權威在敘述中被歷史化。由此，以清帝國為中心，重建了新疆地區的歷史記憶。

　　其次，在帝國的邊疆書寫工程中，帝國統治者的旨意往往作為整個書寫工程的指導性意見，成為了整個技術性書寫的裁判。為了使官方書寫文本達到帝國的預期，帝國的統治者本人經常在書寫工程進行過程中提出自己的意見和建議。比如在《清文鑒》的編纂中，康熙皇帝告訴修纂官員：

> 爰詔儒臣，分類排纂，日以繕稿進呈。朕親御丹黃，逐一審定。
> 解詁之疑似者，必晰同異於豪芒，引據之闕遺者，必援經史以互證，
> 或博諮於故老，或參考於舊編。〔註100〕

　　康熙皇帝直接參與到文本的審定和寫作之中。同樣，在《大清一統志》「新疆」部分的修纂中，乾隆皇帝也頒布上諭，主動擔任《大清一統志》「新疆」部分的文本裁定工作：

> 新疆幅員遼闊，而一切事實又有《西域圖志》及《同文志》諸書為之藍本，館臣採撮排撰，實為事半功倍。可即令方略館按照各條

〔註99〕晉昌《西陲總統事略・敘》，松筠等《西陲總統事略》，3頁。
〔註100〕康熙《聖祖仁皇帝御製文集第三集・清文鑒序》卷二十，162頁。

釐訂纂輯，一併纂出稿本，悉照《續文獻通考》例，隨繕隨進，候
朕裁定。〔註101〕

皇帝除了一般性地視察書寫工程進展情況之外，最主要的目的即是對邊
疆諸多的問題從帝國的角度予以定性和評判。而修纂官們也聰明地遵循著皇
帝的指導意見，並同皇帝的敘述保持完全一致。這似乎成為了帝國邊疆書寫
工程所必須遵循的慣例。

比如：《滿洲源流考》在「凡例」中直接將帝皇帝的評介作為標尺，載錄
書寫文本之中，以為定論：

> 恭讀《御製文集》《盛京賦》《三韓考》諸篇及巡幸盛京、吉林
> 諸詩什，苞括典故，剖析舛偽，詢足折衷群言，垂示千古。謹擬於
> 書中各條內恭錄載入，永昭定論。〔註102〕

《西域圖志·凡例》中的最後總結到：

> 是書於乾隆二十一年丙子春，原任大學士劉統勳初奉諭旨纂
> 輯，後歸方略館辦理。於壬午冬初稿成，獲呈乙覽。邇年來規度日
> 詳，隨事增輯進御，仰荷睿裁欽定，蔚為完書。夫倚弓刀於襃鄂，
> 既集千古未集之勳；授筆札於鄒枚，宜傳千古不傳之烈。即臣等承
> 命編摩，不勝撫卷而欣忭者也。〔註103〕

由此，在帝國組織的邊疆書寫文本中，皇帝的意見每每在文本的各處出現。
這些皇帝本人的觀點可以是詔諭、御製序文，也可以是聖訓、御製詩文的某些
篇章，甚至是某些隻言片語，只要是同書寫對象有關的內容，都可以作為指導
性意見予以引述。毫無疑問，無論是皇帝的直接參與，還是編纂者有意地將皇
帝的看法作為凡例，都促使了邊疆文本表述意義的一致化——即以帝國的價值
論為核心。這種固定的介入模式，也影響到帝國書寫文本的體例。

技術性書寫因為追尋事物的「本真」，其在書寫中總是試圖將無關於此的
內容去除掉，以求能夠簡潔、精確地描述事項。但是由於表意性書寫的介入，
就使得技術性書寫的文本，不得不在體例上突出帝國的位置，這一點同技術
性書寫的本質訴求顯得很不協調。

有一個很明顯的例子。各種官方修纂的邊疆文本幾乎都將帝王的寫作

〔註101〕 《大清一統志·上諭》，文淵閣四庫全書本，474 冊，3 頁。
〔註102〕 《滿洲源流考·凡例》，文淵閣四庫全書本，499 冊，456 頁。
〔註103〕 《西域圖志校注·凡例》，7 頁。

成果，比如諭旨、御製詩文等，放置在最前面。比如《西域圖志》全書五十二卷，前四卷皆為「天章」，其中收錄有關於新疆的御製「文十六首，古今體詩三百二十五首，贊五十首」〔註104〕。同樣，《盛京通志》全書共計一百三十卷，前十八卷分別為「聖製」（卷一到卷七），「綸音」（卷八、卷九）、「天章」（卷十到卷十八），隨後才是京城、壇廟、宮殿、星土、建置沿革、疆域形勝等技術性書寫的內容。

數量龐大的諭旨、御製詩文同邊疆知識的收編本無太多直接的關係，其放置於卷首的目的非常明確——表彰帝國的功業。《西域圖志》前四卷為「天章」，修纂官的案語云：

> 知曠古偉烈，實緣天與人歸，有不期而然者，是不待汗簡編摩。而仰聖作之輝煌，不啻炳丹青而光日月矣。昔夏史臣撰次《禹貢》，備載九州田土、貢賦、疆域、形勝，而「祗臺」、「德先」二語，則大書昭揭，以為化原所自起。今臣等日趨禁直，密勿欽承，跪捧宸章，具詳端委。茲奉命編輯《西域圖志》，敬登御製詩文之關係西師全局者，並功臣像贊，分繕四帙，用冠全書，以為卷首，俾億萬世而下，睹雲漢之昭回，思生靈之赫濯，不惟著美鼎鍾，實以取衷宵旰。〔註105〕

同樣，《盛京通志》前七卷為「聖製」，其案語亦云：

> 我國家誕膺景命，肇基東土，式擴鴻圖，以光四表。洪維開國締造之初，規模宏遠，泊夫統一寰宇，聖聖相承，文教覃敷，制作大備。太祖、太宗聖訓心事光明，詞義正大，與天地同量，與日月齊光。洵乎聰睿神武，天縱聖人，開國家萬年有道之基。粵自世祖章皇帝，躬集大勳，恢宏前烈，睠念邠岐舊業，王跡所興，典誥煌煌，大文丕著。迨聖祖仁皇帝躬勤法駕，三詣陪都，溯生民肇祀之初，宅鎬遷豐之盛，鋪鴻藻信，景鑠方策，所布拱若球圖。我世宗憲皇帝，紹聞衣德，累洽重熙，以關左為龍興重地，訓詞經畫，深切周詳，與列祖詒謨同垂法則，佑啟萬年。臣等敬謹裒集繕錄卷首，以昭我朝聖謨懿鑠，世德作求之盛云。〔註106〕

〔註104〕《西域圖志校注·天章》卷首，1頁。
〔註105〕《西域圖志校注·天章》卷首，1頁。
〔註106〕《盛京通志·聖製》卷一，文淵閣四庫全書本，501冊，38頁。

　　由此可見，表意性書寫在國家組織的邊疆書寫工程中發揮著指導性的作用，原本以考據學為基礎的技術性書寫，也因為表意性書寫的介入最終屈從於帝國意義的表徵建構。

三、私人書寫

　　所謂私人書寫，是指書寫者個人在北部邊疆日常生活中的寫作活動。這種書寫，是純粹私人化的、自由的寫作活動。同帝國書寫相比，私人書寫並不在帝國書寫工程的計劃之內，也不具有書寫的強制性和表達某種固有意義的任務性。就其體裁而言，私人書寫可以包括詩文集、日記、行紀等諸多文體，書寫的事項也沒有固定的限制。就其私人書寫本身的向度而言，私人書寫同帝國的表意性並沒有直接的聯繫。但是，當私人書寫者對帝國權威主動歸附，這就使日常生活中書寫所觸及到的各個層面也都建構起帝國的表徵意義來。這是非常有意思的一種現象。

　　為何會這樣呢？為了對私人書寫做一較為全面的考察，依然需要從書寫者的身份出發，將書寫者區分為不同的人群分別審看。在這裡，我以私人書寫者同帝國的關係為區分標準，將其人群分為邊疆官員和邊疆流人兩大群體，進行討論。

（一）邊疆官員書寫者

　　首先，邊疆官員同時兼具著知識精英和帝國行政官員的雙重身份，他們中的很多人既是帝國書寫活動的直接參與者，同時也在「公暇之餘」，以文人或詩人的面貌出現，延續著私人寫作的活動。他們所寫作的邊疆私人文本，在大多情況下，僅在文人圈之中流傳，並不帶有官方寫作的色彩，與國家書寫工程也基本沒有關涉。

　　比如：邊疆詩文集《玉門詩鈔》的書寫者，是歷任葉爾羌辦事大臣、喀什噶爾參贊大臣的鐵保（1752～1824）。鐵保本人「優於文學，詞翰並美」〔註107〕，著有《懷清齋集》等詩文集；筆記《鳳城瑣錄》的書寫者，為乾隆四十二年（1777）始任遼東鳳凰城權使的博明（1718～1788）。博明「於經史詩文、書畫藝術、馬步射、翻譯、國書源流，以及蒙古、唐古忒諸字母，無不貫串嫻習」〔註108〕，

〔註107〕《清史稿‧鐵保傳》卷三百五十三，11282 頁。
〔註108〕翁方綱《西齋雜著二種‧序》，《復初齋詩文集》9 冊，嘉業堂叢書本，北京：文物出版社，1982。

並與錢載（1708〜1793）、趙文哲（1725〜1773）、翁方綱（1733〜1818）諸人多有詩文交接，歌詠唱答。除了詩集《西齋詩輯遺》《西齋詩草》之外，博明亦著有《義山詩話》等詩文理論著作。可以說，官員們的私人書寫文本是其知識精英身份在邊疆書寫中的展現。

但是，邊疆官員的帝國身份使其無法徹底地脫離帝國的價值權威。這主要原因在於北部邊疆提供了一個空間語境，自中華帝國有典籍記述以來，北方各游牧部族就從未徹底臣服於中華帝國的統治。即便是元帝國時期其統治也倏忽即逝。直到清帝國的出現，才「闢千古未闢之土」，使北部邊疆徹底安定。在這種歷史系脈的對比中產生的自豪感，必然為邊疆官員們所感知。同時，邊疆的官員們，無論級別的高低，都共同服務於帝國的北部邊疆各項事業，肯定帝國之價值即是認同自我邊疆工作的價值，這種認同感深入到私人日常各項邊疆事項的書寫之中。其表述散見於邊疆官員日常各類詩文之中，其數量也非常龐大，聊舉數首：

> 海南嶺北建雙城，重鎮威嚴駐滿兵。據要更新開郡縣，保安依舊置屯營。天山雪冷催蓮放，水府龍潛禁炮鳴。西域版圖收萬里，笑他漢碣紀功成。〔註109〕（薩迎阿《心太平室詩鈔‧巴里坤》）

> 馬公喀沁各分衙，南北遙遙五十家。從此竟無幅哩革，儼然四牡詠皇華。〔註110〕（崇實《蒙古臺站竹枝詞‧馬公喀沁各分衙》）

> 重臣持節更懷柔，天語親傳德意流。犬子不須勞草檄，羊公久共識輕裘。我行只聽蕭蕭馬，爾牧無驚濕濕牛。披拂仁風五萬戶，歡聲雷動遍衢謳。〔註111〕（王曾翼《居易堂詩集‧喀什噶爾（三）》）

> 二萬輿圖指掌通，大荒直北是西濛。冰天火地皆堯壤，一發祁連界畫中。〔註112〕（王芑孫《西陬牧唱‧二萬輿圖指掌通》）

這些從邊疆官員或其幕僚個人詩文集中抄錄出的詩文，並不是帝國要求的結果。比如王芑孫所作之辭，只是因為「從董尚書出塞，既即次多雨，無以自遣」才口占而出的詩文，不過他卻將書寫原因歸於「資耆定以來，耕屯日闢，

〔註109〕 薩迎阿《心太平室詩鈔‧巴里坤》，中國西北文獻叢書（二編），16冊，328頁。
〔註110〕 崇實《蒙古臺站竹枝詞‧馬公喀沁各分衙》，《中華竹枝詞（一）》北京：北京古籍出版社，1997，581頁。
〔註111〕 王曾翼《居易堂詩集‧喀什噶爾（三）》，乾隆六十年吳江王氏刻本。
〔註112〕 王芑孫《西陬牧唱‧二萬輿圖指掌通》，雙照樓叢書，民國刻本。

兆協薪烝，又國家綏萬屢豐之慶也」〔註113〕。由此即可看出，帝國的表徵意義已經不僅僅是單一的國家話語下的敘述，而成為私人書寫的主動歸附。

更為極端的例子，是在日記中對帝國的讚頌。與詩文集相比，日記當屬更為隱秘的私人書寫門類。一般來講，日記大多用以記錄書寫者的日常見聞，是書寫者自我表白的場域，具有絕對的私人化寫作的特徵。故而，在日記中更容易看到書寫者真實的感受和意圖。

比如：宋大業（生卒年未詳），長洲人，為康熙二十四年進士，曾為翰林院編修。康熙三十五年（1696）康熙皇帝率軍親征厄魯特蒙古，宋大業請纓，以督糧官的身份隨行。這次行程沿途「疊巒阻路，濘淖難行，時而風沙眯目，暴雨濡身，時而霜雪交加，暑炎酷烈，寒暖無常，常陰晴靡定」〔註114〕。可是其對帝國的溢美之詞，往往流露於日記之中：

> 二十一日，晴。起營。過三十一臺，遇見投降厄魯特男婦共五六十人，見余騎大黑馬，相顧私語，意以為壯觀也。男人耳帶大銅環，女人雙辮分垂，多衣綠布長衣，貌多老醜，亦有兩三年少者，馳騁便捷。有懷抱小兒者，有婦女牽三四馬者，有五六歲胡雛騎高大之馬往來疾馳者，有騎駱駝者。男婦俱戴狐皮大帽，著皮靴。余於馬上呼厄魯特，彼微哂而去。余不特身造其穴，且目睹其人，不覺心胸頓快，仰頌我皇上聖武神威，無遠弗屆，苟非督運異域，安得見此盛事耶。〔註115〕

在此，宋大業沿途遇到了一隊厄魯特難民，他只是看到了他們的著裝和逃難的樣貌，就不由自主地頌揚清帝國「聖武神威，無遠弗屆」的盛事。

又如康熙二十一年，時任翰林院侍講的高士奇隨康熙皇帝出山海關赴滿洲東巡祭祖，沿途有日記《扈從東巡日錄》。滿洲地區原本即清帝國之發祥地，此次高士奇又隨侍康熙皇帝左右，日記中所見古蹟、風物、民俗諸多事項，幾乎都浸染了帝國表意性書寫的色彩。如行其至薩爾滸，薩爾滸原本為清帝國崛起之初與明軍首役之地。高士奇在回顧了薩爾滸之戰的全部經過之後云：

〔註113〕王芑孫《西颰牧唱·序》，雙照樓叢書，民國刻本。

〔註114〕吳豐培《北征日記·跋》，宋大業《北征日記》，國家圖書館藏，民國三十二年鉛印本。

〔註115〕宋大業《北征日記》，畢奧南《清代蒙古遊記選輯三十四種》上冊，109 頁。

> 我太祖高皇帝崛起海西，經營草昧，百戰百勝，克創丕基。臣
> 士奇以愚陋豎儒，幸叨扈從，遍歷關山，得睹太祖、太宗創業之艱
> 難，且得訪聞當時攻取之鴻略，赫赫神武，此殆天授，非人力也。
> 爰約略恭紀其事，以志不朽云。〔註116〕

甚至回到京師之後，高士奇在此次行程日記的最末，又講述了整個東巡
的個人感受：

> 夫臣以山藪鄙儒遭逢盛世，追隨勾陳宿衛之中，八旬以來，伏
> 見皇上於行幄親書啟牘，候問兩宮必敬必誠，久而彌篤。披覽章奏，
> 夜深不倦。所過郡邑，必問民間疾苦、水旱、官吏賢否。聖德巍巍，
> 超軼前古，豈臣蠡測管窺所能盡述。惟就見聞所及，紀其大略，庶
> 比古人扈從日錄之義，藉以不朽，臣實幸甚。〔註117〕

從以上的這些討論可以看出，以帝國文化主義為核心的表意性書寫，已
經不僅僅是官員們公務寫作中的固定話語，其文化主義的價值論也同樣深入
到官員們的私人書寫之中。頌揚國家、標榜澤業，已經成為這一時期清帝國
北部邊疆官員們無意識的情感流露。

（二）邊疆流人書寫者

從一般的認識上來講，邊疆流人應該與帝國的表徵意義相互疏離，甚至
對立。因為邊疆流人在身份上是帝國的罪犯（即便曾經是帝國的官員），是帝
國懲罰或制裁的對象，他們被擯斥在體制之外，遭受刑罰。不過，邊疆流人
書寫者卻是考察表意性書寫絕佳的對象。他們本身被帝國所排斥，如果在他
們尚能在書寫中依從於帝國的文化主義價值，那麼也就說明了這種表意性書
寫已經形成了一種普遍的書寫共識，事實也恰恰就是如此。清帝國時期出現
了廣泛的流人在私人書寫中頌世的現象。

這裡仍需從書寫者的身份角度審看，帝國的大多數流人書寫者同樣兼具
著帝國官員與知識精英的雙重身份。首先，大多數的邊疆流人書寫者都是原
來帝國體制內的官員，只是因為在政治工作中的失職而遭受流放的處罰。在
他們流放的過程中，常有舊日同僚沿途接待。即便到達戍所，他們的交際圈
仍舊是當地的官員以及同樣被流放的僚屬，彼此之間經常交接唱和。抵達

〔註116〕高士奇《扈從東巡日錄》，畢奧南《清代蒙古遊記選輯三十四種》上冊，233 頁。
〔註117〕高士奇《扈從東巡日錄》，251 頁。

邊疆之後，他們從事的工作被稱為「效力當差」，負責與邊疆地方管理相關的工作，這同普通的囚徒有本質性的區別。比如：祁韻士流放之前任戶部寶泉局監督一職，嘉慶十年到達戍所後充任伊犁印房章京，隨後又協助伊犁將軍松筠修撰地方史志；林則徐謫戍伊犁之前任兩廣總督，道光二十一年（1841）到達戍所後亦掌軍府糧餉事務，參與抗旱墾荒工作。

即便是那些在戍所沒有固定職務的邊疆流人書寫者，由於其所掌握的文字書寫能力也往往受到邊疆負責官員們禮敬尊重，被安排從事與文字書寫有關的邊疆事務。比如順治十六年，流放寧古塔的吳兆騫，為江南名士。到達戍所之後，他應黑龍江將軍巴海（未詳～1696）之邀，被聘任為幕府書記兼家庭教師；劉鳳誥（1760～1830），本江西萍鄉人，乾隆五十四年殿試探花，曾先後任翰林院編修、廣西學政、禮部、兵部、吏部侍郎等要職。後因科場案於嘉慶十三年（1808），流放卜魁（今黑龍江省齊齊哈爾市），在黑龍江將軍斌靜（未詳～1832）的幕下從事文案工作，「自將軍下逮佐校，咸賓敬之」〔註118〕等等。

同時，大多數人流人書寫者在邊疆工作一段時間即被放還內地，重新啟用。比如劉鳳誥也在流放卜魁五年之後，於嘉慶十八年（1813）被赦歸，後擢任翰林院編修。紀昀、徐松、林則徐、鄧廷楨等赦還之後，也皆有各有重新的拔擢任用。可以說，邊疆的流人書寫者並沒有徹底地被摒除在體制之外，他們仍舊在為帝國的各項事業服務，因此在心理上也並未同帝國的價值徹底決裂，仍舊將自己視作帝國邊疆事業的參與者。

不過，與邊疆官員們相比，他們的工作一般是輔助性質的或是相對閒置的職務，這些邊疆流人書寫者反而有更為充分的時間從事私人書寫工作，其知識精英的身份也得以在邊疆的日常生活中得以充分展現。他們或是按照個人的興趣編纂邊疆的知識文本，比如方式濟作《龍沙紀略》，方拱乾作《絕域紀略》，祁韻士作《西陲要略》，徐松作《西域水道記》等等；或是將邊疆詩文寫作作為日常生活中休閒方式，比如方拱乾作《甦庵集》，紀昀作《烏魯木齊雜詩》，祁韻士作《西陲竹枝詞》《濛池行稿》，王大樞作《西征錄》，英和作《卜魁集》等等。可以說，邊疆獨特的異域景觀和複雜的生命體驗，激發了邊疆流人書寫者們的書寫熱情。這種熱情既是其知識精英身份的延續，

〔註118〕萬福麟等《黑龍江志稿》卷五十七，國家圖書館藏，民國二十一年鉛印本。

表現出對邊疆知識的渴求與嚮往，同時他們也延續了帝國事業參與者的身份，將自己從事的書寫活動視為帝國邊疆事業殖拓這一大背景下的產物。比如鄧廷楨所云：

> 我國家純嘏億千，拓宇三萬，神禹之跡未遍，豎亥之步難周。輪臺、瀚海，盡入版圖；兜勒、蒙奇，視同戶闥。自昔恣為誕幻，於今變其謬悠。凡名山巖嶪，及異產瑰琦，巢居谷飲之泯，卉服鳥言之俗，偶然書彼碎事，皆足擴茲咫聞，作子部之附庸，備庚陸之問詢而已。〔註119〕

因此，在邊疆流人的私人書寫中，帝國的表意性書寫同樣發揮了意義指向的作用。由於邊疆私人書寫不必像帝國書寫那樣拘泥於國家的重大事項，它可以將視野轉向民間世俗，也能夠接觸到邊疆社會的各個層面，故而幾乎邊疆的一切風物、世態都可以用以表徵帝國的意義。比如見長城即云：

> 一寸黃土一寸血，德懷威畏自安邊。何用登登獨互綿，古今在德不在險。金湯之固亦徒然，中原逐鹿震金鼓。歷代興亡帝指數，為龍為蛇自有真。慘淡經營徒自苦，我朝燕京定鼎來。聖聖相承兩階舞，渾然道德作城池，粹然仁義為干櫓。華夷既一家，向化皆力弩，未必恃長城，歸心到率土。〔註120〕（王大樞《長城》）

見天山則云：

> 七十二家所未聞，二十一史所未志，莫不延頸喁喁，向風慕義。於是乎以大瀛為外藩，指崑崙為中嶽，懸斗柄於中央，睹南星之夜爍，翎茲天山小矣。同旅葵之司閽，備圉人之外閑，置守連屯，設臺經野。虎頭宣萬里之威，豕首避皇華之馬。〔註121〕（歐陽錥《天山賦》）

過瀚海亦云：

> 如何盛世中外一，並斷胸奴左邊臂。南庭北庭幕已空，陽關玉關門不閉。二千餘年方拓壤，三十六國皆請吏……只憐我亦老史臣，振筆欲增西域記。會看拓地過西海，不使群生有殊氣。閩船已具

〔註119〕鄧廷楨《西域水道記・序》，徐松《西域水道記》，3頁。

〔註120〕王大樞《西征錄・長城》，中國邊疆行紀調查記報告書等邊務資料叢編（初編），32冊，692頁。

〔註121〕歐陽錥《天山賦》，和瑛等《三州輯略・藝文門》卷八，中國西北文獻叢書（二編），5冊，488頁。

千百艘，宛馬益多三萬騎。寒門銅柱親勒銘，功德高於百王帝。

〔註122〕（洪亮吉《安濟海夜起》）

此類事例，不一而足。我們知道，邊疆的一切事物本身並沒有先天的意義，其意義都是書寫者們所共同賦予的。在邊疆流人書寫者們看來，因為邊疆的殖拓，這些風物才能夠被書寫者所發現、認知和細緻地描繪，大至於山川城郭，小至於草木螻蟻，無不是帝國經營開拓邊疆的結果。基於這種認識，流人被帝國排斥者的身份，成為了帝國文化主義之下次一級的敘述，帝國的文化主義成為了邊疆表意性書寫的主流。因此，在流人中形成了普遍的頌世現象，這也同原本流人的身份顯得極不相稱。

從另一個層次上看，帝國的表意性書寫已不僅僅是在文集或詩集中的偶然流露，許多流人書寫者甚至已經將帝國的文化主義作為邊疆書寫活動的主要目的。比如褚廷璋（未詳～1797）《西域詩十二首·序》中所云：

> 紀聖朝之疆索，闡前代之見聞，編纂之餘，爰成斯什，用志天山南北都會、城郭之大略，以補史乘所未備，且藉以詠歌盛烈，竊附於江漢常武之義。〔註123〕

這樣，褚廷璋所記敘的十二首西域詩都成了「紀聖朝之疆索，闡前代之見聞」的結果。同樣，祁韻士在《西陲竹枝詞·小引》亦言：

> 龍沙萬里，久隸版圖。猶斯土者，見夫城郭、人民之富庶，則思聖德神功，怙冒罔極。〔註124〕

那麼，祁韻士筆下的多首竹枝詞，也成為了彰顯聖德神功的文辭。正是在這一認知邏輯之下，許多邊疆流人的詩文集都通過表意性書寫依附於帝國的價值。從而在邊疆書寫中，形成了上至君王、官員，下至流人，普遍頌揚帝王功業、表彰文明德化的現象。

第四節 邊疆書寫範式的危機與轉變

帝國組織下建構起來的北部邊疆書寫範式的一般性形態，是考據學技

〔註122〕洪亮吉《安濟海夜起》，《洪北江詩文集·更生齋詩·萬里荷戈集》卷一，四部備要本，89 冊，70 頁。

〔註123〕褚廷璋《西域詩十二首·序》，和瑛等《三州輯略·藝文門》卷八，中國西北文獻叢書（二編），5 冊，494 頁。

〔註124〕祁韻士《西陲竹枝詞·小引》，山右叢書初編，民國二十三年鉛印本。

術性書寫與帝國文化主義敘述為核心表意性書寫的聯盟。但是有清一代，在
這一書寫的大環境中仍然存在著突破這一書寫範式的某些因素。起初這些悸
動的因素尚且能夠在書寫範式中與傳統的敘述共存，並不斷地補充舊有範式
的體系中尚未完善的部分。不過這些悸動因素的成長亦在不斷地解構舊有範
式的書寫慣則，並最終推動了北部邊疆書寫向新範式的轉變。

一、憂患意識

如前所述，以帝國文化主義敘述為核心的表意性書寫，既是帝國的倡
導，又是邊疆書寫者的認同與歸附。它更多地借用了詩、文等文體善於捕捉
某種固定意義的特點，作為表徵帝國意義的媒介。這一表徵意義得以確立
有一個共識性的前提，即帝國在政治和軍事上取得了一系列的成功，使得
原本被視為荒蠻地域的邊疆地區成為了清帝國直接領屬下的疆域。即如知
識精英們所云：

> 我皇上神謨廣運，義問遐宣，德耀軒弧，絡挾紫濛之野。化
> 罩禹服，天山肇白阜之圖。拓二萬里，甌脫而遙共球翕集。越廿
> 八宿，經躔以外疆索闓開。周原排築舍之謀，握珠鈴於獨斷。大
> 漠奏犁庭之績，懸金鏡於先幾。師期甫再閏而不逾，廟算為百王
> 所未有。〔註125〕

在這一話語預期之下，邊疆不應當存在固定的界限，因為帝國的權威是
上天所賦予的，普天之下帝國的權威延伸到何處，何處就是帝國統屬的疆域。
「廓疆畛三萬餘里」、「荒邊夷徼盡列版圖，瘴雨蠻煙咸通聲教」等敘述，比
比皆是。

不過，進入十九世紀後半期，特別是十九世紀最後的三十年，西方諸國
在民族主義、社會達爾文主義、福音傳道派以及全球資本主義的推動下，加
速了在中國的擴張〔註126〕，清帝國所建構的北部邊疆遭遇到了前所未有的困
境。對此，可以從整個國際環境和北部邊疆面對的實際問題兩方面來分析。

（一）國際環境的變化

隨著西方列強的到來，帝國傳統的統治秩序開始瓦解。清帝國不得不漸次

〔註125〕傅恆等《恭進平定準噶爾方略表》，《平定準噶爾方略》，文淵閣四庫全書本，
357冊，臺北：臺灣商務印書館，2008，2頁。
〔註126〕費正清、劉廣京編《劍橋中國晚清史》下卷，83～100頁。

接受一個殘酷的事實——它只是世界萬國體系中的一員而已，必須按照萬國體系中的規則處理國家和地區之間的關係。

其實，在清帝國傳統的話語中並非不存在「萬國」的概念，在十九世紀中後期之前相當長的時段中，那些遙遠而狹小的異域諸國（「萬國」）都是在帝國道德聲威的感化之下，不遠萬里、梯航而至向帝國朝貢的野蠻國家。比如清高宗弘曆在《皇清職貢圖》裏所描述的那樣：

　　　書文車軌誰能外，方趾圓顱莫不親……西鰈東鶼覲王會，南蠻
北狄秉元辰。〔註 127〕

這類描述在清帝國時期的文獻裏非常容易看到。從清帝國統治者的角度來看，「萬國」使臣的到來，正彰顯了帝王聲教和帝國權威向域外的遠播。在這種情況下，清帝國對於「萬國」的理解仍未跳脫傳統的天下話語。

但是到了十九世紀中期，歐洲帝國在東亞的拓張，由此引發了歐洲帝國與清帝國之間的一系列衝突和戰爭。清帝國在經歷了一連串的外交和征戰的失利之後，不得不同西方諸國簽訂了近代意義上的國際條約。無論是這些條約中的許多條款本身，還是簽訂條約本身的行為，都改變了傳統的帝國話語處理域外關係的方式，清帝國不得不學著接受一套新的世界秩序。在這套新的世界秩序中，世界是由諸多國家（「萬國」）共同構成的，主權國家之間彼此平等，相互間並不存在隸屬的關係。〔註 128〕

從時間次序上看，這種帝國話語遭遇到的梗阻是從外交層面延伸進入到整個清帝國政治敘述之中的：

　　　在第一次鴉片戰爭前後，中英兩國之間主權思想的衝突，在話
語上集中體現在表述和自我表述、如何規定遊戲規則、如何思想道
德判斷、如何貫徹法律以及帝國的意志等方面。〔註 129〕

何偉亞在《英國的課業：19 世紀中國的帝國主義教程》一書中集中討論了西方列強在清帝國的晚期是如何通過「武器的暴力」和「語言的暴力」，抹去清帝國的神聖性並且將之納入到萬國平等的新秩序之中的〔註 130〕。其中

〔註 127〕乾隆《御製題皇清職貢圖詩》，傅恆等《皇清職貢圖》，2 頁。
〔註 128〕參看何偉亞《英國的課業：19 世紀中國的帝國主義教程》，第二部分《在中國重建疆界，1861～1900 年》。
〔註 129〕劉禾《帝國的話語政治：從近代中西衝突看現代世界秩序的形成》，三聯書店，2014，125 頁。
〔註 130〕何偉亞《英國的課業：19 世紀中國的帝國主義教程》，4 頁。

相當重要的一項，即是對清帝國傳統的秩序話語的徹底顛覆。何偉亞注意到，清帝國通過官方文書的寫作，將其國家的政治權威話語貫徹到其管理和控制的廣袤帝國之中，各個區域的知識作為符號都被編織進這一話語之中。其中特別重要的是「貢」與「夷」兩個詞的使用，它們是清帝國維護不平等秩序中最有利的文化政治武器。

> 一個是「貢」字，這個字在當時──直到現在，仍然有許多人這樣翻譯──被英國人翻譯為「tribute」（貢品）。選擇這個單詞，不僅會讓人們聯想到東方的專制政權以及藩屬關係，而且還會使具有獨立精神的英國人感到一種不平等不合法的經濟交換形式，他們不願意為了獲得參與一種受到約束的商業交流的權利而被認為是進貢。另一處相似的情況是把「夷」字翻譯成「barbarian」（野蠻人）。其實，這個字也可以被譯成「foreigner」（外國人）或「stranger」（外人）。然而，當被翻譯成「barbarian」時，「夷」字就具有了這樣的意義：它表示清朝皇帝及其官員們思想深處的那種傲慢不遜、盲目尊大和深拒固閉。〔註131〕

這兩個關鍵詞主要用於描述在清帝國直接統屬疆域以外的世界。在清帝國看來，域外世界與中原的文化相似性愈高，其文明水平在清帝國所排列的統域中的位次即愈高。相反，與中原的文化相似性愈低，其文明水平也應當愈低，這些域外國家也就成為了清帝國可以在文化和政治上嘲諷蔑視、甚至口誅筆伐的對象。這種理解限定了一條由清帝國權威話語所劃定的「文化政治邊界」〔註132〕。

為了對這一話語徹底顛覆，西方列強一面通過的戰爭，諸如第二次鴉片戰爭（1856～1860）、搶劫和焚毀圓明園（1860）直到庚子國變（1900～1901）對清帝國有意地報復，除去其神聖化；另一方面，則通過規訓的方式，顛覆清帝國的傳統政治話語，使之完全屈服，接受西方萬國體系中諸國平等的新秩序。

學者劉禾在《帝國的話語政治》一書中，專門考察了這類詞彙（特別是「夷」）為代表的清帝國話語如何被顛覆的。通過武器和語言的雙重暴力：

> 無論對清朝政府的官方文書，還是對民間的中文出版物，英國

〔註131〕何偉亞《英國的課業：19世紀中國的帝國主義教程》，61頁。
〔註132〕劉禾《帝國的話語政治：從近代中西衝突看現代世界秩序的形成》，100頁。

　　當局一概對之保持高度警惕，謹防任何對英國人不敬的詞語冒出
　　來……因此，到了 20 世紀之交，「夷」字以及其他的「不敬」的字
　　句，就從大多數的中文出版物和清政府的官方文件中，被永久地放
　　逐了。〔註 133〕

　　這一場文化政治話語的衝突與顛覆，打亂了傳統表意性書寫對許多政治
單元的編碼，清帝國的權威很難再毫無限制地向異域拓張，許多政治單元包
括北部邊疆的政治描述都必須予以調整。

　　由此，清帝國所處的世界，不再是唯我獨尊的空間，而是近乎於春秋戰
國之世、「萬國」紛爭的世界。這種新的世界格局，也逐漸成為了清帝國許多
知識精英們的共識，如馮桂芬（1809～1874）所言：

　　　　今海外諸夷，一春秋時之列國也。〔註 134〕

彭玉麟（1816～1890）亦言：

　　　　當今日之時勢，強鄰日逼，儼成戰國之局。〔註 135〕

又如鄭觀應（1842～1921）在《盛世危言・公法》中所描述的那樣：

　　　　其名曰有天下，實未盡天覆地載著全有之，夫固天下之一國
　　　　耳。〔註 136〕

　　在這樣的世界中，傳統的天下話語遭遇了前所未有的挑戰，清帝國很難
再將自己描述為「萬國」擁戴、管理天下的主人，它只不過是世界萬國體系
中的一員而已。〔註 137〕

（二）北部邊疆的危機

　　隨著西方列強的不斷入侵和不平等條約的簽訂，帝國也陷入了前所未有
的邊疆危機。先是十九世紀中葉兩次鴉片戰爭的戰敗。與此相伴，俄羅斯帝國
在北方的拓張和北部邊疆無休止的叛亂，也致使清帝國在北部邊疆實際管控的

〔註 133〕劉禾《帝國的話語政治：從近代中西衝突看現代世界秩序的形成》，132～133
　　　　頁。
〔註 134〕馮桂芬《校邠廬抗議》卷二，續修四庫全書本，952 冊，上海：上海古籍出
　　　　版社，2002。
〔註 135〕彭玉麟《盛世危言・序》，鄭觀應《鄭觀應集（上）・盛世危言》，上海：上
　　　　海人民出版社，1982。
〔註 136〕鄭觀應《鄭觀應集（上）・盛世危言・公法》，上海：上海人民出版社，1982，
　　　　387 頁。
〔註 137〕參見費正清、劉廣京編《劍橋中國晚清史》下卷，第三章《中國人對西方關
　　　　係看法的變化，1840～1895 年》。

能力受到衝擊。

　　自從清帝國建國前後直到十九世紀中期，清帝國在北部邊疆的經營已經延續了將近兩個世紀之久。在這樣長的時間段內，帝國不斷地鞏固邊疆的政治體制，形成了北部邊疆的共同體，同時也將邊疆納入到帝國話語的文化建構中來，這一切都相當的成功。但是，幾乎就在同樣的時間段內，俄羅斯帝國也不斷地在亞洲內陸擴張，它先後吞併了一系列中亞腹地的部族與國家，並一路向東拓展，一直進入到東北亞地區。

　　在這樣的擴張中，俄羅斯帝國與清帝國曾經在北部邊疆地域發生了諸如雅克薩之戰（1685～1688）這樣大規模的軍事衝突。當清帝國在西北掃平了準格爾汗國之後，清帝國的北部邊疆與俄羅斯帝國「北邊萬里與俄羅斯為鄰」〔註138〕，兩國全面接壤，俄羅斯帝國也成為清帝國在北部邊疆最大的競爭者。為了明確雙方實際控制的區域，清帝國與俄羅斯帝國分別在 1689 年和 1727 年簽訂了《尼布楚條約》和《恰克圖條約》以明確疆界的歸屬。

　　但是到了十九世紀，俄羅斯帝國以萬國體系中簽訂條約的方式，又迫使清帝國失去了北部邊疆從滿洲直到新疆阿爾泰地區的大片土地，並且俄羅斯的勢力仍舊不斷滲透到滿洲、蒙古諸部以及新疆的許多地區，甚至新疆的首府伊犁也一度被俄羅斯的軍隊所佔據——「俄羅斯藉代我收復為名，入據伊犁。西北糜爛，群情沮喪」〔註139〕。在這種局面下，不但是清帝國文化主義話語在北部邊疆遭遇了現實情勢的阻斷，政治直接管轄下的北部邊疆區域也面臨著大規模喪失的危險。「由於戰爭的連遭失敗，藩屬制度不僅在理論上，而且在實踐上也被粉碎，這標誌著帝國與外國交往的傳統的徹底崩潰」〔註140〕。

　　這一情況，被當時的清帝國的知識精英們所明確認知，比如鄭觀應所言：

　　　　自古以來皆有邊患。周之玁狁、漢之匈奴無論矣，降至晉、唐，
　　　以迄宋、明，其間氐、羌、羯、鮮卑、突厥、契丹、蒙古，莫不強
　　　橫桀驁。至本朝而後盡隸版圖，似今日邊防易於措置，而不料為邊
　　　患者，乃更有海外諸邦也……中國四邊，東至庫頁島，南至臺、瓊，

〔註138〕何秋濤《朔方備乘・北徼形勢考敘》卷十一，續修四庫全書本，741 冊，134頁。
〔註139〕袁大化、王樹枏《新疆圖志・建置一》卷一，13 頁。
〔註140〕費正清、劉廣京《劍橋中國晚清史》下卷，63 頁。

西至噶什喀爾，北至外興安嶺，無一不界強鄰。一有釁端，逐處可
以進攻，隨時可以內犯……邊地廣矣，在南則與法之越南、英之緬
甸交界，在西則與印度比鄰，在東北、西北由東三省、內外蒙古迤
邐而至新疆，又在在與俄接壤，皆強鄰也。〔註141〕

當邊疆書寫者們面對的是一個破敗不堪、喪失疆域、邊防日緊的北部邊
疆之時，「古帝王功德之盛莫如我朝，重熙累洽、治致升平、幅員之廣、盡天
所覆亦莫如我朝」〔註142〕之類的帝國文化主義話語表述，很難與現實的情況
達成一致。面對著「俄羅斯與我犬牙繡錯，好人怒獸，時思逞志，噬齧中國」
〔註143〕的北部邊疆情境，表意性書寫中樂觀的文化主義敘述開始被揮之不去
的憂患意識所逐步替代。

（三）表意性書寫的變化

表意性書寫的變化，首先是從私人書寫中開始的。就私人書寫的性質來
看，它本身屬於知識精英日常情感的自然流露，並不受帝國話語的直接管控。
在私人書寫中表述帝國的意義，完全來自於邊疆書寫者對帝國權威自發的認
同，並不具有書寫的強制性。當帝國的邊疆事業遭遇到前所未有的挫折，戰
亂不斷、喪失疆土的邊疆現實很難同傳統敘述中「澤業」、「聲教」、「文治」的
表述相協調，直接源於現實的憂患意識在日常文本中漫布開來。

從邊疆官員與流人——兩大私人書寫群體同帝國的關係上看，相對於邊
疆官員，流人與帝國的關係相對疏遠。當帝國陷入邊疆危機之後，他們對帝
國的仰望失去了現實的基礎，流人頌世的現象也隨即消逝，憂患意識同流放
者的排斥感和疏離感縈繞在一起，並在他們的日常書寫中持續發酵。

除了流放者身份的關係之外，還有一個重要的原因導致了憂患意識廣泛
出現在流人群體中，即許多流人被遣戍北部邊疆，都是帝國邊疆事業失敗造
成的直接後果。比如道光二十一年（1841），林則徐、鄧廷楨以在中英戰爭
期間「在粵辦理不善，轉滋事端」〔註144〕流放伊犁；同治九年（1870），張光

〔註141〕 鄭觀應《盛世危言・邊防上》卷五，《危言三種》，上海古籍出版社，2013，
　　　　　208頁。
〔註142〕 齊召南《水道提綱・原序》，文淵閣四庫全書本，583冊，臺北：臺灣商務印
　　　　　書館，2008，3頁。
〔註143〕 姚永概《外舅徐椒岑先生六十壽序》，徐宗亮《黑龍江述略》，哈爾濱：黑龍
　　　　　江人民出版社，1985，99頁。
〔註144〕 《清史稿・鄧廷楨傳》卷三百六十九，11496頁。

藻因在天津教案中「疏防民教啟釁」〔註145〕，流放黑龍江；光緒十年（1883），張佩綸（1848～1903）因中法馬尾之戰敗績，流放蒙古察哈爾，此類事例不勝枚舉。

事業的失敗、帝國的擯斥共同促使了這些流人轉向了邊疆憂患意識的表達，並在流人中形成了普遍的憂患敘述。聊舉數例，以觀其貌。

> 久慨藩籬決，微嫌動致師。海南飛警報，退傳秉幡旗。蠻落難謀戰，強鄰更有詞。滄溟若庭戶，遺恨瀋蘇彝。〔註146〕（張蔭桓《久慨》）

> 與公蹤跡靳從驂，絕塞仍期促膝談。他日韓非慚共傳，即今彌勒笑同龕。揚沙瀚海行猶滯，齧雪穹廬味早諳。知是曠懷能作達，只愁烽火照江南。〔註147〕（林則徐《將出玉關，得嶰筠前輩自伊犁來書，賦此卻寄》）

> 絕島旌旗耀日星，無端烽火起東溟。雲邊鴻雁聲何慘，海上魚龍氣正腥。臺省空多諸將相，天家不是小朝廷。和戎等是尋常事，遮道蒼生哭忍聽。〔註148〕（朱錕《聞倭入寇》）

在這些表意性的書寫中，歌詠帝國權威的敘述很少再出現。與此相反，「蠻落難謀戰，強鄰更有詞」、「只愁烽火照江南」、「無端烽火起東溟」等對於帝國邊疆危難的表述開始逐步顯現。比如原任天津知縣的張光藻因為中西衝突的天津教案流放邊疆，其在邊疆詩集《北戍草》的序言中的感慨，表達得更為直接：

> 津門之役，距今十年矣。偶一思及尚有餘痛，豈為一官之去就，一身之屈辱計哉。江河日下，大局如斯，憂憤孤衷不能自己。〔註149〕

由此可見，帝國遭遇了「江河日下，大局如斯」的危機，導致了整個流人群體在私人書寫中的轉變──帝國的邊疆權威發生的動搖、樂觀的文化主義敘述逐漸隱退，取而代之的是「憂愁孤衷不能自己」這類充滿了憂患意識的、

〔註145〕《清史稿・穆宗本紀二》卷二十二，883 頁。
〔註146〕張蔭桓《鐵畫樓詩文續鈔・久慨》，光緒二十三年刻本。
〔註147〕林則徐《雲左山房詩鈔・將出玉關，得嶰筠前輩自伊犁來書，賦此卻寄》卷六，續修四庫全書本，1512 冊，上海：上海古籍出版社，2002，334 頁。
〔註148〕朱錕《西行紀遊草・聞倭入寇》，轉引自星漢《清代西域詩研究》，上海：上海古籍出版社，2009，251 頁。
〔註149〕張光藻《北戍草・自序》，民國十九年鉛印本。

新的表意性書寫。

　　與流人群體相比，邊疆的官員書寫者們與清帝國的關係更近一些。由於他們依舊在政治體制之內，因此，他們的書寫在這一時期逐步顯示出了某些書寫矛盾性的特徵。這裡還需要對十九世紀中期之後的國家書寫做出必要的說明。

　　就清帝國的邊疆國家書寫而言，在十九世紀中後期，它在帝國域內依舊延續著傳統的慣則，並沒有完全顛覆原有的書寫範式。其主要原因有二，其一，就國家書寫背後的權力而言，以皇帝為統治權力核心的政治體制以及萬國來朝、天下一統的國家敘述，依舊是帝國國家書寫主要政治和文化依據。雖然在外交環境中，清帝國的這套話語體系屢受挫折，但是，帝國的權力結構暫時還沒有因為萬國體系的出現而徹底崩潰。當政治權力尚未徹底崩潰之前，組織知識的方式和意識形態話語也很難徹底改變。所以在清帝國域內，傳統的天下觀念以及文化主義的表達，依舊發揮著原有的表意性的作用。其二，就國家書寫的文本自身特徵而言，之前，帝國所組織的邊疆書寫工程積累了豐富的成果，已經形成了固定的書寫套路——比如使用相同的術語、關鍵詞，沿用相同的編纂體例、方法論等等，這套固定的書寫套路成為知識精英們普遍的共識，只有按照這一套路書寫，其成果才能被整個知識界所認同。

　　基於以上兩個基本原因，國家書寫很難在短時期內有根本的變化。在這裡，我舉一個非常典型的例子，來展示當時國家書寫的情況。清帝國的最後一年——宣統三年（1911），清帝國完成了最後一部由國家組織的邊疆書寫文獻——《新疆圖志》。新疆巡撫袁大化在這一年的嘉平月（農曆十二月）上旬，為這部方志撰寫了序言。此時，中原已是狼煙遍野，各省皆反清易幟，紛紛獨立。袁大化完成了這篇序言還不到半個月，清帝就頒布了退位詔書，清帝國徹底土崩瓦解。但是，在《新疆圖志》的序言中，袁大化依舊盛讚帝國權威：

> 我朝列聖相承，秉堯舜之仁，明恢禹湯之征伐，然亦畏威懷德，二百餘年至光緒初始得而郡縣之……今上龍飛伊始，振靡起弊，咸與維新，於是民政部臣有詔諭各省，纂修省志之請。得旨俞允，星輝雲燦，雷動風行，一時著作之才，莫不吐氣伸眉，揚風扢雅，出而大鳴其盛，以鼓吹乎休明，賡歌乎盛治。〔註150〕

─────────────

〔註150〕袁大化《新疆圖志‧序》，袁大化、王樹枏《新疆圖志》卷首，5頁。

　　清帝國文化主義的話語仍發揮著原有的作用。並且在整部圖志的編纂體例上，幾乎各章中皆能找到大段表徵帝國澤業的表意性敘述，「天章」的部分也同之前的帝國的邊疆地方志一樣被保留下來。可以說，只要清帝國的國家政治體制存在，在邊疆的國家書寫中，表徵帝國權威的話語就會始終存在。

　　這就顯現出一種無法迴避的矛盾性，在官方書寫中，邊疆官員們依舊頌揚清帝國的澤業與功德，即便它已是危機四伏，垂垂日暮。但是，在官員們的私人書寫中，帝國邊疆事業的挫敗感、失落感卻無法掩蓋，二者形成了極大的反差。

　　同樣是《新疆圖志》的撰序者袁大化，曾於光緒七年（1881）曾赴滿洲偵探俄羅斯情勢，在其私人日記──《東遊日記》中，他筆下記述邊疆凋敝的事實比比皆是。比如見赫哲人「各訴私怨，謂三姓德簾（旗官）苛於猛虎，且嗟且言，痛無處可以避之，予書止而歎聲猶未止也」〔註151〕；「旗官往來其地，使若犬馬，剝削無已，與俄之虐我民者無異也」〔註152〕云云。當其登上瓦里和吞山城之時，見關河皆為俄人所據，更慨歎到：

> 縱步以周觀其形勢，則長江千里之氣於此一束，扼險據要，莫過於此。當日相度陰陽，築城於此者，未必非人傑也。今果安在哉？後之登此城者不知幾許人？薛君而外，俗傳薛禮至此。果雖是與山並壽者？我之至此，不禁爽然失，悵然悲矣……侍者導我尋歸徑，盤曲林中，蕭然無與，而夕鴉悲鳴，宛泄亡國之恨，聒耳煩心，以槍擊之。〔註153〕

　　在這裡，帝國書寫中「出而大鳴其盛，以鼓吹乎休明，賡歌乎盛治」的敘述已明顯淡出，其邊疆心態也與「刁斗不驚，沙漠靜謐，實聖主之洪福」〔註154〕、「卡外安堵，刁斗不驚，生齒日繁，盡教被聲教而蒙德澤。商賈雲集，莫不歌王道而沐休。光官斯土者無所事而更張，惟有盡力職守己耳」〔註155〕

〔註151〕袁大化《東遊日記·偵探黑河俄情日記》，光緒七年二月初五日，744～745頁。

〔註152〕袁大化《東遊日記·偵探黑河俄情日記》，光緒七年二月初二日，743頁。

〔註153〕袁大化《東遊日記·偵探黑河俄情日記》，光緒七年二月初二日，743頁。

〔註154〕慧成《科布多巡邊日記》，《中國邊境史料通編（續）》，45冊，76頁。

〔註155〕珠克登《喀什噶爾略節事宜·序》，中國西北文獻叢書（二編），7冊，蘭州：甘肅省古籍文獻整理編譯中心，2006，15頁。

之類的盛世認同感有明顯的區別。在袁大化私人書寫的筆下，盡是邊疆凋敝、「亡國之恨」的敘述。

同樣，延清（1846～1917）本人曾於京師目睹了庚子國變的慘痛，並有詩集《庚子都門紀實詩》和《庚子都門紀實詩補編》記其見聞。光緒三十四年（1908），延清奉使蒙古車臣汗部，有《奉使車臣汗記程詩》三卷。雖然在官員間贈行唱和之文辭中，尚有因出使本身的公務性所頌揚的皇華之語。但是，在其紀程詩中，更多地卻是「四鄰虎視愁邊事」〔註 156〕、「書生無策可籌邊、秉節馳驅益耎然」〔註 157〕、「鄰境防窺伺，封疆戒棄捐。鴟張時反汗，虎視久垂涎。墟黍嗟淪陷，滄桑慨變遷」〔註 158〕之語。

又如志銳（1853～1912），「以其妹瑾、珍兩妃貶貴人」、又「前後五上書籌西北防務，發強鄰狡謀，中當軸忌」〔註 159〕，屢次左遷邊臣。其邊疆詞集中，標榜帝國權威的詞語不見一處，滿眼盡是「寒山」、「孤城」、「荒煙」、「羸馬」〔註 160〕，漫篇皆是苦痛傷悼之辭，其詞集也題為《窮塞微吟》。志銳「守邊庭逾十稔，自號為窮塞主」，嘗言「以身許國，不作生入玉門想」〔註 161〕。由此看來，慨然傷懷之情，幾與十九世紀中後期流人之心態無異。

通過以上的討論可以得知，在十九世紀中後期帝國的邊疆表意性書寫，因帝國邊疆事業的失敗和外交的挫折發生了變化。原本上至帝王、下至流人共同讚頌的帝國表徵意義開始被消解。由於帝國政治體制和權力話語的存在，邊疆的國家書寫並沒有本質性的變革，但是對於邊疆情形的普遍焦慮，開始從私人書寫中生發出來。無論是邊疆流人的筆下，還是在邊疆官員的私人書寫中，帝國的價值論被書寫者們所懷疑，並逐漸悖離。這也預示了原有書寫範式的解構，一種新的表意性書寫範式即將到來。

〔註 156〕延清《奉使車臣汗部記程詩·奉使車臣汗部將出都門，漫賦用景佩珂學士褑〈北征草〉卷首四詩韻（二）》，中國邊疆行紀調查記報告書等邊務資料叢編（初編），18 冊，20 頁。

〔註 157〕延清《奉使車臣汗部記程詩·奉使車臣汗部將出都門，漫賦用景佩珂學士褑〈北征草〉卷首四詩韻（三）》，中國邊疆行紀調查記報告書等邊務資料叢編（初編），18 冊，20 頁。

〔註 158〕延清《奉使車臣汗部記程詩·過鏡泉作五排四十韻》，中國邊疆行紀調查記報告書等邊務資料叢編（初編），18 冊，132 頁。

〔註 159〕《清史稿·志銳傳》卷四百七十，12797 頁。

〔註 160〕志銳《窮塞微吟》，中國邊疆行紀調查記報告書等邊務資料叢編（初編），16 冊，224 頁。

〔註 161〕《清史稿·志銳傳》卷四百七十，12798 頁。

二、從知識主義到實用主義

在十九世紀之前，邊疆的技術性書寫有兩個主要特徵。其一，帝國組織的邊疆書寫工程一直是邊疆技術性書寫的主要載體。其間雖然有諸如楊賓、方式濟、七十一等邊疆史地研究家以私人的身份考察邊疆情形，並完成了幾部較早的私人技術性書寫的文本。不過，他們之間並無學術交往，也未能形成學術團體，同時，其邊疆問題的研究尚缺乏學術流脈上的系統性。故而，只能視為在國家有計劃的邊疆書寫工程之外，零星的技術性寫作活動。其二，考據學的研究方法一直是邊疆技術性書寫的主要工具。

進入十九世紀，整個技術性書寫的面貌發生了明顯的變化。其一，是私人研究團體的形成；其二，是實用主義對考據學方法的反駁。

（一）私人研究團體的形成

民間私人的技術性書寫的興起，大致有兩個最主要的原因。其一，自康熙朝以來一直延續到十九世紀，帝國的邊疆書寫工程已經積累了大量的北部邊疆知識文本，同之前邊疆知識漫漶不清、非涉足邊疆不能知曉情形的狀況相比，不僅邊疆整體面貌已經被系統地認識，而且這些知識文本也廣泛在帝國域內傳播。這樣，內地的學者無需涉足北部邊疆禁地，足不出戶就可以對邊疆的問題進行討論和研究，這就為邊疆學術的興起提供了可能。其二，在十八世紀中期之後，考據學的研究方法隨著書院等機構的博興得到傳承和推廣，民間出現了大批職業化的考據家，由此，推動了考據學在知識界的長足發展。北部邊疆的私人研究團體，也正是在這一氛圍中出現。

私人邊疆研究同帝國的關係，可以從私人研究家和研究特徵兩個層面來把握。首先，就私人研究家而言，諸如祁韻士（乾隆四十三年進士）、程同文（嘉慶四年進士）、徐松（嘉慶十年進士）、龔自珍（道光九年進士）、何秋濤（道光二十四年進士）、魏源（道光二十五年進士）等人，他們皆是進士出身，在翰林院等中央機構之時皆可廣泛閱讀帝國的邊疆文本，甚至他們中的許多人在中央還曾經參與了帝國的邊疆書寫工程。這既調動了他們的學術興趣，也為他們的研究提供了基本的文獻資料。

比如《西陲要略》《藩部要略》的著者祁韻士，於乾隆四十七年（1782）充國史館纂修官，奉旨創立《蒙古王公表傳》〔註162〕，參與到邊疆書寫工程

〔註162〕祁韻士《鶴皋年譜》，乾隆四十七年條，山右叢書初編，民國二十三年鉛印本。

中來；《丘長春西遊記》的考證家程同文，曾參與《大清會典》的修纂，史稱「纂修《會典》，裁酌損益，獨成近百卷，於邊方地域，皆所主纂」〔註163〕；《蒙古圖志》的著者龔自珍，於道光元年（1821）曾為內閣中書，在國史館修纂《大清一統志》時充任校對官。〔註164〕此外，一些職業化的研究家，諸如《駐紮大臣原始》的著者俞正燮、《皇清一統輿圖》《皇朝輿地韻編》的著者李兆洛、《蒙古游牧記》的著者張穆、《蔥嶺南北河考》《元史地理志釋》《西北地名雜考》的著者沈垚等人，因親屬、師友、同事等關係參與到邊疆研究之中。由此，形成了來自民間的私人邊疆研究團體〔註165〕。

　　這些研究家的研究工作卻並不在帝國的邊疆書寫計劃之內，也很少得到帝國的直接贊助。他們更重視學術自身的發展規律和價值，其工作也僅僅是為了知識的真實性、準確性而投入自己的精力。可以說，邊疆知識的考察純屬個人興趣使然的書寫行為，因而展現出非帝國的色彩。

　　其二，就私人邊疆研究的特徵來看，考據學的技術性書寫同樣是私人研究家們所熱衷的工具。考據學強調知識真實的價值，比如知識的系統化、精密化、概念化、明晰化等等。私人研究家的著述，正是從這一純學術的角度推進的，甚至很多研究成果是對帝國官方的技術性書寫成果不滿而寫作的。比如張穆作《蒙古游牧記》，他在自序中談到寫作的原因稱：

　　　　內地各行省、府廳、州縣，皆有志乘，所以辨方紀事，考古鏡今。至於本朝新闢之土，東則有吉林、卜魁，西則有金川、衛藏，南則有臺灣、澎湖，莫不各有纂述，以明封畛，而彰盛烈。獨內外蒙古，隸版圖且二百餘載，而未有專書。《欽定一統志》《會典》雖亦兼及藩部，而卷帙重大，流傳匪易，學古之士尚多懵其方隅，疲於考索，此穆《蒙古游牧記》所為作也。〔註166〕

　　張穆認為，從知識的系統化和精密化上來看，帝國的邊疆書寫尚留有知識的空白——「獨內外蒙古，隸版圖且二百餘載，而未有專書」。帝國修纂

〔註163〕徐世昌等《清儒學案・星伯學案・星伯交遊》卷一百四十一，5558頁。
〔註164〕郭麗萍《絕域與絕學：清代中葉西北史地學研究》，125頁。
〔註165〕對於這一研究團體的研究成果及其學術史考察，可以參看侯德仁《清代西北邊疆史地學》，北京：群言出版社，2006；郭麗萍《絕域與絕學：清代中葉西北史地學研究》，北京：三聯書店，2007；賈建飛《清代西北史地研究》，烏魯木齊：新疆人民出版社，2010等等。
〔註166〕張穆《蒙古游牧記・序》，《清人文集地理類彙編（三）》，550頁。

完成的《大清一統志》《大清會典》等著作由於「卷帙重大，流傳匪易」，其成果的明晰化也有不足，因而他作《蒙古游牧記》，以彌補其缺憾和不足。《蒙古游牧記》這一技術性文本的寫作，是在考據學要求知識的系統化、直觀化的學術理路上，進一步地挺進。

同樣，龔自珍寫作《蒙古圖志》也是基於考據學研究的學術要求：

> 今蔥嶺以內，古城郭之國，既有成書，而蒙古獨靈丹呼圖圖滅為牧廠，其餘五十一旗，及喀爾喀四大部，縱橫萬餘里，臣妾二百年，其間所施設，英文鉅武，與其高山異川，細大之事，未有志，遂敢伸管削簡，觗理其跡，鞿鞳其文，作為《蒙古圖志》，為圖二十有八，為表十有八，為志十有二，凡三十篇。〔註167〕

這裡所謂的「既有成書」，是指清帝國國家書寫工程組織完成的《西域同文志》和《西域圖志》等北部邊疆文獻。在龔自珍看來，已有的這些文獻尚未能實現考據學知識系統化、秩序化的要求，即「高山異川，細大之事，未有志」，自己的再寫作、再研究正是對之前各種問題的修正和彌補。

這些研究在考據學自身邏輯的範疇中推衍，私人的研究一方面在客觀上彌補了帝國知識的不足，使邊疆知識向更為深廣、細緻的層面上推進；而另一方面，考據學的知識理路，必然以醇化知識、還原本真為目的，並不預設意識形態價值，儘量排除政治因素對學術的干預，是純粹知識主義的研究，這正是考據學方法論的題中之義。因此，私人研究家們在著述中都以「學者」自居，「其志專欲以學術名後世也」〔註168〕。他們的邊疆著述也大多以「考、證、志、釋、注、疏」等學術專業論文或是私人信件、序跋等形式來表達。他們稱自己的工作為「輿地之學」───一種只是為了輿地知識所從事的純學術研究。他們所使用的批評話語也是學術性的，比如張穆評價祁韻士的《西域釋地》：

> 《西域釋地》，姻丈祁鶴臯先生戌所著書之一也。天山南北，條分件繫，考證古今，簡而核矣。〔註169〕

陳澧評價李光庭《漢西域圖考》稱：

〔註167〕龔自珍《龔自珍全集‧擬進上蒙古圖志表文》，305 頁。
〔註168〕何秋濤《石州張先生墓誌銘》，張繼文《石州年譜》，山右叢書初編，民國二十三年鉛印本。
〔註169〕張穆《西域釋地‧序》，《清人文集地理類彙編（三）》，526 頁。

　　　自漢至今，史傳、說部以至沙門之記錄，外夷之圖畫，靡不綜
覈。方言譯語，侏離唲嘶，同地異名，同名異文，靡不貫串。〔註170〕

祁寯藻（1793～1866）評價張穆《蒙古游牧記》亦云：

　　　其結構則詳而有體也，徵引則瞻而不穢也，考訂則精而不浮，
確而有據也。〔註171〕

　　這些研究著作立足於純學術本身，其研究的目的也大多希望能夠起到學
術建設的作用，即如張穆所云「為輿地之學者，倘亦有取於斯也夫」〔註172〕。

　　這些以純學術為目的私人研究，顯然與帝國組織的技術性書寫工程存在
著巨大的差異。在帝國的邊疆書寫中，考據學的研究成果始終縈繞著在帝國
的價值論之中，知識整理的目也服務於帝國的邊疆政治和文化的治理，甚至
許多研究成果都以皇帝的評價和意見為定論依據。隨著私人研究家們的出現，
邊疆技術性書寫開始從帝國的框架下逐步溢出，帝國不再是技術性書寫唯一
的倡導者。考據學方法追求「本真」的意義，推動著技術性書寫它沿著自身
的學術邏輯前進，並成為私人邊疆研究的主要特徵之一。

　　私人研究家本人並非有意識地排斥帝國的表徵意義，其私人研究成果也
不能徹底顛覆邊疆書寫工程中帝國價值對技術性書寫的介入。但是，對純粹
知識的探尋，卻在客觀上造成邊疆的技術性書寫與帝國表徵意義之間的某種
疏離。

（二）實用主義對帝國傳統技術性書寫的顛覆

　　如果說，私人研究尚未對帝國的技術性書寫提出太多挑戰的話，那麼實
用主義的興起則將矛頭直接指向了帝國書寫工程中邊疆考據學研究這一基礎
性的方法論。

　　進入十九世紀後半期，在帝國必須有效地處理北部邊疆出現的危機，人
們很快就發現，傳統考據學提供的技術性書寫成果，根本無法滿足帝國解決
邊疆實際問題的要求。為何傳統的傳統的技術性書寫不能夠解決邊疆實際問
題呢？我們還需從考據學的內在理路來分析：

　　其一，是考據學範式中，知識和實用之間微妙的關係。在考據學中，知識

〔註170〕陳澧《漢西域圖考・序》，《清人文集地理類彙編（三）》，527頁。
〔註171〕祁寯藻《蒙古游牧記・序》，張穆《蒙古游牧記》，續修四庫全書本，731冊，
　　　　731冊，上海：上海古籍出版社，2002，1頁。
〔註172〕張穆《蒙古游牧記・序》，《清人文集地理類彙編（三）》，551頁。

（「知」）和實用（「用」）之間並沒有徹底斷裂，實用是知識研究的終極追求。不過，這種實用性是建立在知識主義基礎上的實用。比如《大清一統志》副總裁官徐乾學所云：

> 《大清一統志》備載天下山川、郡邑、政事、風俗，用昭我皇清上車書一統之盛，貫穿古今，有裨治理，關係匪淺。〔註173〕

魏源亦云：

> 蓋欲識濟時之要務，須通當代之典章。欲通當代之典章，必考屢朝之方策。選舉、考察、職掌之必悉，而後可以審立官。賦權、俸餉、出入之周知，而後可以制國用。度律、等威、服制，不明其別，何以辨五禮之儀文。山川、關塞、郵驛，不審其方，何以籌九州之控馭。〔註174〕

清帝國的知識家們相信，只有首先對知識進行系統、準確的把握，才能夠「濟時」、「有裨治理」，這一思維邏輯幾乎是當時中國知識精英們普遍的認識論。在這一邏輯下，知識主義被設置實用的前提，實用主義是知識主義完全實現之後的第二個步驟。這就在某種程度上，造成了重知識、輕實用的局面。

其二，單從知識層面的角度看，考據學將文本放置在首位，對文本進行非常細緻而精準的考察。在這一學術驅動之下，文字、音韻、訓詁、版本、校讎等知識主義觀照下的方法論蓬勃發展，知識被不斷地整合和系統地抄錄。不過，考據學所關注的重點仍舊是文本，而非事實本身。即便有相當完善的文本批判方法，文本和事實之間畢竟不能完全吻合。郭麗萍對於清帝國時期北部邊疆技術性書寫細緻地考證之後，提出了這樣的批評：

> 耳聞目睹的知識常常不準確，文獻所反映的知識則多有滯後。龔自珍在《西域置行省議》中錚錚議論影響一時，但其中「所擬建置大略多乖錯」，沈垚「足不越邊塞」而能考證新疆水道、力倡屯田，但現實中「新疆有水之地，回民終止，不可奪其利，故屯田非易」……這樣，「學」能致之於「用」的程度就有限了。〔註175〕

這是後世學者對那個時代的認識，當時的邊疆研究家們並沒有完全意識

〔註173〕徐乾學《備陳修書事宜疏》，《清人文集地理類彙編（一）》，238頁。
〔註174〕魏源《魏源集·皇朝經世文編五例》，北京：中華書局，1976，160頁。
〔註175〕郭麗萍《絕域與絕學·導言》，9頁。

考據學方法論的這個問題。在當時的邊疆研究家眼中，北部邊疆的學術討論是一種純粹的文本研究活動，其研究只需借用邊疆文本即可以實現，未能到邊疆實際探訪並不影響研究成果的學術價值。

比如沈垚，以邊疆史地研究稱著於世。其研究成果在公共知識領域中獲得了同行們的高度讚譽。而沈垚從未去過邊疆，他能夠詳細考邊疆史地，依靠的就是從前人那裡積累下來的一系列邊疆文本。在其研究論文《新疆私議》中，沈垚自己也相信，其通過文獻所獲得的經驗足為邊疆政事提供方略。作為學術同行的張穆，極贊沈垚足不出戶就可以對邊疆情況瞭如指掌：

> 生魚米之鄉而慕羶嗜麥；南人足不越關塞而好指畫絕域山川；
> 篤精漢學而喜說宋遼金元史事，可謂三反。〔註176〕

另一位知識家孫燮（生卒年未詳）也稱讚道：

> 沈君閉戶家居，獨從故紙堆中搜得之，非具絕大識力曷克有此，
> 為之延譽公卿間。〔註177〕

這幾乎是當時學術界的共識。這種對於知識主義的無限崇尚，掩蓋了實用能力的真實考量。當邊疆遭遇到現實危機的時候，考據學提供的一系列知識成果幾乎不能用來解決任何實際的問題。

在十九世紀中後期，無論是私人研究家筆下、還是帝國的官方書寫之中，邊疆憂患意識也開始在技術性書寫中不斷拓張。比如迫於北部邊疆的危機，光緒三十二年，肅親王愛新覺羅・善耆（1866～1922）率隊考察東蒙古地區。隨同考察的官員姚錫光（1857～1921）作《籌蒙芻議》。知識家陳澹然（1859～1930）在《籌蒙芻議・序》中云：

> 我朝之御蒙古，眾建以分其力，崇釋以制其生，一絕匈奴回紇
> 之禍，其術可謂神矣。顧乃不思同化之方，變居國以嚴藩翰，遂至
> 強鄰交迫，肩臂孤寒。求若漢唐之衰，北騎一兵而不可得，居平深
> 憂，太息謬思。〔註178〕

《籌蒙芻議》作為邊疆實地調查報告屬於技術性書寫的範疇，縈繞其中的不再是帝國的聲教德化，而是強鄰交迫，對此不禁深憂歎息。

〔註176〕張穆《落驪樓稿・序》，沈垚《落驪樓文稿》卷首，聚學軒叢書，光緒刻本。
〔註177〕孫燮《沈子敦哀辭》，沈垚《落驪樓文稿》，聚學軒叢書，光緒刻本。
〔註178〕陳澹然《籌蒙芻議・序》，姚錫光《籌蒙芻議》，中國邊疆行紀調查記報告書等邊務資料叢編（初編），5 冊。

此次，赴東蒙古地區考察，還有一位同行的官員馮誠求（生卒年未詳），他寫作了考察記——《東蒙遊紀》。在《東蒙遊紀》中，馮誠求亦言：

> 此次隨節赴蒙，歷觀外人蹤跡，幾於無地無之，則其處心積慮，
> 目的又不在滿洲矣。若再因循泄沓，恐俄人撫吉江之背，蠶食而南；
> 日人據遼奉之勢，蔓延而西，則長城以北，將非我有。撫茲畿輔，
> 不更有巢幕之危乎。徹土補牢，是所望留心時事者。〔註179〕

面對著「強鄰交迫」、「巢幕之危」的局面，傳統的考據學成果幾乎百無一用，其研究模式遭到了普遍的懷疑，乃至批判。比如清末知識家顧次英（生卒年未詳）在《東蒙遊紀·敘》中說：

> 吾國士習喜空論，近且纂圖經者亦往往於實際上不加考核，而
> 高談大晚，純為放蕩無紀律之言詞。〔註180〕

在顧次英看來，傳統的考據學技術性書寫雖然考證精密，卻是純粹書本上的知識，於實踐上不加考核，近乎空談，故而其成果也不足取焉。而邊疆知識家徐宗亮（1828～1904）在為聶士成（1836～1900）《東遊紀程》所作的序文中，更是對傳統的技術性書寫乃至表意性書寫都提出了尖銳的批評：

> 遊歷紀事，唐宋以來著錄多矣。上者，尋覽山川，述古徵今，
> 冀有補於史學，是謂考據家。次者，流連景物，即事成題，借抒一
> 時之興，是謂辭章家。下者，追逐紛華，鋪陳瑣異，以詫人所未見，
> 是謂小說家。三者雖殊，而無裨天下之用一也……蓋舉天下風俗形
> 勢之大，胥歸目擊身親，窮竟厥旨，備一日馳驅之用。〔註181〕

在徐宗亮看來，無論是考據家的技術性書寫，還是辭章家的表意性書寫，都沒有什麼價值，因為它們都「無裨天下之用」。

之前沈垚等人足不出戶的研究，尚能延譽公卿相比，在十九世紀中後期，用以評價邊疆技術性寫價值的內核已經發生了徹底的轉換，知識的文獻考辨不再佔據核心地位，在實用主義觀照下，「目擊身親」的直接考察開始成為新的邊疆技術性書寫的主要方法。是否有裨於實用、是否能夠解決邊疆困境，也成為技術性書寫新的意指。

〔註179〕 馮誠求《東蒙遊紀·跋》，中國邊疆行紀調查記報告書等邊務資料叢編（初編），18 冊，348 頁。

〔註180〕 顧次英《東蒙遊紀·敘》，馮誠求《東蒙遊紀》，中國邊疆行紀調查記報告書等邊務資料叢編（初編），18 冊，249 頁。

〔註181〕 徐宗亮《東遊紀程·序》，聶士成《東遊紀程》，北京：中華書局，2007，5 頁。

在這一思路下新的邊疆技術性書寫開始在帝國書寫中出現，實地調查、收集數據等實用主義的研究方法，代替了以往知識主義的考據學，比如徐宗亮所言：

> 邊隅重地，山川之險阻，形勢之扼塞，非目親睹足履，熟爛於平時，亦斷難俄頃決策，以操必勝，此尤將帥所當引為己任者也。〔註182〕

徐宗亮自己撰寫的《黑龍江述略》皆「據耳目所親，分類輯錄」〔註183〕。馮誠求的《東蒙遊記》也是通過親自走訪調研得出的結論：

> 凡喀喇沁、巴林、烏珠穆沁、土什業圖、達爾罕所經各旗，一切形勢、制度、戶口、氣候、物產、錢法、榷酤、禮俗、道路，詳載無遺，然皆得之目驗，或詢諸土著，下至販夫駔卒，要一字不敢為鑿空之談……簡明翔實，掃盡虛誣舊習。〔註184〕

同以往考據學的技術性書寫——考證古今、收羅史料務須詳盡來比較，這種新的研究態度已經與之有了本質上的不同。從整個技術性書寫的模式來看，它始終不斷地追尋事物的「本真」，當一種新的範式較以往範式更能夠更為詳細、更為簡明、更為精確地捕捉「本真」之時，那麼，新的書寫範式必將替代舊有的範式。因此，帝國所倡導的「知識文本—考據學」的知識主義考據模式，開始逐步被「事實—具體方案」這一新的實用主義模式所取代。在清帝國滅亡之後，近代民族國家隨之興起，以科學工具為手段、以實地調研為方法的邊疆技術性書寫也為近代民族國家所普遍使用，並一直沿用到今天。

結語

通過本章的討論大致可以形成這樣的認識：清帝國的邊疆書寫範式可以分為技術性書寫和表意性書寫兩大類別。技術性書寫在清帝國組織的書寫工程中逐步形成規模，它將邊疆的各種風物、事項都納入到帝國的知識文本之中，其所應用的書寫技術是清帝國知識精英們所熟練掌握的「知識主義—

〔註182〕徐宗亮《黑龍江述略・兵防》卷五，哈爾濱：黑龍江人民出版社，1985，78頁。

〔註183〕徐宗亮《黑龍江述略・自識》，12頁。

〔註184〕顧次英《東蒙遊紀・敘》，馮誠求《東蒙遊紀》，中國邊疆行紀調查記報告書等邊務資料叢編（初編），18冊，249頁。

考據學」方法。這一方法不斷努力在二元的文本中再現邊疆的「本真」；表意性書寫以清帝國的文化主義話語為中心，由於邊疆的書寫者們皆是帝國邊疆事業的不同層面的參與者，所以對帝國權威的認同通過他們的身份直接滲入到邊疆書寫的各類文本之中。這不僅包括了帝國組織修纂的邊疆書寫文本，同時也在一系列日常私人書寫文體中，將書寫的意義指向了帝國的權威。由此，形成了上至帝王、下至流人的普遍頌世的現象。

　　進入到十九世紀之後，首先，技術性書寫開始在民間擴散，並形成了私人研究團體。民間研究家的邊疆技術性書寫以追求知識的「本真」為宗旨，在某種程度上造成了技術性書寫與帝國價值論的疏離；到了十九世紀中後期，帝國遭遇到了一系列的邊疆挫折，在表意性書寫中，雖然在帝國帝國域內仍舊延續著「文化之盛」的表述，但是在私人的邊疆書寫中一種憂患意識開始彌漫擴散，帝國的表徵意義在私人書寫中遭到否定；由於邊疆遭遇到的危機，傳統「知識主義─考據學」的技術性書寫無助於帝國解決實際的邊疆問題，在此實用主義的邊疆技術性書寫新模式開始逐步形成，傳統邊疆文本的考據學的寫作模式逐步被放棄。

　　不管怎樣，清帝國經歷康、雍、乾三朝一直延續到十九世紀的國家書寫，系統地整理了北部邊疆的知識，改變了傳統邊疆描述中充滿了傳說、想像且漫漶不清的狀貌。邊疆知識不斷地明晰化、精密化、秩序化，原本野蠻的北部邊疆，同帝國的內地一樣成為了文明的世界，考據學的技術性書寫和表徵帝國文化主義價值的表意性書寫共同建構了一個從屬於清帝國的北部邊疆。

第四章　帝國視域下的滿洲、蒙古和新疆

　　對傳統中原內地的知識精英們而言，滿洲、蒙古諸部和新疆都是清帝國時期拓展的新疆域。在許多中原文獻中，往往使用「塞外」、「關外」、「北徼」等概念，以籠統地概括這些北部邊疆地域非中原的特性。

　　由於這些疆域進入帝國的時間順序、征服方式、地方管理體制以及歷史沿革等都存在著很大的不同，故而這些邊疆區域很難被視作完全統一的整體。各地之於清帝國的價值也完全不同，比如通過征戰取得的新疆地區，與滿人世代生活的滿洲地區相比，清帝國先王在滿洲建立起國家，清帝國的皇帝常將那裡稱為「根本」、「故鄉」，那裡是帝國必須慎重管理和保護的地域〔註1〕，其域內諸如索倫、達呼爾、赫哲等少數族裔也同樣被編入八旗制度，稱為「新滿洲」；而新疆是帝國北部邊疆拓殖中最後進入大清版圖的地域，由於新疆不斷地叛亂，清帝國的軍隊在那裡反覆地圍剿彈壓。甚至在十九世紀後半期帝國陷入邊疆危機的時候，統治階層中有相當一部分人主張放棄新疆，並在公共知識領域中形成了一場邊疆問題的大討論〔註2〕，這些地域在政治與文化意義上的差別顯而易見。

　　因此，北部邊疆這三個區域在清帝國國家主義這一大的權力話語之下，

〔註1〕如乾隆皇帝《老邊》所云：「迤邐老邊近，風情入故鄉。征戰縱圖進，根本亦須防。帝業非容易，王民願阜康。貢鮮來野鹿，悲咽祇先嘗。」，《盛京通志·天章五》卷十四，文淵閣四庫全書本，501冊，261頁。
〔註2〕參見費正清、劉廣京編《劍橋中國晚清史》下卷，第四章《西北與沿海的軍事挑戰》。

其表徵意義和書寫方式也存在著一定的差異性，這也就形成了各個地域具有獨特樣貌的書寫形態。本章對滿洲、蒙古諸部和新疆這三大區域各自特殊的表徵意義及其書寫活動對地域文化建構等問題加以分別討論。

第一節　滿洲：帝國的邠岐

一、從邊緣到中心

在清帝國建立之前，滿洲在中原知識精英的眼中並沒有什麼獨特的文化地位。按照明帝國時代修纂的邊疆地方志——《遼東志》對於這一地區的概述：

> 遼地為京師左臂，西拱神州，北連胡寇，東臨朝鮮，統衛二十
> 有五，二州介焉。甲兵之所聚也，夷夏之所交也，實畿輔之要防，
> 山海之雄服也。唐宋以來為遼金之窟穴，我皇明撫而有之。列軍衛、
> 置防守，屹然為巨鎮矣。〔註3〕

滿洲地區是北部邊疆少數族裔聚居的一片地域，而其最南端的遼東地區被認為是中原直接統轄的一部分，帝國在此設有二十五個軍事衛所以及兩個州，由遠隔渤海的山東行省代為管理。綿延至遼東的長城以及一系列防禦衛所，扼守住了滿洲的少數族裔進入中原的咽喉要路。〔註4〕在那裡形成了「甲兵之所聚也，夷夏之所交」的局面，而更遼遠的滿洲以北的大部分地區，在中原士人眼中仍然是荒蠻的蠻夷之地，此時的滿洲同蒙古諸部、天山南北等九邊以外的世界並沒有太大的分別。

但是到了清帝國時期，滿洲的文化地位卻發生了微妙的變化。自不待言，這種地位變化最重要的原因，即在於清帝國的統治者是來自於滿洲的邊疆原著民，滿洲——曾經的荒蠻之地是清帝國統治者的故土。當清帝國實現了在中原地區的統治，並借用中原的知識話語描述帝國疆域的時候，滿洲在清帝國統轄各個區域中被有意地拔升出來。《大清一統志》作為記錄帝國統轄疆域的官方權威著述，能夠最直觀地展現出各個區域在帝國當中的位置和價值。將某一地域書寫入《一統志》即意味著帝國將其納入疆域之內，並在帝國疆域

〔註3〕龔用卿《重刊遼東志書・序》，畢恭等修、任洛等重修《遼東志》，遼海叢書本，瀋陽：遼瀋書社，1985，346頁。

〔註4〕費正清《中國：傳統與變遷》，242～243頁。

秩序中獲得了某種固定的文化位次。在這裡，可以用《大明一統志》和《大清一統志》之中，對滿洲地區的描述進行一個簡單的對比。

按照李賢《進〈明一統志〉表》之中所強調的《大明一統志》修纂原則：

> 凡例表京師為四方之極，列方岳為諸郡之綱。疆域必繫於九州，分野悉稽乎列宿。〔註5〕

在《大明一統志》的篇章編排序列中，京師作為帝國的核心被放置在全書開卷最主要的位置上，以突出其中心地位。隨後依次敘述：京師下轄的直隸以及南京、中都（今安徽鳳陽）兩個陪都的情況，再次是帝國域內的其他各個行省轄區，最後才是帝國邊疆地區以及朝貢諸國等等。

對整個帝國疆域的描述，按照由帝國統治者居住的京師向四方由近及遠的統治序列展開，愈是邊遠地區，記述的卷次愈是靠後。故而在《大明一統志》（共九十卷）中，對帝國核心京師的記述被放置在第一卷（卷一），其後是直隸地區（卷二至卷五）、南京（卷六）、中都（卷七），域內州府（卷八至卷八十八），外夷（卷八十九至卷九十）。其中蒙古諸部、新疆皆不在統屬之列，故無載錄。就滿洲來看，滿洲地域的描述被放置在山東布政司（卷二十二至卷二十五）地方州府之下，在諸如登州府、萊州府等地方州府的最末——「遼東都指揮使司」（卷二十五）條目之中。

準確地說，《大明一統志》中對於滿洲的記錄，僅僅記述了滿洲南部的遼東地區。由於《大明一統志》對於帝國疆域的描述是按照「九州說」展開的，滿洲南部地區被視作傳統中國地域觀念中九州的一部分，由於更為廣遠的滿洲北部地域並不在明帝國直接統屬的疆域之內，因此在《大明一統志》中也都沒有記述。從其具體的條文來看，對遼東地區建置等情況的記載，也是按照山東其他州府那樣按部就班地書寫其建置沿革：

> 建置沿革：《禹貢》冀、青二州之域，舜分冀東北為幽州，即今廣寧以西之地。青東北為營州，即今廣寧以東之地。天文箕尾分野，戰國屬燕，秦以幽州為遼西郡，營州為遼東郡。漢初因之。武帝拓朝鮮地，並割遼東屬邑，置樂浪、玄菟、真番、臨屯四郡。漢末，為公孫度所據。三國魏置東夷校尉居襄平，而分遼東、昌黎等五郡，置平州。晉改遼東郡為國，仍隸平州，尋為慕容廆所據。後魏仍為

〔註5〕李賢《進〈明一統志〉表》，《大明一統志》卷首，文淵閣四庫全書本，472 冊，臺北：臺灣商務印書館，2008，4 頁。

遼東郡，隋初又為高句麗所據。唐征高麗復其地，置蓋、遼二州，
又置都督府九，又置安東都護以統之，尋為渤海大氏所據。五代時
地入契丹，阿保機修遼東故城以居，名曰東平郡，尋升南京，又改
為東京。金初因之，後置遼陽府，元為東京路，尋改遼陽路。本朝
洪武四年置定遼都衛，八年改為遼東都指揮使司，十年革所屬州縣
置衛。永樂七年，復置安樂、自在二州，今領衛二十五州二。〔註6〕

滿洲地域在明帝國時期並沒有突出的地位，它只是明帝國的「夷夏之交」
的邊緣地帶而已。而到了清帝國時期，這一切發生了顛覆性的變化。

清帝國發源於滿洲，在建立清帝國之前，清帝國的先王們在那裡已經征戰
了二十幾年。在這二十幾年中，明帝國所屬的遼東地區逐步納入後金的版圖，
同時，後金也將其北部疆域拓展至外興安嶺。在後金的疆域內，努爾哈赤曾經
建立了兩個最為重要的都城：興京（遼寧省撫順市新賓滿族自治縣）和盛京（遼
寧省瀋陽市）。興京——赫圖阿拉城修建於萬曆三十一年（1603）。萬曆四十四
年（1616），清太祖努爾哈赤在此即汗位，也定都於此，建國號為金。盛京則是
後金另一座重要的都城，天命十年（1625）努爾哈赤將都城從遼陽遷至瀋陽，
興修宮殿。其後繼者皇太極在天聰八年（1634）將瀋陽更名為盛京。天聰十年
（1636），皇太極在此稱帝，改國號為大清，清帝國正式建立。在滿人入關遷都
北京之後，興京和盛京都成為了清帝國的陪都，原本清帝國統屬的滿洲區域，
分別由盛京將軍、吉林將軍和黑龍江將軍分別統管，即所謂「自山海關以東，
留都之地，統以盛京、吉林、黑龍江將軍。」〔註7〕由於這三個區域最早皆由
盛京將軍統一管理，故而也統一稱為盛京統部。〔註8〕

清帝國的統治者入關之後，沿用了傳統中國描述世界秩序的知識話語，
《大清一統志》的修纂也延續了《大明一統志》的書寫原則。它同樣也是按
照由京師向四方，由近及遠的統治序列展開的。比如乾隆二十九年開始重修
《大清一統志》的共有四百二十四卷。它將京師（卷一至卷二）、直隸統部

〔註6〕李賢等《大明一統志》卷二十五，「遼東都指揮使司」條，文淵閣四庫全書本，
472冊，614頁。
〔註7〕魏源《聖武記·開國龍興記一》卷一，5頁。
〔註8〕清帝國在滿洲地區的具體行政管理制度沿革，可以參看丁海斌、時義《清代陪
都盛京研究》，第一章《清朝陪都盛京的歷史沿革》，第三章《清朝陪都盛京的
政治制度》，北京：中國社會科學出版社，2007；佟冬主編《中國東北史》第四
卷，第十二章《清王朝對東北地區的統轄管理》，長春：吉林文史出版社，1987。

（卷三至卷三十四）放在前面的部分，隨後依次是陪都及其轄地（卷三十五至卷四十八），帝國域內州府（卷四十九至卷四百三），蒙古諸部（卷四百四至卷四百一十二），西域新疆（卷四百一十三至卷四百一十九），新疆藩屬（卷四百二十），域外朝貢國（卷四百二十一至卷四百二十四）。需要注意的是，在直隸統部記述完畢之後，清帝國將原來描述南京和中都位置的篇幅，置換成了清帝國自己陪都——盛京（卷三十五）、興京（卷三十六）以及盛京統部（卷三十七至卷四十八）三個區域，這三個區域即是帝國滿洲的範圍。當這部分敘述結束之後，才是江蘇、山西、山東等帝國內地行省及其他地域。

按照《大清一統志》中對於盛京地區的描述：

> 盛京形勢崇高，水土深厚。長白峙其東，醫閭拱其西。滄溟鴨綠繞其前，混同黑水縈其後，山川環衛，原隰沃饒，洵所謂天地之奧區神皋也。在堯時為青州之域，舜分為營州，兩漢時屬遼東郡，唐屬安東都護，遼金二代始建東京於遼陽，置瀋州昭德軍於此。元為瀋陽路，明置瀋陽衛。天作地藏，自開闢以來，以待聖人。我太祖皇帝誕膺景命，肇造鴻圖。始自興京，撫有葉赫、輝發諸地，遂城界藩薩爾滸，而築東京於遼陽。天命十年以瀋陽為形勝之地，王氣所鍾，遂定都焉……自重熙累洽以來，聲教之隆，文明之盛固已逾絕域而披殊方。而盛京四境幅員萬里，民物阜康，風俗淳厚。瞻陵寢之巍峨，仰宮廷之肅穆，龍蟠鳳翥，佳氣鬱蔥，國家億萬年景祚鴻休，皆基於此。〔註9〕

同《大明一統志》中「遼東都指揮使司」的簡短記述相比，其內容不僅更為詳備細緻，而且在敘述中對這片區域充滿了帝國歷史的追憶和無盡的情感。隨後，對於帝國更早的發祥地——興京、乃至由盛京統屬的吉林、黑龍江等地的描述也都延續了這樣的敘述色彩。在清帝國的統治者和方志編纂家的眼中，「國家億萬年景祚鴻休，皆基於此。」它是帝國神力的發源地（「王氣所鍾」），是清帝國的祖先們為了開創帝國基業而奮鬥地方。因此，滿洲地區從原本沒有任何特殊地位的邊緣地帶，一躍成為清帝國最為崇敬和仰望的核心區域。

滿洲作為龍興之地，也推動了滿洲地方行政體系的制度化向中原內地的靠攏。而這種新的行政制度的建立，又進一步促使滿洲為中原知識精英們所接受，成為了中國的一部分。自清帝國建立之後，滿洲先在盛京建立了

〔註9〕《大清一統志·盛京》卷三十五，文淵閣四庫全書本，474 冊，658～659 頁。

陪都制度，又效法京師設立戶、禮、兵、刑、工五部，五部堂官品秩與京師相同。同時，在奉天推行州府管理制度，奉天下轄奉天、錦州二府，而府之下各領州、廳、縣若干，形制皆同內地行省。可以說，清帝國一方面為了保持帝國的軍力，在滿洲推行將軍轄地的管理制度，另一方面，又推行州府制度，由奉天府尹統轄盛京、吉林和黑龍江的民政。〔註10〕

由於清帝國在滿洲推行的州府制度形同內地行省，至晚在雍正朝，盛京、吉林和黑龍江三處將軍轄地已被統一冠以「東三省」的稱法〔註11〕。雖然盛京、吉林和黑龍江三處將軍轄地直到光緒三十三年（1907）才真正建立行省制度，但是「東三省」一詞，已經為帝國的統治者和知識精英們所普遍認同，成為清帝國時期描述滿洲的獨特稱法。將滿洲稱為「東三省」具有非凡的意義，按照中原知識精英們的一般認識，中國傳統的管理制度即是以由中央到地方郡縣、州府、行省等形態逐級管理的支配模式。這種由中央到地方逐級管理的模式，從秦漢時期在中原地區推廣，一直沿用至今。這不僅僅是一種支配模式，它同樣也是從中國的立場上判定文明化、秩序化的標誌。如魏源在《聖武記》中，區分了郡縣、城郭之國（居國）、游牧行國三種文明形態。

> 自中國而西回部，而南衛藏，而東朝鮮，而北鄂羅斯，其民亦皆
> 土著之人，其國亦皆城郭之國。若乃不郭郭，不宮室，不播殖，穹帳
> 寄而水草逐者，惟瀚海南北部及準部、青海諸部則然。故史傳外夷皆
> 以居國、行國為大界畫，而游牧行國又以瀚海為大界面。〔註12〕

郡縣，是中國標誌性的行政體制，也是最文明的統治方式。其次，是所謂的城郭之國，它是指那些雖未能推行郡縣，但是其民以耕種為主，建立城鎮城池的部族或國家，其文明程度雖不及郡縣，卻高於游牧行國；最後是游牧行國，它是指那些不郭郭、不宮室、不播殖，穹帳寄而水草逐的游牧部族，位於文明的最低端。這樣，帝國北部邊疆地區的文明化程度，由高到低被依次劃分三個層級，郡縣最高，城郭之國其次，游牧行國最低。由於滿洲建立了州府制度，形同內地行省，因此，魏源判定「十七省及東三省地為中國」〔註13〕。這種認同既是制度上的，也是文化上的。而就「東三省」這一稱法在清帝國時期

〔註10〕馬汝珩、馬大正主編《清代的邊疆政策》，315 頁。
〔註11〕侯楊方《清代十八行省的形成》，《中國歷史地理論叢》，2010 年 7 月。
〔註12〕魏源《聖武記・國朝綏服蒙古記一》卷三，98 頁。
〔註13〕魏源《聖武記・國朝綏服蒙古記一》卷三，98 頁。

被廣泛應用這一點上看，滿洲最早便跳脫了北部邊疆野蠻、非文明化的序列，迅速成為了中國的組成部分。

二、皇帝的巡遊與書寫

　　毫無疑問，滿洲地位的提升同皇帝本人對這一地域定性的描述有直接關係。皇帝的書寫為建構這一地域的表徵意義提供了基礎性的論調，無論是帝國的官方文獻，還是知識精英們的一般寫作都延續了這一指導性話語的說法。而對於滿洲地區的書寫還有一個獨特之處，即它與皇帝本人的東巡活動有著直接的聯繫。

　　在滿洲有三座清帝國的皇家陵園，分別是埋葬清帝國肇、興、景、顯四祖的永陵，埋葬清太祖努爾哈赤的福陵，以及埋葬清太宗皇太極的昭陵。就整個北部邊疆來看，滿洲是皇帝最為仰望眷顧和無法釋懷的神聖之地，這裡也是北部邊疆三大區域中皇帝頻繁造訪時間最長、巡遊次數最多的地域。

　　縱觀有清一代，自清帝國皇帝首次東巡的康熙十年（1671）到最後一次東巡的道光九年（1829），其延續的時間歷經康、雍、乾、嘉、道五朝，跨越了一百五十餘年。從而，在滿洲也形成了以皇帝巡遊活動為中心獨特的書寫形態。

清帝東巡簡表 〔註14〕

序次	清　帝	時　間	東巡範圍	東巡歷時
1	康熙	康熙十年（1671）	盛京、吉林	60 天
2		康熙二十一年（1682）	盛京、吉林	79 天
3		康熙三十七年（1698）	東蒙、吉林、盛京	103 天
4	乾隆	乾隆八年（1743）	東蒙、吉林、盛京	107 天
5		乾隆十九年（1754）	東蒙、吉林、盛京	153 天
6		乾隆四十三年（1778）	盛京	66 天
7		乾隆四十八年（1783）	盛京	61 天
8	嘉慶	嘉慶十年（1805）	盛京	65 天
9		嘉慶二十三年（1818）	盛京	73 天
10	道光	道光九年（1829）	盛京	66 天

〔註14〕此表依據王佩環《清帝東巡》圖表 4.4《清帝東巡日期及駐蹕地總表》簡化而
　　　成並略作調整，以觀清帝東巡之概貌。詳見王佩環《清帝東巡》，瀋陽：遼寧
　　　大學出版社，1991，732～751 頁。

　　對於皇帝東巡文化意義的考察，可以從巡遊本身和皇帝書寫兩個層次上來理解。

　　就巡遊本身來看，首先，皇帝的東巡往往歷時數月，其隊伍少則萬人，多則數萬人。在巡遊的途中，滿洲各地高級官員皆恭候迎請，甚至朝鮮也派出使節赴滿洲進貢、恭賀。東巡作為帝國最為重大的政治活動，其影響力自不待言。而就東巡的目的來看，主要就是皇帝親自到滿洲祭祀先祖。清帝的東巡，一方面出於對先祖的懷念，即如第一次東巡前，康熙皇帝告諭禮部所說的那樣：

> 今思太祖太宗創業垂統，功德隆盛，山陵在望，刻不能忘。去年恭謁孝陵禮成，今已數月，若再久延，孝思莫殫，朕懷靡寧。茲當海內無事，欲乘此躬謁福陵、昭陵以告成功，用展孝思。〔註15〕

　　另一方面，從東巡前後清帝國發生的事件來看，清帝的東巡大多發生在完成某項重大帝國事業之後，東巡的目的亦在祭告先祖帝國所取得的成功。比如康熙皇帝第二次東巡為康熙二十一年（1682），而在前一年，清帝國徹底平定了延續八年之久的三藩之亂。康熙皇帝告諭戶部、刑部自己東巡目的的時候說：

> 自逆賊吳三桂倡亂滇南，多方煽動，軍興八載，中外驛騷，仰賴祖宗在天之靈，默垂眷佑，殄滅凶渠，民生乂安，疆圉底定，特行偏祀山陵之禮，用告成功。〔註16〕

　　同樣，康熙三十七年（1698）東巡的前一年，帝國消滅了長期在西北對峙的準噶爾汗國首領噶爾丹；嘉慶十年（1805）東巡的前一年，帝國抵定了川陝楚白蓮教延續近十年的暴亂；道光九年（1829）東巡的前一年，帝國則徹底平定了延續八年的新疆張格爾之亂等等。可見，清帝東巡祭祖的文化事件是帝國向祖先們宣告事業成功的表徵。在此，帝國事業和滿洲地區實現了空間上的連結，即滿洲是帝國的發祥地，清帝國整個疆土是皇帝當下統治的政治空間，皇帝通過對祖先的祭祀將滿洲與清帝國當下的國事聯繫在了一起，也將歷史記憶和現實功業聯繫在了一起。

　　從清帝國皇帝東巡書寫的文本來看，皇帝們相信滿洲作為帝國的發祥地具有持久的神力，這種神力可以分為兩個層次。其一，神力源自祖先們的護佑。在清帝國皇帝看來，帝國之所以能夠入主中原、統一天下，皆是歷史上的先王們在滿洲艱辛締造的結果。清帝國的統治者們相信，對於滿洲先王們的

〔註15〕《清聖祖實錄》卷三十五，康熙十年辛亥春正月甲子條，471頁。
〔註16〕《清聖祖實錄》卷一百一，康熙二十一年三月丙辰條，19頁。

祭祀，可以再次獲得他們的庇護，為帝國的統治提供持久的力量。比如康熙皇帝《福陵頌》所云：

> 於昭太祖，誕膺景命。允武允文，體協仁聖。天罰恭行，赫然割正。啟疆東海，聿懷兆姓。戰罔弗克，威略如神。德罔弗冒，桀驁咸臣。受籙踐祚，帝歷鼎新。建官立制，王路丕遵。爰誓六師，濯征明國。以少擊眾，群醜骨殄。長驅鐵嶺，墮彼厄塞。茫茫遼瀋，隸我版域。會極歸極，乃建皇都。大統肇跡，炳垂帝謨。在昔湯文，蹶起一隅。先聖後聖，同軌合符。皇哉龍興，山川孔固。寢園崔嵬，風雲盤互。玉衣鐵馬，百神衛護。仰頌先猷，萬年錫祚。〔註17〕

此類說法同樣見諸其他皇帝筆下，如乾隆皇帝所言：「繼序思皇祖，貽厥逮耳孫。綿綿瓜有瓞，億載永蟠根。」〔註18〕（《再題實勝寺》）道光皇帝亦言：「締造懷先澤，欽承覲耿光。萬年昭嗣服，繼序戒無忘。」〔註19〕（《顯佑宮八韻》）此類事例，不一而足。

其二，這種神力並不一定具有絕對的原發性，它更多地是來自於冥冥之中的天命。天命不但是帝國統治力量的終極源泉，同時也是佑護清帝國先王們取得成功的原因。這裡面隱含著這樣一種思維邏輯：既然上天護佑清帝國的先王實現了大業，那麼對於滿洲先王們的祭祀，亦是清帝國對於統治力量——天命的再次確認。從而，使這種神力通過對先王們的祭祀再一次傳遞給當下的皇帝本人。比如乾隆皇帝《祭福陵文》中所言：

> 仰惟皇祖，智勇天授，仁孝性成。膺聖武之姿，值經綸之會。威張撻伐，元功垂大統之基。道著柔能，景命肇維新之運。天心克享，神器攸歸。鴻績冠乎古今，聲靈動乎天地。藐躬纘緒，念切瞻依。敬詣橋陵，用申祀典。隆儀再舉，稔櫛風沐雨之勤勞。王氣周環，瞻虎踞龍蟠之勝勢。肅几筵而愾慕，望松檟以凝思。伏祈慈鑒，尚賜居歆。〔註20〕

〔註17〕康熙《福陵頌》，《盛京通志·聖製五》卷五，文淵閣四庫全書本，501 冊，95～96 頁。

〔註18〕乾隆《再題實勝寺》，《盛京通志·天章三》卷十二，文淵閣四庫全書本，501 冊，213 頁。

〔註19〕道光《顯佑宮八韻》，王佩環《清帝東巡·資料·清宣宗旻寧御製詩》，588 頁。

〔註20〕乾隆《祭福陵文（乾隆十九年）》，《盛京通志·天章二》卷十一，文淵閣四庫全書本，501 冊，190 頁。

嘉慶皇帝亦言「祖德合天心，於昭寶命臨。興京出肇祀，上帝永居歆。」〔註21〕（《謁顯佑宮》）不管如何，其最終的落腳點仍舊是現實世界中大清帝國的統治。皇帝東巡的滿洲正是接續這種神力的儀式場域，在帝國的統治區域中，沒有任何一處其他地域可以替代這裡儀式上的功用。由此，在國家話語中，帝國也就將滿洲這一地域整體的神聖化。

比如清帝東巡經過薩爾滸，稱此地為「實帝業之所由基也」〔註22〕；居盛京故宮則云「惕若承堂構，丕基永萬年」〔註23〕；甚至清帝見到滿洲的松子，也認為它們「亦可徵地氣滋培之厚也」〔註24〕；從人參中亦可見「厥草效靈，亦王氣悠長之一徵耳」〔註25〕云云。滿洲地區的一草一木，古蹟風土無不成為了清帝國靈氣和生機滋長之地，皇帝本人正是通過這一系列的書寫文本論證了滿洲地區的獨特性。

此外，清帝東巡並非皇帝個人的單獨巡遊和獨自寫作，其周邊亦聚集了處於帝國統治核心的知識精英團隊，這些知識精英都是帝國中樞以及各部的高級官員，是帝國最高機要的參與者和謀劃者；同時，他們中的許多人又具有極為優秀的書寫才能，甚至是帝國知識界、學術界和文化界的權威乃至整個知識精英階層的領袖。

張玉書、張廷玉、沈荃、高士奇、劉綸、汪由敦、金德瑛、王士禛、於振、鄂爾泰、傅恆、阿桂、錢陳群、陳世倌、萬承蒼、裘曰修、梁國治、吳省蘭、彭元瑞、謝墉、錢汝誠、紀昀、于敏中、董誥、和珅、王會汾、夏廷芝、梁敦書、梁詩正、彭啟豐、呂履恆、周煌、錢汝誠、潘祖蔭、何汝霖諸人都曾在東巡的隊伍之中，並留下了豐富的書寫文本。

當清帝作文賦詩書寫滿洲神力的同時，這些隨行的知識精英們隨後沿著皇帝的敘述繼續寫作，形成了一系列復述文本。這些由文臣們寫作的復述文本，是他們同皇帝唱和活動的產物。官員們隨行唱和既有任務性的一面，比方皇帝的有意考核等等，同時也是文臣們向皇帝展現自我才華的絕佳機會，

〔註21〕嘉慶《謁顯佑宮》，王佩環《清帝東巡·資料·清仁宗顒琰御製詩》，553頁。
〔註22〕康熙《薩爾滸並序》，《盛京通志·聖製五》卷五，文淵閣四庫全書本，501冊，108頁。
〔註23〕乾隆《清寧宮》，《盛京通志·天章三》卷十二，文淵閣四庫全書本，501冊，214頁。
〔註24〕乾隆《松子》，薩英額《吉林外紀》卷一，長春：吉林文史出版社，1986，15頁。
〔註25〕乾隆《人參》，薩英額《吉林外紀》卷一，14頁。

甚至許多文臣會主動向皇帝呈獻自己的作品。就唱和活動本身來看，知識精英們一般都會以皇帝的詩文為中心，或是選擇同樣的文題、或是應用同樣的韻腳，完成同類詩文的寫作。在唱和活動中，清帝本人是第一個書寫者，他對於滿洲事項的評價起到了決定性的作用，其他的書寫者則主動迎合清帝的敘述。

從現有資料的情況看，幾乎清帝文筆所及之處，必有臣屬恭和御製。此外，還有相當數量由文臣們自己寫作的作品，其文體涵蓋了賦、頌、古體詩、近體詩、文、行紀等各類文體，由此形成了以皇帝本人描繪滿洲價值為中心，隨行的知識精英們共同讚頌滿洲神力的書寫局面。這些唱和詩文的數量非常龐大，如乾隆《盛京通志・藝文志》共計二十一卷，其中十五卷為「國朝藝文」。「國朝藝文」中除了少量的奏疏之外，大部分都是這些恭和詩文。今聊舉數首，以觀其貌：

> 文皇克繼述，海甸悉從風。詧序初興教，戈鋌已奏功。白山鳴瑞鳳，遼水卜飛熊。王業方新日，群瞻氣象中。〔註26〕（呂履恆《恭謁昭陵》）

> 光啟帝圖雄，扶桑萬國東。省邦天作配，撫序日方中。締搆思王業，勤勞紹祖功。十年誠再展，肹蠁契昭融。〔註27〕（于敏中《聖駕東巡恭謁祖陵禮成恭紀，甲戌》）

> 九五飛龍御，規方首拓邊。經綸開古帝，陟降仰中天。牧野臨戎日，周京定鼎年。永言懷締搆，上下一心肩。〔註28〕（梁國治《恭和御製恭謁福陵元韻》）

> 無疆開寶祚，有秩奉神孫。建國大勳集，配天鴻號尊，輿情戴商邑，聖武拓周原。至德崇姬籙，顯承永念存。〔註29〕（謝墉《恭和御製恭謁昭陵元韻》）

〔註26〕 呂履恆《恭謁昭陵》，《盛京通志・國朝藝文八》卷一百二十二，文淵閣四庫全書本，503 冊，482 頁。

〔註27〕 于敏中《聖駕東巡恭謁祖陵禮成恭紀，甲戌》，《盛京通志・國朝藝文八》卷一百二十二，文淵閣四庫全書本，503 冊，489～490 頁。

〔註28〕 梁國治《恭和御製恭謁福陵元韻》，《盛京通志・國朝藝文八》卷一百二十二，文淵閣四庫全書本，503 冊，495 頁。

〔註29〕 謝墉《恭和御製恭謁昭陵元韻》，《盛京通志・國朝藝文八》卷一百二十二，文淵閣四庫全書本，503 冊，496～497 頁。

　　由皇帝本人和知識精英們共同唱和滿洲神力的詩文，一方面加速了滿洲的知識化與文本化；另一方面，這些詩文文本也被收入到知識精英的私人文集和帝國的邊疆地方志之中，供帝國的其他知識精英們抄錄、閱讀與品評。滿洲的地位正是經由了這一系列的書寫活動，獲得了中原知識精英們的普遍認同。

　　當然也需要注意到，由於帝國的知識精英們大多來自於中原內地，滿洲的地位雖然在國家主義的表徵意義上得到了迅速拔升，但是與中原內地的實際狀貌相比仍顯荒涼、文化亦顯單薄。故而，在這些知識精英的私人書寫的文本中，這些來自中原的書寫者偶而也會對滿洲非中原的差異景觀有所感知，其間亦混雜了邊行之苦〔註30〕，與帝王的表述略顯疏離。不過，這尚屬在帝國國家主義話語之下，次一級或者說是潛在層次上的敘述，表達也過於零散，並不能對帝國敘述滿洲的地位構成任何實質性的挑戰。

　　從總體上來看，在國家主義表徵意義的引導下，清帝國的統治者和知識精英們對於滿洲的描述形成了一套特殊的修辭語境。在這套修辭語境中，滿洲常常被描述為周先王開闢基業的地方。這套修辭同傳統中原的歷史知識聯繫在一起，成為清帝國表述滿洲的固定套路。

　　在傳統中原的知識話語中，周王朝是後世所一直嚮往的、且具有烏托邦色彩的理想時代。在儒家知識精英們所奉為圭臬的先秦經典中，周之先王——后稷、公劉、古公亶父、王季、太王、文王、武王等人都被描繪成具有儒家至高美德的英明君主。他們所經營的都城——邠（豳）、岐、豐等，乃至西周的鎬京，也都與他們那些神話般的生平聯繫在一起。這些優秀的先王具有艱苦卓絕、勤奮開明、文治武功等一系列優秀的品格，並且受命於天、昭表萬世。他們曾經奮鬥過的周之故都，被視為開拓周王朝數百年文明治理的力量源泉。

　　清帝國的統治者也聰明地借用了這樣一套中原知識話語，將帝國最早的發源地——滿洲，比喻成為了周之故都，而其背後則隱喻了清帝國可以像周王朝那樣受命於天、國運昌久。因此，在帝國統治者和知識精英們的敘述中，這一修辭成為了對於滿洲固定的表述模式。比如乾隆皇帝在《盛京賦序》中直言：

〔註30〕見高士奇《扈從東巡日錄》、何汝霖《瀋陽紀程》等等。

我國家肇興盛京豳岐之地。〔註31〕

其《盛京賦》辭云：

> 於鑠盛京，維沈之陽。大山廣川，作觀萬方。虎踞龍盤，紫縣
> 浩穰。爰浚周池，爰築長墉。法天則地，陽耀陰藏。貨別隧分，旗
> 亭五重。神基崇俊，帝系綿昌。周曰豳岐，漢惟豐沛。白水慶善，
> 興王之會。長白隆隆，滄溟濊濊。形勝之選，奕世永賴。俯臨區夏，
> 襟控中外。〔註32〕

而這一修辭也為帝國的知識精英們所普遍使用，比如：

> 粵自世祖章皇帝躬集大勳，恢宏前烈，惓念邠岐舊業，王跡所
> 興，典誥煌煌，大文丕著。（《盛京通志·聖製一》諸臣案語）〔註33〕

> 國家扶輿積慶，儌造丕基。長白肇興，實為邠岐。〔註34〕（《滿
> 洲源流考·凡例》）

> 陵後山氣鬱蔥，樹木叢茂。興京相去十餘里，城址尚存。昔周
> 太王遷於岐山，開有周八百年基業。茲山地脈深厚，氣勢蜿蟺，殆
> 我朝之岐山耶。〔註35〕（高士奇《扈從東巡日錄》）

滿洲作為帝國的邠岐得到了上至皇帝本人，下至帝國知識精英們的普遍
認同，形成了固定敘述話語。如前所述，皇帝本人對某一地域的描述往往成
為建構地方表徵意義的基礎，滿洲作為北部邊疆皇帝反覆巡遊的地域，隨著
皇帝本人書寫文本的積累，滿洲的地位也在不斷地得以鞏固。這些文本以及
隨行官員的唱和都被錄入地方文獻之中，成為滿洲證明自身文化主義的依據，
比如《盛京通志·國朝藝文》的修纂官們所言：

> 古昔聖王，孝熙丕純，功德隆駿，則雅頌之音作。是以成周
> 之盛，推本太王、王季、文王。上溯公劉、后稷。升歌告廟，為
> 法為經。兩漢之隆，奏御千有餘篇，抑其亞也。我列祖肇造區夏，
> 文德武功超邁前古。我聖祖三詣盛京，恭謁橋陵。我皇上四蒞陪都，

〔註31〕乾隆《盛京賦·序》，《盛京通志·天章一》卷十，文淵閣四庫全書本，501 冊，
　　　169 頁。
〔註32〕乾隆《盛京賦》，《盛京通志·天章一》卷十，文淵閣四庫全書本，501 冊，
　　　174 頁。
〔註33〕《盛京通志·聖製》卷一，文淵閣四庫全書本，501 冊，38 頁。
〔註34〕《滿洲源流考·凡例》，文淵閣四庫全書本，499 冊，456 頁。
〔註35〕高士奇《扈從東巡日錄》，畢奧南《清代蒙古遊記選輯三十四種》上冊，233 頁。

蕭將禋祀，永言配命，世德作求，大典慶成。頌揚之音，洋溢乎
天地。〔註36〕

可以說，滿洲的地位與清帝國最高統治者治理天下的理想最為切近。滿
洲提供了這樣一個空間場域：它是清帝國最早的發祥地，皇帝通過到滿洲的
東巡祭祖，接續祖先和上天的神力，得以重新確認清帝國統治天下的合法性。
正因於此，在帝國的政治和文化話語之中，滿洲被比喻為帝國的邠岐，它也
一躍成為了北部邊疆乃至中原任何一個區域都無法與之匹敵的中心。

第二節　蒙古：中外一家

一、滿蒙同盟

自十六世紀以來乃至其後更長的一段時間，退回到瀚海的蒙元勢力一直
是明帝國北部邊疆的持久威脅，明帝國修建「九邊」的防禦工事最初即是抵
禦蒙元勢力對中原的入侵。這種對抗不僅在中原的知識話語中塑造了北部邊
疆野蠻的形象、隔離了邊疆知識的系統進入，更主要地是，它使中原的知識
精英們形成了一種集體記憶：蒙古是必須時刻防備的強大敵人。

在清帝國建立之後，這種歷史記憶仍舊被延續下來。比如祁寯藻（1793
～1866）所言：

蒙古輿地與中國邊塞相接，其部族強弱，關係中國盛衰，非若
海外荒遠之區，可以存而不論也。〔註37〕

乾隆朝，一名於乾隆元年（1736）曾舉博學鴻詞、名叫陳黃中（生卒年
未詳）的江蘇籍士子，在其《蒙古邊防議》中，提出了非常激進的觀點：

京北西塞外蒙古諸部，綿亙幾及萬里。自本朝開國之初，即稽
顙輸誠，迄今百有餘年，惴惴焉歲效貢職，莫敢或怠。蓋自開關以
來，中外一家，未有過今日之盛者，然旆裘諸部逼處肘腋，百年無
事，習為固然。間嘗按其山川，度其形勢，竊以曲突徙薪之計，謀
國者不可不早留意也……苟以糧畜資之，遣之漸北，因勢利導，自
所樂徙，是外收屯牧之功，陰寓徙戎之行。以漸撫之以恩，遲以十年

〔註36〕《盛京通志·國朝藝文》卷一百十五，文淵閣四庫全書本，503 冊，337 頁。
〔註37〕祁寯藻《蒙古游牧記·序》，張穆《蒙古游牧記》，續修四庫全書本，731 冊，
　　　　上海：上海古籍出版社，2002，1 頁。

　　斿裳諸部盡移漠北，而大寧、開平、東勝諸地屹然並未重鎮，南
　　拱神京，東護遼左，西援山右。且舉京師數十萬之遊惰，悉納之尺
　　籍伍符，使各遂其俯仰之資，國家獲取鎮戍之用，於以銷未然之患，
　　而奠磐石之安矣。〔註38〕

　　陳黃中建議將京北、京西的蒙古諸部都移往遼遠的漠北，加固京師的防
禦，「以銷未然之患」。陳黃中所提出的策略，延續了明帝國邊防的基本思路，
即以軍事手段防備蒙古的入侵。

　　這篇計劃深遠的邊防論文並沒有得到清帝國的認可。從這一點上來看，
清帝國的統治者與一般漢人知識精英對於蒙古的傳統看法存在著明顯的差
異。對於中國與蒙古關係的描述，在清帝國的知識話語之中一直存在著兩種
不同的敘述。它們分別源於中國和邊疆不同的支配話語。

　　從清帝國入關之後的政治體制來看，帝國沿用了源自傳統中原王朝對於整
個世界的描述模式。世界的統治秩序以作為天子的皇帝為核心，呈現出同心圓
形態向四方拓展，形成了層級化的世界結構。這一層級結構由內至外，依次為：
中央、地方、土司、土官、藩部、朝貢、互市的關係。其中藩部包括蒙古、回
部、青海和西藏。〔註39〕如果僅僅從這一角度來看，清帝國同之前的明帝國在
構建世界的秩序上並沒有太大的區別，蒙古所在的藩部層級與帝國的統治核心
存在著一定的距離，形成了某種內外的差別。故而，像陳黃中那樣，理解清帝
國與蒙古之間的關係，並不使人感到奇怪。

　　不過，清帝國的統治者是同樣來自於北部邊疆的少數族裔，他們還同蒙
古等少數族裔分享著源自邊疆的另一套支配話語，這套來自邊疆的支配話語
並不以作為天子的皇帝為核心，它所圍繞的中心是草原部族聯盟的支配體制。
其最直接表現就是在理藩院的設立上，理藩院最初稱為「蒙古衙門」主要負
責以蒙古諸部的事務，隨後其職能日趨拓展，將回、藏等邊疆事務皆歸入其
統轄之下，成為專門管理帝國邊疆事務的系統，與六部系統並行。理藩院的
工作人員一般皆為滿蒙官員，漢族官員不能於此任職。六部與理藩院分別管
理中原和邊疆，二者在職能也互不僭越。這兩種支配體制共同紐結於清帝國
的統治者——「皇帝」和「汗」的雙重身份之上。

〔註38〕陳黃中《蒙古邊防議》，小方壺齋輿地叢鈔本。
〔註39〕濱下武志《近代中國的國際契機：朝貢貿易體系與近代亞洲經濟圈》，32～35
　　　　頁。

　　新清史研究家羅友枝在《再觀清代》中，指出了清帝國統治者同時使用著中原和邊疆的雙重支配話語：

　　　　滿洲統治者創造的（統治者）的意識形態同時源於漢語和非漢語文獻。努爾哈赤的最早稱號為昆都侖汗，在蒙古語中意為「恭敬汗」。如柯嬌燕指出，這個汗號的潛在含義與中國皇帝的概念有明顯的區別。自成吉思汗之後，「汗中之汗」或者「大汗」一直是草原地區游牧民族有野心的領袖們的終極政治目標。但是「汗中之汗」並非中國皇帝。其權力來源於草原地區多次出現的鬆散的部落聯盟和部落酋長們的默許。這個稱號，以及它所暗示的政治條件，組成了努爾哈赤和後金統治的政治背景。有清一代，蒙古人稱清朝皇帝為「博克多汗」（bogdo kaghan）。〔註40〕

　　滿人在剛剛崛起於滿洲地區的時代，他們就不斷地爭取蒙古部族的支持，而這種關係的建立因循著邊疆草原地區歷史上的部落聯盟。許多蒙古部族在清帝國開創之初，即是其最為堅定的政治軍事盟友。由此，建立起清帝國與蒙古同盟者的密切關係：

　　　　滿蒙同盟對於滿洲統一中國起到至關重要的作用。因為早期滿蒙同盟採用聯姻形式，清朝前期的皇帝同時擁有滿洲和蒙古血統。在 1644 年前的征服戰爭的關鍵時期，蒙古語和滿語同為清的主要語言。努爾哈赤的幾個兒子和侄子擁有蒙古名字或蒙古榮譽頭銜。許多關於家畜、家畜飼養、騎具和農耕的滿語詞彙與蒙古詞彙相同的語言，顯示出這一地區歷史上滿洲和蒙古的密切交流。滿洲在組建八旗時很大程度上借鑒了蒙古經驗，在入關前的許多中原因素也其實是通過蒙古人傳入滿洲的。〔註41〕

　　在清帝國早期的歷史文獻中，我們很容易看到描述兩者之間密切關係的表述，比如清太祖努爾哈赤（1616～1626 在位）所言：

　　　　我等二國猶如一國，兩家如同一家，共舉伐明。〔註42〕

〔註40〕羅友枝《再觀清代：論清代在中國歷史上的意義》，劉鳳雲、劉文鵬編《清朝的國家認同：「新清史」研究與爭鳴》，10 頁。

〔註41〕羅友枝《再觀清代：論清代在中國歷史上的意義》，劉鳳雲、劉文鵬編《清朝的國家認同：「新清史」研究與爭鳴》，9～10 頁。

〔註42〕《滿文老檔》上，轉引自歐立德《清八旗的種族性》，載劉鳳雲、劉文鵬編《清朝的國家認同：「新清史」研究與爭鳴》，113 頁。

> 滿洲、蒙古，語言雖異，而衣食起居無不相同，兄弟之國也。
> 〔註43〕

清太宗皇太極亦言：

> 我滿洲與爾蒙古，原係一國。〔註44〕

對於清帝國而言，蒙古既是清帝國早期忠實的盟友，又是清帝國建立後的臣屬。從某種程度上可以說，如果沒有滿蒙聯盟，作為少數族裔的滿人很難具有如此強大的軍事實力，也很難建立起如此龐大的帝國。所以，當清帝國佔據中原內地之後，蒙古人同樣是以征服者的身份進入帝國的統治序列，並與滿人在新的統治疆域中維繫了傳統邊疆少數族裔之間的同盟關係。

在清帝國時期的官方典籍中，邊疆的蒙古地區常常被稱為蒙部或蒙古藩部。從其與清帝國之間的關係來看，這種同盟關係至少體現在如下兩個最為重要的方面。

其一，清帝國在蒙古地區建立了扎薩克制度，即盟旗制度。旗，最早源於女真人的射獵組織——牛錄額真，在努爾哈赤收編滿洲各部的時期，他將滿洲的政事、生產、賦役等各項管理工作以軍事化的方式組織起來。〔註45〕在征服北部邊疆的過程中，蒙古部落大多仍然沿用著傳統的艾馬克制度，清帝國則按照「旗」的形式重新將蒙古各部整合為若干旗，原本憑藉實力可以隨意兼併擴張的蒙古各個部落，被限定在固定的游牧區域之內，處於相對固定的旗的管理之下。不過，清帝國並不完全直接管理這些區域，整個區域的政事、生產、賦役等事宜大多交由蒙古部落的貴族負責，清帝國只向蒙古地區派出駐紮大臣、將軍以及都統等各級官員參贊蒙古事務。

新建的蒙古諸旗由原來部落的蒙古貴族繼續統領，蒙古的部落貴族被任命為扎薩克旗主。同時，清帝國按照清帝國的爵位，授予扎薩克旗主以爵位，即《大清會典》所謂「凡設官每旗設扎薩克一人，以汗、王、貝勒、貝子、公、臺吉等為之」〔註46〕，所授爵位世襲罔替。在若干旗之上，許多蒙古地域還設立更高一級的「盟」以統轄各旗。盟主則於各旗扎薩克中選擇德高望重者兼任，

〔註43〕《滿洲密檔·喀爾喀遣使問介賽罪狀》。
〔註44〕《清太宗實錄》卷九，天聰五年八月壬子條，128 頁。
〔註45〕對於「旗」的構造及其組織形式，可以參看孟森《清史講義》，北京：中華書局，2010；張佳生《八旗十論》，瀋陽：遼寧民族出版社，2008。
〔註46〕《大清會典·理藩院·典屬清吏司》卷八十，文淵閣四庫全書本，619 冊，臺北：臺灣商務印書館，2008，742 頁。

盟、旗下行政體系上需要向帝國的理藩院負責。〔註47〕至於乾隆朝，分布於北部邊疆各地的蒙古部族被劃分為 217 旗。

北部邊疆盟旗建置簡表〔註48〕

邊疆地域	建　　置	統轄旗
內蒙古 （49 旗）	哲里木盟　　　四部	10 旗
	昭烏達盟　　　八部	11 旗
	卓索圖盟　　　二部	5 旗
	錫林郭勒盟　　五部	10 旗
	烏蘭察布盟　　四部	6 旗
	伊克昭盟　　　一部	6 旗
	歸化城土默特	2 旗
	西套蒙古	2 旗
外蒙古 （121 旗）	土謝圖汗部（汗阿林盟）	20 旗
	車臣汗部（克魯倫巴爾和屯盟）	23 旗
	扎薩克圖汗部（札克畢拉色欽畢都爾諾爾盟）	19 旗
	賽因諾顏汗部（齊齊克里克盟）	24 旗
	唐努烏梁海	5 旗
	杜爾伯特部（賽音濟雅哈圖左、右翼盟）	14 旗
	札哈沁部	2 旗
	科布多額魯特部	1 旗
	明阿特部	1 旗
	阿爾泰烏梁海	7 旗
	阿爾泰淖爾烏梁海	2 旗
	新土爾扈特部	2 旗
	新和碩特部	1 旗

〔註47〕 參看盧明輝《清代蒙古史》，天津：天津古籍出版社，1990，59～79 頁；金海等《清代蒙古志》，呼和浩特：內蒙古人民出版社，2010，236～251 頁；馬汝珩、馬大正主編《清代的邊疆政策》，北京：中國社會科學出版社，1994，258～275 頁；田山茂《清代蒙古社會制度》，北京：商務印書館，1987；張永江《清代藩部研究——以政治變遷為中心》，哈爾濱：黑龍江教育出版社，2001 等等。

〔註48〕 清帝國時期，北部邊疆所設諸盟旗多有裁立分併的沿革，此表以《清史稿·地理志》中所及材料整理。

青海 （30 旗）	和碩特部	21 旗
	輝特部	1 旗
	綽羅斯部	2 旗
	土爾扈特部	4 旗
	喀爾喀部	1 旗
	察漢諾門罕	1 旗
新疆 （14 旗）	舊土爾扈特部（烏訥恩素珠克圖盟）	10 旗
	中路和碩特部（巴圖塞特奇勒圖盟）	4 旗
黑龍江 （3 旗）	額魯特部	1 旗
	杜爾伯特部	2 旗

　　盟旗制度既維繫了滿蒙在北部邊疆地域傳統的同盟關係，同時也將原本憑藉部落實力可以任意拓張兼併的蒙古部落，轉化為在清帝國管控之下的組織形式。

　　清帝國對蒙古諸部的管理是相當成功的，這一局面也完全化解了歷代中原王朝與北部邊疆游牧部族長期敵對的態勢，蒙古部族非但不是清帝國的敵人，反而成為了保衛清帝國北部邊疆的屏障。此外，蒙古部族也為帝國域內外的各種平叛和征伐提供了強大的軍事和物力支持。在帝國歷次征戰之中，蒙古諸部的將士皆挺身而出，躍馬奔馳，為帝國立下不可磨滅的功勳。即所謂：

> 蒙古生性強悍，世為中國之患，雖如北魏、元代皆雄起北方者，然當時柔然、海都之叛未嘗罷絕。本朝威德布揚，凡甕裘月竄之士，無不降服，執贄效順，無異世臣。純皇恢廓大度，尤善撫綏，凡其名王部長，皆令在御前行走，結以親誼，託諸心腹，故皆悅服駿奔。西域之役，如喀爾沁貝子扎爾豐阿，科爾沁額駙索諾木巴爾珠爾，喀爾喀親王定北將軍成衮扎布、其弟郡王霍斯察爾，阿拉善郡王蘿葛藏多爾濟，無不率領王師，披堅執銳，以為一時之盛。〔註49〕

　　清帝國的統治者也不無驕傲地宣稱：「本朝不設邊防，以蒙古部落為之屏障。」〔註50〕

〔註49〕昭槤《嘯亭雜錄・善待外藩》卷一，北京：中華書局，1980，17 頁。
〔註50〕海忠等《承德府志・詔諭》卷一，中國方志叢書，臺北：成文出版社，1968，41 頁。

其二，在帝國與蒙古結成政治聯盟的同時，帝國還以聯姻的方式維繫著帝國與藩部蒙古貴族之間的血緣關係。需要注意的是，這種通過族系之間世代聯姻以維護政治同盟的做法，同樣來自於邊疆的傳統。在清帝國尚未建立之初，這種聯姻的關係就已經在滿蒙部族之間存在。在清帝國建立之後，這種族系之間的聯姻又通過《大清會典》《大清會典事例》《大清會典則例》《理藩院則例》等一系列帝國法令予以明晰化、制度化。滿蒙聯姻，無論是擇偶、婚禮、陪嫁，還是封爵封號、俸祿、省親、朝覲、賜恤致祭，皆有明確的規定。〔註51〕

從總體來看，來自蒙古部族的皇家姻親主要由三部分人組成：

一是額駙之家，包括其妻室皇家格格；二是額駙與皇家公主、格格所繁衍的後代子孫；三是將女兒出嫁皇家的蒙古貴族家庭以及本家近親，如出嫁女之兄弟、侄子。〔註52〕

迄有清一代，滿蒙貴族之間通婚達590餘樁之多，其中僅出嫁給蒙古王公貴族的帝室或宗室的皇家女性就達432人。〔註53〕而就帝系來看，自清太祖努爾哈赤至於清宣宗道光皇帝，八代帝王共迎娶的蒙古后妃20人，皇室下嫁給蒙古貴族的帝系公主亦有32人。〔註54〕帝國統治者的血液不但匯入了蒙古貴族的族系，同樣，蒙古貴族的血液也流淌在清帝國皇帝的身體裏。

皇家與諸部蒙古的世代通婚，形成以皇家為中心橫縱交織的姻親網絡，各部蒙古的時代姻親家庭，不斷繁衍後代子孫，又使這一姻親網絡成員大大擴展，形成龐大的皇家姻親集團……網絡性的姻親關係，親緣紐帶的連結，也形成聯姻諸部蒙古對清中央的一體性向心力。〔註55〕

那些具有滿蒙雙重血統的男性蒙古貴族在成年之後，或繼承了父輩的爵位和職務繼續管理帝國的北部邊疆，或追隨清帝國征戰平叛。清帝國的宗室成員甚至皇帝本人就是這些蒙古貴族的親屬，這毫無疑問地鞏固了滿蒙聯盟

〔註51〕滿蒙聯姻的專門研究，可以參看杜家驥《清朝滿蒙聯姻研究》，北京：人民出版社，2003。
〔註52〕杜家驥《清朝滿蒙聯姻研究》，391頁。
〔註53〕杜家驥《清朝滿蒙聯姻研究》，504～505頁。
〔註54〕張占生《清代滿蒙和親淺析》，《河北省歷史學會第三屆年會史學論文集》，1983。
〔註55〕杜家驥《清朝滿蒙聯姻研究》，376頁。

和清帝國在邊疆的統治權威。北部邊疆曾經最大的威脅——蒙古人既是清帝國的親屬，也是最堅定的政治軍事盟友，即如《清史稿》中所云：

> 有清蒙部，實多勳戚。天、崇開國，康、雍御準，咸、同之間，蕩定粵、撚，均收其助。內盟諸爵，始皆世封。〔註56〕

> 自松花、黑龍諸江，迤邐而西，絕大漠，亙金山，疆丁零、鮮卑之域，南盡崑崙、析支、渠搜，三危既宅，至於黑水，皆為藩部。撫馭賓貢，敻越漢、唐。屏翰之重，所以寵之；甥舅之聯，所以戚之；銳劉之衛，所以懷之；教政之修，所以宣之。〔註57〕

歷史上對傳統中國構成持續威脅的草原帝國，至此完全被清帝國所征服。因而，在帝國描述蒙古地域的話語中，產生了一種超越前代的自豪感，比如《大清一統志》中所云：

> 本朝龍興蒙古科爾沁部率先歸附，及既滅察哈爾諸部，相繼來降。於是正其疆界悉遵約束。有大征伐並率師以從，及定鼎後，錫以爵祿，俾得世及每歲朝貢以時奔走，率職惟謹，設理藩院以統之。蓋奉正朔，隸版圖者部落二十有五，為旗五十有一，並同內八旗，藩封萬里，中外一家，曠古所未有也。〔註58〕

清帝國的統治者亦言：

> 我國家開基定鼎，統一寰區。蒙古四十九旗外及外扎薩克喀爾喀諸部，咸備藩衛，時篤忠貞，中外一家，遠邁前古。在太祖、太宗時其抒誠效順，建立豐功者固不乏其人。而皇祖、皇考及朕御極以來，蒙古王公等之宣猷奏績，著有崇勳者，亦至不勝屈。〔註59〕

蒙古地域已經不再是歷朝北部邊疆戰亂的淵藪，也不再是中原必須時刻防備的野蠻世界，蒙古成為了表徵帝國權威——中外一家的典範。

二、奉使蒙古：滿蒙關係的政治重構

如前所述，清帝國統御下的蒙古諸部大多由世襲的扎薩克旗主負責。清帝國除了在科布多、庫倫、烏里雅蘇臺等地派駐駐紮官員之外，大多數的蒙古

〔註56〕《清史稿·藩部世表一》卷二百九，8311 頁。
〔註57〕《清史稿·藩部一》卷五百十八，14319 頁。
〔註58〕和珅《大清一統志·藩屬蒙古》卷四百四，文淵閣四庫全書本，483 冊，402 頁。
〔註59〕《外藩蒙古回部王公表傳·諭旨》卷首，文淵閣四庫全書本，454 冊，臺北：臺灣商務印書館，2008，217 頁。

地區清帝國並不能直接管轄，扎薩克旗主統轄下的盟旗具有相對獨立的自治權；加之北部邊疆的封禁，即便有流人書寫者遣送邊疆，也大多數流放於滿洲或新疆。因此相對於滿洲和新疆，蒙古地區又是中原的書寫者最難以涉足、最不易直接書寫的地域之一。

縱觀有清一代，在清帝國解除北部邊疆封禁以前，有一個來自中原的知識精英群體可以經常進入北部邊疆的蒙古地域，他們就是奉使蒙古各部的帝國使臣。由此，在蒙古地區形成了清帝國時期獨特的邊疆書寫形態——奉使記志詩文的寫作。

奉使的書寫活動依然是建立在清帝國與蒙古貴族邊疆支配體制基礎上的。按照《大清會典》的規定，蒙古貴族擁有帝國授予的爵位，在授予內、外扎薩克的封爵、冊誥等之時，皆需由蒙古貴族本人率隊進京完成冊封。一旦其本人因為某些無法克服的原因（諸如疾病等）不能前來，帝國則派遣使臣前往蒙部，在北部邊疆完成這一儀式。〔註 60〕此外，當蒙古貴族離世之時，帝國也必須派遣使臣致祭，這都為奉使的書寫活動提供了得以實現的條件。

在這裡必須強調，奉使蒙古諸部與奉使域外朝貢國二者完全不同。在奉使域外朝貢國的活動中，使臣幾乎成為了溝通兩國關係的唯一渠道。使臣個人的所見所聞及其向帝國的彙報內容，成為帝國判定其與域外朝貢國關係的主要依據，故而此類域外奉使活動對於外交的影響非常巨大。相比之下，蒙古諸部在帝國的直接統治之下。在行政體系上，由理藩院管理。清帝國與蒙古諸部的溝通手段非常之多，溝通渠道也極為暢通。帝國不但在蒙古地區建設有驛站和郵政系統，一些重大事務還往往交予理藩院、駐紮大臣、進京朝覲省親的蒙古貴族共同協辦。因此，奉使蒙古的活動一般並不會被作為國家重大事項來看待。但是，有一點必須強調，這些奉使文本因為其書寫者皆為帝國的高級官員，他們同帝國域內的其他滿、漢知識精英們都有著廣泛的交流，因此其書寫文本很快就在公共知識領域中流傳，並形成彼此唱和應答、題跋贊序的交流局面。

從這些奉使蒙古的文本的體例上看，它們皆屬於在帝國行政工作之餘、非強制要求的私人化寫作。其體例也大致相同，都以描述在蒙古地區所見之

〔註60〕《大清會典・理藩院・旗籍清吏司》卷七十九及《典屬清吏司》卷八十，文淵閣四庫全書本，619 冊。

風物、記述奉使事件過程為主。書寫的文本一般是按照行程日紀的形式，通過空間的位移和時間的線索，將整個奉使的行程組織起來。

比如麒慶，於咸豐十一年（1861）奉使鄂爾多斯。其沿途書寫的文本包括日記《奉使鄂爾多斯驛程日記》和紀志詩集《驛亭吟稿》。《奉使鄂爾多斯驛程日記》記述了麒慶從咸豐十一年冬十一月二十七日授命奉使，直到咸豐十二年（1862）三月初十日「進內覆命，兼謝授副都統恩，直吏部引，見詔養心殿叩謁如儀。已初抵家」〔註61〕的整個奉使行程；其紀志詩集題名為《驛亭吟稿》，也是按照所經歷驛亭臺站的先後順序依次寫作，如《出都》《宿昌平作》《抵居庸作》《居庸關》《出居庸作》《次土木作》《宿雞鳴驛》等等。

同樣，塞爾登（生卒年未詳）為康熙五十年（1711）舉人，曾任工部郎中，乾隆十年（1745）奉使冊封東路藩妃格格，沿途有奉使行紀《塞外封藩草》。在《塞外封藩草》中，賽爾登記述了「於六月初十日起程，至十月初二日回京，來往一萬餘里，計程一百十二日」〔註62〕的行程，其詩文的寫作依舊按照行程地點的推進，途次得詩一百九十餘首。

奉使官員們對於蒙古地區的直接觀察，彌補了直到清帝國時期蒙古地區仍舊封禁、中原的知識精英仍舊無法近距離考察蒙古的不足。相比那些僅僅寓居在中原的邊疆研究家來說，奉使的所見所聞更具有第一手資料的價值。

這些奉使文本，描繪了蒙古地域的景觀狀貌以及出使經歷。在這裡所關注的，則是這些書寫文本中所使用的知識話語的問題。奉使蒙古使臣皆是理藩院的滿蒙官員，而他們很多人也能夠非常嫻熟地使用漢字作為書寫文本的載體，因此，對其所使用知識話語的分析，還需要從使臣身份這一角度予以把握之後才能進一步討論。

首先，奉使蒙古諸部的工作一般由理藩院直接負責。理藩院的官員皆是滿洲和蒙古等少數族裔的官員，帝國文獻統稱「滿員」，奉使蒙古諸部的帝國官員並沒有漢人參與其中，即龔自珍所謂：

> 凡外藩王妃、郡主未冊封者，理藩院會禮部具題，遣使冊封，皆以三四五品滿員往。〔註63〕

〔註61〕麒慶《奉使鄂爾多斯驛程日記》，咸豐十二年三月初十日，中國邊疆行紀調查記報告書等邊務資料叢編（初編），16 冊，191 頁。

〔註62〕塞爾登《綠雲堂塞外封藩草・小引》，《綠雲堂詩集》，國家圖書館藏，乾隆刻本。

〔註63〕龔自珍《龔自珍全集・蒙古冊降表序》，223 頁。

　　這些奉使蒙古的滿蒙官員一般皆都擁有旗人的身份，並且才華出眾，身居高位，本人即是清帝國知識精英中的一員。比如奉使巴林的使臣文祥（1818～1876）著有《巴林記程》。文祥，滿洲正紅旗人，道光二十五年（1845）進士。其本族瓜爾佳氏即為清朝皇室的姻親，文祥官至內務府大臣、軍機大臣、總理衙門大臣等要職；同樣，咸豐四年（1854），奉使三音諾顏部的使臣寶鋆（1807～1891）著有《奉使三音諾顏記程草》。寶鋆，滿洲鑲白旗人，道光十八年進士，其後亦官至內務府大臣、總理衙門大臣。與漢人相比，旗人是清帝國的開創者、疆域的征服者，也是帝國統治的核心群體。再加之諸如冊封、致祭等奉使活動本身即是帝國維繫與蒙古諸部關係的重要渠道，因此，奉使的滿蒙官員更容易將出使的書寫與帝國的意識形態聯繫在一起。

　　其次，就奉使蒙古使臣的文化身份來看，不少奉使蒙古諸部的使臣，其家族業已寓居中原數代，本人乃至整個家族都經歷了漢化的過程。當下的新清史研究對於旗人「漢化」的問題爭論正炎，從書寫的角度來看，這些滿蒙官員都有著良好的漢文化修為和熟練的漢字書寫能力，同時他們也與漢人官員唱和詩文、探討學術，甚至有許多滿蒙官員業已無法使用本民族的語言。

　　比如光緒三十四年（1908）奉使車臣汗部的使臣延清，著有《奉使車臣汗記程詩》。延清，為蒙古鑲白旗人，其先人在京口（今江蘇鎮江市）駐防。延清出生在京口，在同治十三年（1874）中進士，後任職於工部。由於生長在內地，延清根本無法講蒙古語。光緒六年進士、後任兵部侍郎的徐琪（生卒年未詳），在為延清所作的奉使贈行詩小注中說：

　　　　君居京口，而先世系出蒙古。往來皆用舌人，君不能操鄉語也。〔註64〕

　　延清也對漢詩文的寫作情有獨鍾，其本人即為同光朝知名詩人。這種文化身份，使得這些奉使蒙古地區的滿蒙官員更願意從中原的視角出發審視北部邊疆，並使用中原的知識話語描述奉使途中蒙古之風貌等等。

　　總而言之，使臣的旗人身份使他們獲得了奉使的工作，並把出使的意義同帝國權威聯繫在了一起；而他們的文化身份又展現出漢文化的特徵，這導致了他們在書寫中使用漢文，並從傳統中原的知識話語來描述蒙古地域。

〔註64〕徐琪《題辭子澄學士奉使車臣汗得詩三冊，皆傑搆也。余既各為評炙，更賦四詩以志欽佩（二）》，延清《奉使車臣汗記程詩》，中國邊疆行紀調查記報告書等邊務資料叢編（初編），18冊，13頁。

這種傳統中原知識話語的應用主要表現在以下兩個方面：

　　其一，使臣們對於滿蒙同盟關係的描述，延續了傳統中原王朝以「皇帝」為中心向四周拓展的空間統治秩序。在這樣的描述之中，蒙古地域被視為傳統空間秩序中荒服之所在，位於帝國的統治空間的邊緣地帶。

　　比如：嘉慶十八年（1813）奉使喀爾喀蒙古的昇寅（1762～1834），奉旨弔祭喀爾喀郡王、多羅貝勒成都札普，沿途作《使喀爾喀紀程草》。昇寅在其行紀中，將整個的奉使行程表述為「褒恤天章下紫宸，朔方雪嶺弔邊臣」的活動〔註65〕；《塞外封藩草》的作者塞爾登，則從「華／夷」二元對立的傳統中原表述模式入手，將北部邊疆的蒙古地域描述為夷狄生活的區域。如塞爾登途經喜峰口時稱：「縱觀始識華夷界，千岩萬壑蟠雄關。」〔註66〕至喀爾喀郡王巴札兒錫第游牧處時亦稱：「晨夕驅馳到極邊，皇圖過此絕人煙」〔註67〕等等。

　　值得注意的是，由於清帝國與蒙古貴族同盟關係的存在，在這些敘述中對於蒙古地區並沒有沿用傳統中原貶斥性的話語，而是更多地以褒揚的態度，讚頌清帝國疆域的宏大，無分內外的空間秩序。這一點，最鮮明地表現在那些具有地理標誌性的風物上。

　　在清帝國奉使蒙古使臣的筆下，那些具有地理文明標誌性質的座標都失去了原有區別華夷的意涵，使臣將它們的廢棄視作清帝國與北部邊疆中外一家最直觀的標誌物。比如麒慶在塞外渡過黃河時曾作《塞外渡黃河作》，其詩云：

> 三代以前非中土，列郡朔方自漢武。下逮元魏暨隋唐，建置流
> 源差可數。降至李夏歸前元，設屯列戍迄尚存。有明中葉忽棄去，
> 坐令嚴疆成外藩。嘉靖之間曾議取，曾銑無功翻授首。分宜藉此陷
> 貴溪，致使外人得俰手。而後因循近百年，無人更敢說開邊。胡兒
> 馳馬群游牧，晉客移家半墾田。一旦真人起長白，先清漠南次漠北。
> 林丹既滅濟濃歸，帶礪千年為屬國。小臣奉使驅征車，俯仰今古心

〔註65〕昇寅《使喀爾喀記程草・八月望日至成都郡王氈廬致祭》，邊疆史地文獻（初編）・北部邊疆，第二輯，9冊，北京：中央編譯出版社，2011，77頁。

〔註66〕塞爾登《綠雲堂塞外封藩草・出喜峰口至寬城八十里》，《綠雲堂詩集》，國家圖書館藏，清乾隆刻本。

〔註67〕塞爾登《綠雲堂塞外封藩草・十七日至喀爾喀郡王巴札兒錫第游牧處，行冊封禮紀事》，《綠雲堂詩集》，國家圖書館藏，清乾隆刻本。

諮嗟。回思策馬松亭道，蕃漢於今久一家。〔註68〕

昇寅過長城居庸關時作詩云：

> 天心本無設險意，後代整兵資地利。地利豈若得人心，防禦無
> 術空攜貳。宣王中興元老猷，薄伐猶勞著兜鍪。秦漢以下何足數，
> 徒貽百世青編羞。皇家德化百餘載，八荒臣僕朝宗海。君不見，長
> 城牆下盡桑麻，邊氓不識將軍鐙。〔註69〕

塞爾登將出關時亦作詩云：

> 巍巍雉堞古無終，延倚邊城勢更雄。豈止中原遵聖化，夷人萬
> 里盡同風。〔註70〕

在這裡，使臣們以中原王朝的歷史更迭為參照，衡量中原與蒙古區域之間的關係。在他們看來，無論是黃河還是長城，隔絕中外、區分華夷的地理標誌在清帝國的時期已經沒有了任何意義，清帝國時期「蕃漢於今久一家」、「夷人萬里盡同風」，傳統空間的對立被徹底打破。

其二，是使臣們對這種新的空間秩序現實基礎的描述。滿蒙之間的同盟關係是建立在扎薩克制度和滿蒙婚姻制度基礎上的，這些制度同樣來自於邊疆的傳統支配關係。在使臣的書寫中，他們都有意或無意地忽視了這些，他們更願意從傳統中原的知識話語入手，以文化主義的價值來重新建構這種親密的關係。這種文化主義的價值同樣以帝國統治者「皇帝」的身份展開，它遵循了這樣一種邏輯：藩漢一家的局面是因為「皇帝」的恩澤教化，蒙古貴族的主動臣服所形成的。

比如寶鋆在《瀚海賦》中所言：

> 欽惟我聖祖仁皇帝，平三汗之難，奠四部之居。萬年帶礪，一
> 統車書，列聖屢加以恩澤，皇上復廣其儲胥。聯各盟而情達，匜愛
> 曼而歡臚。載持旄節，如在里閭。〔註71〕

在寶鋆看來，各外蒙古部族「載持旄節」、形成了清帝國與蒙古諸部之間

〔註68〕麒慶《驛亭吟稿·塞外渡黃河作》，中國邊疆行紀調查記報告書等邊務資料叢編（初編），16 冊，206～207 頁。

〔註69〕昇寅《使喀爾喀記程草·居庸關關溝歌》，邊疆史地文獻（初編）·北部邊疆，第二輯，9 冊，62 頁。

〔註70〕塞爾登《綠雲堂塞外封藩草·遵化州》，《綠雲堂詩集》，國家圖書館藏，清乾隆刻本。

〔註71〕寶鋆《塞上吟·瀚海賦》卷二，國家圖書館藏，咸豐九年刻本。

無分內外、「如在里閭」的局面，是清帝國的統治者「加以恩澤」、「廣其儲胥」的必然結果。而其詩中亦嘗言：「祗緣聖澤如天大，遂使雄藩伏地迎」〔註72〕云云。

塞爾登於奉使紀志詩中亦言：

主上恩咸果聖神，荒彝無處不尊親。歡心莫可酬天德，惟有殷殷答使臣。〔註73〕（《二十日至喀喇沁藩王游牧處，行冊封禮紀事四首（四）》）

家藏美醞似銀漿，金盛來馬乳香。年老藩王親進酒，感恩只是念今皇。〔註74〕（《廿八日早行三十里至巴林多羅郡主住處，行冊封禮得詩四首（三）》）

塞爾登認為，蒙古諸部之所以同帝國建立了無分內外的關係，主要在於作為「皇帝」的清帝國統治者的恩澤。從這一角度看，顯然滿蒙同盟存在的現實政治基礎被有意地忽視了，中原的知識話語重新建構了滿蒙同盟關係。這種話語的表述不但在敘述中表徵了帝國文化主義的權威價值，同時這一話語的運用，相比那些諸如「汗」、「扎薩克」等源自北部邊疆的話語更容易為一般的漢人知識精英們所接受。比如光緒六進士何乃瑩（生卒年未詳），後任左副都御史。作為一名漢人的知識精英，他為延清出使文本所作序文中亦稱：

考車臣汗為外蒙古東路部落，即秦漢時所謂匈奴、唐宋以來蠕蠕、突厥之類是也，代為邊患。至我朝聖武神功，超越前代，內外蒙古莫不服從聖教，而朝廷所以御之者，亦有以懾服其性而感化其心。子澄之奉命車臣汗賜奠也，所以柔遠而感化其心也。〔註75〕

另一位作序者的漢族知識精英、鎮江文壇的領袖李恩綬（1835～1911）亦云：

〔註72〕寶鋆《奉使三音諾彥記程草·由推英郭勒祭所旋推臺作》卷一，國家圖書館藏，咸豐九年刻本。

〔註73〕塞爾登《綠雲堂塞外封藩草·二十日至喀喇沁藩王游牧處，行冊封禮紀事四首（四）》，《綠雲堂詩集》，國家圖書館藏，清乾隆刻本。

〔註74〕塞爾登《綠雲堂塞外封藩草·廿八日早行三十里至巴林多羅郡主住處，行冊封禮得詩四首（三）》，《綠雲堂詩集》，國家圖書館藏，清乾隆刻本。

〔註75〕何乃瑩《奉使車臣汗記程詩·序》，延清《奉使車臣汗記程詩》，中國邊疆行紀調查記報告書等邊務資料叢編（初編），18冊，4頁。

> 我子澄學士之奉使車臣汗，為足述焉。車臣汗者，為外蒙古喀
> 爾喀四盟之一，地控西套，名屬東部。其始即匈奴、突厥之類，所
> 據兼敖漢、奈曼之雄，繞以臚朐之巨，浸治以庫倫之大臣，蓋賓服
> 於仁廟二十八年。此足驗聲教之廣，與綏柔之速。〔註76〕

　　總體而言，無論是描述帝國與蒙古地域空間秩序，還是討論這種秩序的存在基礎，這些奉使的滿蒙官員們都使用了中原的知識話語系統。以這種方式表述滿蒙同盟關係，不但更容易為漢人知識精英們所接受，就像那些漢人知識精英們在題跋贊序中所表述的那樣；同時在書寫中，也由滿蒙、漢各族知識精英共同建構起了清帝國中外一家的政治文化權威。

第三節　新疆：盛世的神話

　　從十六世紀以來的歷史看，清帝國在北部邊疆的開拓是一個自東向西不斷征服的過程，新疆是繼滿洲、蒙古諸部之後，北部邊疆最後征服的地域。僅就新疆而言，在中原的傳統文獻中，此一區域自秦漢以來一直被習慣性地稱為「西域」，由於中華帝國同北部邊疆少數族裔數千年無休止的征戰，彼此的勢力也在「西域」此消彼長，於是在那裡形成了一個雙方勢力對比的緩衝區。縱觀歷史，在相當長的歷史時期內，這一地域並不在中華帝國的直接統治之下，即如《西域圖志》的編纂者們所概括的那樣：「自古英君誼辟，聲教有所不通。有時力征經營，而羈縻服屬，卒未聞有混一之者」〔註77〕。

一、新疆與盛世論

　　清帝國初年，衛拉特蒙古人在新疆建立了準噶爾汗國，並不斷地向東侵吞漠北、漠南等蒙古諸地，最終同滿人所建立的清帝國發生了直接的軍事衝突。自康熙二十九年（1690），康熙皇帝親征噶爾丹，在烏蘭布通（今內蒙古翁牛特旗西南）第一次擊敗了不斷向東拓張的準噶爾汗國，史稱「烏蘭布通之戰」，直到乾隆二十四年底定天山南北，清帝國開拓新疆的戰爭整整持續了七十年。戰後，這片新獲得的疆土既包括了天山南路的回疆，也包括了天山北路的準噶爾，甚至延展到阿爾泰山以北的廣袤地區。清帝國將這片區域

〔註76〕李恩綬《奉使車臣汗記程詩·序》，延清《奉使車臣汗記程詩》，中國邊疆行
　　　　紀調查記報告書等邊務資料叢編（初編），18 冊，7 頁。
〔註77〕《西域圖志校注·皇輿全圖說》，59 頁。

命名為「新疆」，意為甘肅的新疆域〔註78〕。

　　自清帝國的統治者們策略性地運用傳統中國的天下話語描述統轄區域乃至整個世界之後，這種話語也被有效地應用於新疆的描述之中〔註79〕。在天下話語之中，一個政權的統治下管控的疆域愈是廣博、統轄的生民愈是眾多，愈能體現上天意志對其統治的認可。清帝國的統治者們有意識地將這種描述貫穿到帝國書寫之中。

　　比如從疆域的角度而言：

　　　　我聖清御宇長駕遠馭，九有方夏，悉主悉臣。〔註80〕

　　從生民的角度而言：

　　　　皇清膺大寶，命拓跡垂統。四裔逖聽，冠帶偕來。皇上纘武，
　　策勳西陲，大功載蕆。垓埏所極，莫不尊親；用弼億萬，祀丕丕基，
　　訖乎無外。〔註81〕

　　此類描述在清帝國組織修纂的各種官方文獻中比比皆是。由此而言，開拓疆域之廣狹與統轄生民之多寡，直接關係到清帝國作為天下統治者的合法身份，而新疆廣闊的疆域和繁多的種族，正為這套話語提供了最為有力的證據支持。

　　具體來說，這套話語在新疆的應用是建立在過去的歷史和現實的情形相互對比的基礎上的。從歷史的維度上看，中華帝國對新疆地域的管控往往是在完成了中原的大一統，建立了強大的政權之後才有可能實現。對西域管控最強大的時代莫過於漢唐，雖然當時在西域設置了都護府和羈縻州等政治單位，不過在隨後的中原板蕩與異族入侵之中，漢唐帝國便放棄對它的管理。清帝國之前的明帝國其疆域也屢屢號稱廓大（如《大明一統志》中所描述的明帝國疆域），但是對於西北的管理在相當長的一段時間內僅僅以嘉峪關以東為限。

　　相比之下，清帝國在嘉峪關以外開拓的疆域「圓廣二萬餘里，其疆圉之闊遠，幾與中土相埒。」〔註82〕這種鮮明的對比，亦為帝國和當時的知識精英們

〔註78〕費正清、劉廣京編《劍橋中國晚清史》上卷，55頁。
〔註79〕清帝國天下話語之確立的具體策略和經過，可以參看：郭成康《清朝皇帝的中國觀》，《清史研究》，2005年第4期；張雙志《清朝皇帝的華夷觀》，《歷史檔案》，2008年第3期；李治亭《論清代邊疆問題與國家「大一統」》，《雲南師範大學學報（哲學社會科學版）》，2011年第1期等等。
〔註80〕袁大化、王樹枏《新疆圖志・建置一》卷一，12頁。
〔註81〕傅恆等《皇清職貢圖・跋》，606頁。
〔註82〕《西域圖志校注・皇輿全圖說》，59頁。

所明確感知，並在帝國和知識精英筆下反覆被敘述。比如代表官方權威敘述的《西域圖志》中所言：

> 西域在古為西戎，自漢孝武帝始通其境。厥後二千年，向背靡常，前史備載其事。大抵文弱之世，規模不遠，外夷酋長，各君其國，以長世稱雄，互相吞噬，不奉朝命。及當中國強盛，銳意外攘，職貢所通，稍受約束。三代以下，宋時隔越西夏，並不獲與接境。明則棄地閉關，退葸已甚。其長駕遠馭，號稱閎大者，莫如漢唐。然考其時，僅設都護府、置羈縻州，虛存統率之名，初無服屬之實。夷酋之稱王稱汗，畫地以守者自若。是以旋服旋叛，反覆無定。英君誼辟，力征經營，訖不能以混一。皇上乾綱獨斷，神武布昭。初因機會之可乘，嗣以根株之必絕，星馳電掃，雷厲風行。遂使數千年阻深汶昧之區，子臣其民，版籍其地，咸得耀於光明。視大禹之敘西戎，只以織皮通貢，其難易廣狹何如，而自漢以下，益無論矣。〔註83〕

同樣，私人學者或研究家們也與帝國的這一觀點達成了共識。比如邊疆史地研究家沈垚所云：

> 我國家皇靈遠暢，威德遐宣，風行所及，日久以來，皆慕化輸誠，願為臣妾。高宗皇帝平伊犁，定回疆，闢地二萬餘里。漢唐所謂烏孫、西突厥及蔥嶺東城郭諸國，均編入內地，有重臣鎮守，則昔之羌種塞種，今皆天子生全長育之民。昔之窮荒極遠，界在區外之國，今皆國家出貢賦，列亭障之地矣。〔註84〕

研究家葉昌熾（1849～1917）亦言：

> 洪惟我朝聖武廣被，自乾隆二十年討準部，俘達瓦齊，明年阿穆爾撒納誅，二十四年平霍集占，於是天山南北闢地萬里，版宇之廣，亙古未有。〔註85〕

由此可見，在縱向的歷史對比中，對新疆廣闊地域的佔有、亙古未有功業的實現，使知識精英們對帝國權威產生了強烈的認同感。

而從現實的維度上看，清帝國對新疆的建設無疑推動了新疆與中國的一體化。清帝國將新疆的行政架構劃分為安西州、天山北路、天山南路三個

〔註83〕《西域圖志校注·西域全圖說》，61頁。
〔註84〕沈垚《新疆私議》，《清人文集地理類彙編（三）》，223頁。
〔註85〕葉昌熾《漢西域圖考·序》，《清人文集地理類彙編（三）》，5529頁。

大的統轄區域。在安西州和天山北路主要推行州縣制度，在行政體制上與中原保持一致；其中，天山北路歸附的衛拉特蒙古部族中還推行扎薩克制度，延續了草原的傳統；而在天山南路回部聚居區則推行伯克制度，賜予少數族裔首領爵位和官職，由少數民族首領因俗而治。帝國則派出軍事指揮官和駐防軍，駐紮監督。此外，帝國亦推動君民屯田墾殖、興辦牧廠、建立學校、採礦冶金、加強貿易、徵收賦稅。〔註86〕在清帝國的知識家就普遍形成了一種固定的認知：這片原本少數族裔彼此征戰的野蠻世界，逐步進入了文明的世界，成為了帝國版圖的組成部分。比如龔自珍《西域置行省議》中所言：

> 高宗皇帝又應天運而生，應天運而用武，則遂能以承祖宗之兵
> 力，兼用東南北之眾，開拓西邊，遠者距京師一萬七千里……國家
> 聲教所被，無遠弗屆。大漠以北，流沙以西，諸部君長稽首偕來，
> 畫疆置吏有如郡縣。〔註87〕

王樹枏在《新疆圖志·建置》中亦回顧了當年開拓新疆之後輝煌的歷史：

> 新疆版圖廣輪二萬餘里，帶甲之士四萬，歲納米粟十四萬三千
> 餘石，開屯列戍，棋布星羅，蓋所以屏翰關輔，拱衛燕云者基益鞏
> 固。〔註88〕

除了體制的建立之外，新疆也是當時亞洲腹地人種最為複雜的區域。新疆地區聚居的少數族裔有衛拉特蒙古人、回人、哈薩克人、布魯特人、拔達克山人、安集延人等，他們先後進入帝國「職貢」的序列。特別是在乾隆三十六年（1771），明末遷徙到俄羅斯境內伏爾加河流域的土爾扈特部蒙古人，全部東歸清帝國。從此，元帝國後裔的所有蒙古部族都無一例外地成為了清帝國的臣屬，北部邊疆也無任何一個族裔能夠與清帝國對抗。即如《大清一統志》所描繪的那樣：

> 乾隆三十六年，其汗渥巴錫、臺吉策、伯克多爾濟等向風慕化，
> 率其眾三萬餘戶，越萬有餘里來歸。皇上覃恩賜爵，授以虛詫給以
> 牧地，其部眾則量地分編，俾居於伊犁、塔爾哈巴臺諸境，於是元
> 裔四衛拉特之眾，盡入版圖。朝貢、賦稅各率厥職。其藩屬之拔誠
> 歸順者，有左右哈薩克、東西布魯特、霍罕、安集延、瑪爾噶朗、

〔註86〕新疆建立的具體行政體制，見馬汝珩、馬大正《清代的邊疆政策》。
〔註87〕龔自珍《龔自珍全集·西域置行省議》，105頁。
〔註88〕袁大化、王樹枏《新疆圖志·建置一》卷一，12頁。

> 那木干、塔什罕、拔達克山、博洛爾、布哈爾、愛烏罕、痕都斯坦、
> 巴勒提諸部，自西域底定，並歲時朝貢唯謹焉。〔註89〕

　　新疆內外的所有西域部族，都成為了清帝國統治下的子民。在這樣的歷史和現實的對比當中，一方面是之前歷史時期「大荒以外，提封不及。號稱四塞，而西境尤廣。夏書即敘之義，僅紀流沙。王制狄鞮之通，未區方域……存駕馭之名，鮮開闢之實，有都護校尉之置，而不能革單于之頭銜。有安西北庭之隸，而不能登農部之版籍。是以方隅牷具，圭臬難征。」〔註90〕而另一方面，則是清帝國「收準夷之疆索，輯回部志販章。其人民足以守耕牧之業，其土宜足以昭貢賦之經。爰設郡縣、建學校，與內地赤縣神州相表裏。」〔註91〕

　　在此基礎上，經歷了康、雍、乾三朝新疆的底定，帝國在新疆的文治武功為知識精英們所普遍認同，即如魏源所說：「西北周數萬里之版章，聖祖薔之，世宗畲之，高宗獲之」〔註92〕，在這一時期，清帝國和知識精英們就共同創造了清帝國在上天的護佑下的盛世神話。雖然，在道、咸之後，新疆不斷地發生叛亂，幾乎徹底顛覆了康、雍、乾三朝的殖拓成果，但是這一盛世論仍作為一種固定的表述，在許多描述新疆的官方或私人文獻中被延續下來。

二、帝國的戰紀

　　新疆繁多的種族和廣闊的地域是帝國盛世論存在的基礎，不過它也潛伏著一個絕大的危機，即如果新疆地域發生叛亂乃至與清帝國決裂，康、雍、乾三朝的盛世論話語將被徹底解構，其造成的衝擊不僅僅在新疆一地，亦將從邏輯上動搖整個帝國的權威。

　　事實也是如此，自從康熙二十九年同準噶爾汗國在烏蘭布通第一次交鋒，直到光緒十年（1884）帝國在新疆建立行省，這兩個世紀的時間裏，新疆的叛亂從來就沒有停息過。先是康、雍、乾三朝與準噶爾汗國的對抗，隨後是乾隆朝南疆大小和卓的叛亂，到了道光朝經歷了張格爾之亂，咸同之際發生了阿古柏、白彥虎之亂，同治十年（1871）俄羅斯又入侵伊犁，以致咸同之際

〔註89〕《大清一統志・西域新疆統部・建置》卷四百十四，文淵閣四庫全書本，483
　　　　冊，576頁。
〔註90〕《西域圖志校注・疆域》卷八，163頁。
〔註91〕《西域圖志校注・疆域》卷八，163頁。
〔註92〕魏源《聖武記・雍正兩征厄魯特記》卷三，153頁。

「雍涼二部千里糜爛」〔註93〕。直到左宗棠率軍剿平陝甘回匪，旋即出關平亂，光緒朝亦經歷十年才又恢復安定。而清人也常以「西疆平定以後，屢叛屢服」〔註94〕、「旋起旋平」〔註95〕之類的詞句，描述清帝國時期新疆地區的動盪。

　　毫無疑問，自康、雍、乾三朝帝國進入新疆之後，戰亂就不斷地在解構描述帝國權威的話語敘述。這就無法迴避一個問題：帝國如何在不斷地叛亂中維護其盛世論呢？

　　對於任何的戰爭而言，戰爭作為即時性的事件，在回憶與言說中可以被不斷地重構，這種重構歷史回憶的過程最終會以一系列文本的形式呈現，其中最重要的文本即戰紀文本。在戰爭文本化的過程中，戰爭事件的言說者和書寫者為戰爭賦予了特定的價值，從而使戰紀文本的書寫成為具有某種意識形態指向性的產物。

　　在清帝國官方修纂的這些戰紀文本中，出現了一系列描述帝國如何平定叛亂的文獻。這些戰紀文本被帝國命名為「方略」，是清帝國時期國家書寫工程中所獨創的體裁。在康熙朝平定三藩之亂後，帝國開始組織編纂《平定三逆方略》，到乾隆十四年（1749）正式建立「方略館」，成為中央常設的修史機構，受軍機處的直接管轄〔註96〕。按照《大清會典》的說法：

　　　　每次軍功告蕆及遇有政事之大者，奉旨纂輯成書，紀其始末，

　　或曰方略，或曰紀略，隨時奏請欽定。〔註97〕

　　由此可知，用「方略」記述帝國的征戰史，已經成為帝國書寫工程中的固定體裁。

　　方略這一體裁最初並非為邊疆戰事的書寫而特地設立，但是由於新疆地區長期動盪，故而方略中有相當一部分是描述帝國在新疆戡亂的。自康熙朝

〔註93〕魏光燾《勘定新疆記・序》卷首，中國西北文獻叢書（二編），10 冊，蘭州：甘肅省古籍文獻整理編譯中心，2006，188 頁。

〔註94〕高守貴《葉爾羌守城紀略・序》，壁昌《葉爾羌守城紀略》，中國西北文獻叢書（二編），10 冊，蘭州：甘肅省古籍文獻整理編譯中心，2006，5 頁。

〔註95〕李有棻《勘定新疆記・序》，魏光燾《勘定新疆記》卷首，中國西北文獻叢書（二編），10 冊，187 頁。

〔註96〕清帝國方略館的設置以及修纂情況，可見李石《清代的方略館與方略書》，《煙臺師範學院學報》，1988 年第 3 期；姚繼榮《清代方略館與官修方略》，《山西師大學報（社會科學版）》，2002 年 4 月第 2 期；朱伶傑、史柳《清代方略及其編纂特點》，《檔案學通訊》，2010 年第 6 期。

〔註97〕梁章鉅《樞垣記略・規制二》卷十四，北京：中華書局，1984，155 頁。

開始修纂「方略」直到光緒朝，帝國共組織修撰了 25 部方略，其中有關北部邊疆戰事的方略共有 6 部〔註98〕，依次是《平定朔漠方略》《平定準噶爾方略》（前編、正編、續編）《平定回疆剿擒逆裔方略》《平定陝甘新疆回匪方略》。

清帝國新疆方略表〔註99〕

新疆方略	修纂官	時　　間	戰　紀
《平定朔漠方略》48 卷	溫達等	康熙十六年至三十七年（1677～1698）	平定蒙古準噶爾部噶爾丹叛亂的始末。
《平定準噶爾方略》（前編）	傅恆等	康熙三十九年至乾隆十八年（1700～1753）	平定準噶爾部阿睦爾撒納的叛亂、以及南疆大小和卓的叛亂的始末。
《平定準噶爾方略》（正編）	傅恆等	乾隆十八年至二十五年（1753～1760）	
《平定準噶爾方略》（續編）前、正、續三編共計 171 卷	傅恆等	乾隆二十五年至三十年（1760～1765）	
《平定回疆剿擒逆裔方略》80 卷	曹振鏞等	道光六年至道光七年（1626～1627）	平定大和卓之孫張格爾之亂的始末。
《平定陝甘新疆回匪方略》320 卷	奕訢等	咸豐五年至光緒十四年（1855～1888）	平定西北回匪叛亂及新疆阿古柏、白彥虎之亂的始末。

按照四部分類法，「方略」被放置在「史部‧紀事本末體」之中，說明這種書寫體裁具有紀事本末體史籍的一般特徵，即按照事件發生順序為線索，將相關的資料搜集在時間的條目之下。但是「方略」的體例卻同以往的紀事本末體史籍有相當大的區別，其最主要的獨特之處在於，「方略」是帝國書寫工程的一個組成部分，因此其中必然囊括了帝國表徵意義對這一體裁的影響。

從方略的體例來看，它一般都由帝王本人撰寫序文，以對平滅叛亂的整個過程予以帝國意義的概括；隨後在方略的卷首，都會設置一卷到數卷不等的「天章」，以專門收錄帝王的相關詩文，之後才是正文。按照第一部方略的總修纂官勒德洪（1624～1697）的說法：

〔註98〕另兩部北部邊疆方略分別為《平定羅刹方略》（滿洲）、《平定察哈爾方略》（蒙古察哈爾部）。

〔註99〕見姚繼榮《清代方略館與官修方略》，《山西師大學報（社會科學版）》，2002年 4 月第 2 期，略有增改。

　　殲滅賊寇，克奏膚功，復見升平，皆皇上神機獨運，指授方略
　　所致。若不纂輯成書，恐鴻功偉績，或有遺漏。況古來帝王，武功
　　告成，無不將所行之事，逐一記載。今宜如御史所請，勒成一書，
　　以垂永久。〔註100〕

　　可知，方略編纂的主要目的在於，通過史實來展現帝國的文治武功。在新疆方略的書寫中，也同樣承繼了這一體例。新疆不斷地叛亂總是在解構帝國的盛世論，那麼在新疆方略書寫中，帝國又是如何處理二者之間矛盾的呢？

　　在這裡，首先需要先對這些叛亂予以一些客觀性的澄清，由此才能進一步地發掘清帝國戰紀書寫的性質。

　　我們知道，任何大規模的地方叛亂必然有其文化和社會基礎，絕非是叛亂者品行或性格的拙劣造成的結果。比如清帝國在新疆最早的敵手——噶爾丹，他繼承了兄長僧格（未詳～1670）的汗位，成為了準格爾汗國——包括蒙古西部、突厥斯坦和西藏聯盟國家的首領。這個最後的草原帝國，早在1616年就與俄羅斯帝國互派使節建立外交和貿易關係，同時，它也獲得西藏在政治和宗教上的支持。「1678年達賴喇嘛授予他博碩圖汗的頭銜，該稱號來自蒙語單詞 boshugh 即『上天的命令、命運』。像他那強大對手康熙帝一樣，噶爾丹感到天命在身。」〔註101〕噶爾丹的理想，是恢復蒙元帝國那樣一個由蒙古人領導下的強大草原國家，在不斷地向東擴張中同清帝國發生了衝突。〔註102〕

　　同樣，嘉慶二十五年（1820）新疆叛亂的發動者張格爾（未詳～1828），是伊斯蘭教聖族——瑪赫杜姆家族的後裔。這個家族是十六世紀著名的納赫什班迪教團教長——瑪赫杜姆·依·阿扎姆（1461～1542）的後代，他們在南疆的回部居民中具有宗教領袖的地位，因而為信徒所尊崇。乾隆二十二年（1757），瑪赫杜姆家族的大小和卓因煽動南疆叛亂，於次年被帝國剿滅，瑪赫杜姆家族在南疆的統治也被帝國瓦解。叛亂者張格爾正是大和卓波羅尼都（未詳～1759）的孫子，他試圖掀起一場聖戰以恢復家族在南疆的勢力，

〔註100〕《清聖祖實錄》卷一百四，康熙二十一年八月戊子條，51頁。

〔註101〕濮德培《歐亞時空裏的清帝國：噶爾丹之戰的教訓》，司徒琳主編《世界時間與東亞時間中的明清變遷》下卷，81頁。

〔註102〕噶爾丹所建立的準噶爾汗國的情況，詳見巴菲爾德《危險的邊疆：游牧帝國與中國》，第八章《游牧帝國的尾聲：清朝統一蒙古和準噶爾》，南京：江蘇人民出版社，2011。

而他的行動也獲得了浩罕汗國（1709～1876）的支持〔註103〕。

不過，在清帝國的方略的編纂中，這些文化和社會的情形並未被細緻地描述，在某種程度上說，這些線索都被有意無意地忽視了。方略的書寫是在帝國天下話語中展開的，它預設了這樣一種邏輯：叛逆者的行為是天性使然，他們都是性格缺陷、品行敗壞的個體，從而方略的書寫者將叛亂放置於儒家道德主義的批判之下。

比如《平定準噶爾方略》記述了從康熙三十九年到乾隆三十年共計65年中，帝國在新疆征戰的歷史。方略的編纂官員們在卷首，概括地敘述了這半個多世紀新疆叛亂的原因：

> 噶爾丹起自北厄魯特，自立為臺吉，狡黠桀驁，阻兵安忍，侵我屬國喀爾喀，攘竊牲畜，淬食鄰封，惡不可長。聖祖仁皇帝，怙冒同天地，神武震雷霆，躬鞠六師，直抵拖諾山，逆酋駭竄奔命。西路大兵邀其去路，擊之昭莫多，盡殲其屬。明年駕復親征，出狼居胥山，獲逆子塞卜屯班珠爾，獻俘行在，噶爾丹仰藥死……噶爾丹既殞，其兄子策妄阿拉布坦者，舊與噶爾丹搆怨，至是懾我天威，卑詞丐命。聖祖宏覆載之仁，予以矜宥。詎狼子野心，旋復梗化，擾哈密、襲西藏，又戕殺拉藏汗，橫恣日甚，屢煩天兵，申討問罪。又納我青海叛臣羅卜藏丹津，恃其險遠，為逋逃藪。其子噶爾丹策零同惡世濟，更肆跳樑。世宗憲皇帝特彰撻伐，命將出師大破之於額爾德尼招……洎策妄多爾濟那木扎爾繼立，昏暴日甚，舉部離心，喇嘛達爾扎以孽子篡逆，而達瓦齊復蹈故智，盜竊其位，數年之間，內亂頻仍，厥眾瓦解……逆賊阿穆爾撒納潛懷異圖，煽誘黨與，負恩叛亂，臺路中斷，帥臣死綏，爰命至討，所向克捷……逆回大和卓木波拉泥敦、小和卓木霍集占者，昔為厄魯特囚於阿巴噶斯，天兵耆定伊犁之日，釋而出之，助以將卒。俾長舊部，乃敢背恩反噬，黨我叛賊，戕我王官，此而不誅，何以申國威，正天討，爰命即以伊犁凱旋之師往征不庭。〔註104〕

在一個半世紀的眾多叛亂中，無論是噶爾丹、策妄阿拉布坦、噶爾丹策零、

〔註103〕瑪赫杜姆家族及張格爾叛亂的情況，詳見費正清、劉廣京《劍橋中國晚清史》上卷，81～85頁、352～366頁。

〔註104〕《平定準噶爾方略》卷首，文淵閣四庫全書本，357冊，21～24頁。

妄多爾濟那木扎爾、達瓦齊、阿穆爾撒納，還是大小和卓，他們之所以發動叛亂都被歸結為「狡黠桀驁」、「狼子野心」、「同惡世濟」、「昏暴日甚」、「背恩反噬」等人格的缺失、性情的卑劣。這種天生的道德缺陷無法自我克服，只能不斷地導致邊疆的動盪，給民眾帶來苦難（「攘竊牲畜，洊食鄰封」、「擾哈密、襲西藏，又戕殺拉藏汗，橫恣日甚」等等）。帝國為了拯救天下的民眾，不得已討伐逆賊，以為天下伸張正義，從而在方略的書寫中建構起「道德／非道德」、「正義／非正義」的二元對立。

在二元對立的話語中，清帝國是正義的一方，其道德主義的正義性來自於天下話語的支持。就像乾隆皇帝討伐準噶爾汗國時所描述的那樣：

> 天之所培者，人雖傾之，不可殛也。天之所覆者，人雖栽之，不可殖也。嗟汝準噶爾，何狙詐相延，以世為賊也。強食弱，眾凌寡，血人於牙，而蔑知悛易也。雲興黃教，敬佛菩薩，其心乃如夜叉羅剎之以人為食也。故罪深惡極，自作之孽，難逭活也。〔註105〕

這樣，清帝國的編纂家們，就將清帝國在新疆的整個征戰史描述為上天意志指引下的正義行動。在方略中，帝國的權威通過兩種有效的技術寫作方式予以文本化和固定化。

其一，是帝王的能力被不斷地神格化。在方略正文的寫作中，帝國建立了這樣一種敘述模式，即在每一個時間條目下，往往以帝王的上諭、詔旨等對於叛亂的處理意見開篇，隨後整個歷史事實都圍繞著帝王對事態的把握和預計展開。隨著事態的推進，帝王所有的預見都成為了現實，帝國在新疆的征戰史被描述為在帝王高瞻遠矚、深謀遠慮的指揮下，有計劃地擊敗叛軍，最終取得勝利的過程。在方略中，帝王擊敗對手是如此輕而易舉，上天賦予了帝國軍隊攻無不克的能力。

比如道光皇帝對於「方略」的解釋，以及對於帝國勘定張格爾之亂的敘述：

> 方，道也。略，瀘也。出謀發慮，決策制勝，明炳於幾先，智周乎萬里，而總不離乎道；瀘乃之以彰聲討而殄醜虜也。張逆遊魂殘喘，偷息荒陬，逞其譎謀，舛擾邊圉。固天道所不容，王瀘所不宥。臨軒命將，絕域行師，宵旰籌幾，發蹤指授，撻伐伸乎遐裔，謀謨運於朝堂，憂勤惕厲，曷敢稍肆敬體。欽崇天道之心，以行抱瀘處勢之事。戎臣效命，勁旅同仇，狡兔脫而旋即投羅，狂兒奔而

〔註105〕乾隆《御製平定準噶爾後勒銘伊犁碑文》，《西域圖志校注》，213頁。

終於觸阱。馳檻車以俘獲，正薰街之刑章。視前代檄諭擒獻，招致受降，相去遠甚，此中消息實有陰為之驅而默為之相者。朕仰承昊佑，寅紹前模，惟以守道執廬為兢兢。是役之巖國憲彰，人心快，而道廬顯著於寰區。是編之垂賞罰信，順逆明，而道廬丕昭於奕禩。〔註106〕

在清帝國的統治者看來對於叛逆的征討是上天的意志，自己只是上天意志的執行者。帝王的深謀遠慮、決策制勝完全源於自己遵循了「天道」的意志，並最終獲得了上天的佑護（「仰承昊佑」），取得了勝利。在其他有關新疆戡亂的方略中也使用著同樣的表述。

不過，在帝國征戰敘述的背後，方略卻總是有意地隱去了那些帝國認為不應該被記憶下來的歷史。比如美國漢學家約瑟夫‧弗萊切（Joseph Fletcher）在系統地研究了張格爾之亂的始末之後，所指出的那樣：

北京極力把捕獲和卓看作一項光輝成就，同時卻掩飾只有少數兵力的張格爾卻能困擾帝國的軍隊逾七年之久的事實。討伐張格爾的之役曾經需要調動 3.6 萬人的軍隊，花費了政府一千多萬兩銀子。事實上許多人相信，張格爾「失敗的真正原因」完全不是清朝的軍事力量，而是在於東突厥斯坦白山派和黑山派的分裂。〔註107〕

清帝國使用的天下話語限制了這樣事實的陳述，因為在天下話語中帝王是上天的授意者，「兵無留頓，恩威遐播」〔註108〕——上天的意志無人可以阻擋，而方略的敘述模式使這一文本成功地塑造了帝國統治者神聖的形象，這也就在書寫中進一步鞏固了帝國盛世論的權威。

其二，在方略的寫作中，還有意地加入了神話般的史實，以證明上天的確在佑護清帝國的征戰行為。在方略中，帝國創造了一系列超自然的事件，在帝國軍隊將要陷入困頓的時候，這些超自然的事件就發生了，以幫助帝國渡過難關。我們很難說這些超自然的事件是否真正地出現過，而在方略的書寫中，這些事件都言之鑿鑿，清帝國的統治者相信這是上天意志最直觀的表現。

新清史研究家濮德培（Peter C. Perdue）通過對《平定朔漠方略》細緻的考察，描述了在康熙親征噶爾丹的過程中，這些超自然的事件：

〔註106〕 道光《平定回疆剿擒逆裔方略‧序》，《平定回疆剿擒逆裔方略》，四庫未收書輯刊本，五輯 5 冊，北京：北京出版社，1997，2 頁。
〔註107〕 費正清、劉廣京編《劍橋中國晚清史》上卷，358 頁。
〔註108〕 光緒《平定陝甘新疆回匪方略‧序》，《平定陝甘新疆回匪方略》，北京：中國書店，1985。

在每次戰役裏，後勤準備的強度都在增加，因為軍隊吃過苦頭，知道在荒涼的草原和沙漠裏的部隊的脆弱性。幾天不下雨可以使草地乾枯，馬匹精疲力竭，軍士饑腸轆轆。特大雨甚至冰雹，能使供應車輛陷入泥淖，從而將進程延緩數周……上天保佑幾次遠征，它總是在需要的時候提供降雨和水草：「此番出兵，遇無水之地而得水，無草之地而草生，此特上天眷佑，並非人力之所能也。」對蒙古人亦然，皇帝改變天氣的顯而易見的能力顯示了他的神力。當遠征軍進入邊境地區時，他們發現馬肥草豐，當地蒙古人說他們有好多年未曾見過如此豐沛的水草。他們把帶來的這種奢侈歸功於皇帝的恩惠。1696 年11 月，皇帝進行了最後一次遠征，他駐紮在黃河邊的托克托城。從那裏他能乘船溯流而上，這叫當地蒙古人著實吃驚。這些蒙古人原正等著河水結冰，以便帶著牲口過去。從他們祖先時候起，黃河從未有十月下旬後不結冰的。顯然皇帝有超自然的能力。〔註 109〕

在許多記錄帝國在新疆征戰的文本中，這樣的描述都經常出現。比如乾隆朝平定達瓦齊的叛亂中，「泉湧千磧，蕪苴於路，我眾歡躍，謂有天助」〔註 110〕；而乾隆皇帝描述平定回疆大小和卓的叛亂中更是列舉了「天恩祝順者八」，以說明這次戰役「非人力也，天也」〔註 111〕。

通過這些超自然的事件的寫作，方略敘述中的戰爭史從某些角度上看更接近於神話，上天無時無刻不在隱秘的世界裏指引著現實世界。在這一邏輯之下，清帝國受命於天的權威，帝國的神力都隨著每一次征戰的成功在不斷鞏固。

可以這樣說，新疆的叛亂在事實上的確挑戰了清帝國在邊疆的統治，伴隨著帝國一次又一次地堪定叛亂的成功，新疆的戰紀書寫卻在塑造帝國的權威和價值。每次叛亂都提供了重新描述帝國權威的機會，那麼，帝國在新疆「拓地二萬餘里」的盛世論不但沒有因之而被徹底顛覆，反而在書寫中得到了強化。這樣的一種理解思路也被知識精英們普遍認可，之後無論是魏源《聖武記》、王定安《湘軍記》還是魏光燾《勘定新疆記》都繼承了這樣的表述。

〔註 109〕濮德培《歐亞時空裏的清帝國：噶爾丹之戰的教訓》，司徒琳主編《世界時間與東亞時間中的明清變邊》下卷，85～86 頁。
〔註 110〕乾隆《平定準噶爾告成太學碑文》，《西域圖志校注・天章》卷一，3 頁。
〔註 111〕乾隆《平定回部告成太學碑文》，4 頁。

　　比如新疆巡撫魏光燾（1837～1916）在《勘定新疆記・武功記》的開篇描述了清帝國在新疆二百餘年的征戰史：

> 西域自前世多故矣。恃其險遠，叛服不常。我高宗純皇帝長駕遠馭，舉準、回兩部，氈裘城郭之眾，悉隸職方。然後邊徼之患息，神京之衛固。厥後雖有烏什、昌吉張格爾之亂，逖方萬里等於潢池天戈所揮指，顧即定斯，亦建元永平以來未有之局已。咸豐之末，中原多事，髮撚匪相繼西竄，回亦乘釁煽亂阻兵，玉門以西久淪異域，會中夏敉平，朝廷特簡重臣出關誅討，風馳霆擊，山空谷靜，遂乃分置郡縣，列為行省。化榛狂為耕鑿，易鱗介而冠裳，威德所加，憺乎無外，消烽灌燧，六合一家，盛矣哉〔註112〕。

　　對於清帝國和知識精英們而言，新疆的叛亂為帝國提供了展現武功的契機，方略中對於征戰史的記述反而維護了帝國受命於天的盛世神話。由此，新疆也就成為了北部邊疆中展現帝國權威和神力的場域，只要清帝國的統治存在，新疆這一獨特的意義也就會在書寫中不斷地被闡釋。

結語

　　清帝國對於北部邊疆的獲得是一個自東向西的過程，滿洲、蒙古諸部和新疆都是北部邊疆的組成部分，由於各個地域在政治、歷史與文化等諸多方面的差別，清帝國的統治者和知識精英們採用了不同的書寫策略描述這三大區域，由此形成了在清帝國知識主義和文化主義的觀照之下，各個地域之間不同的書寫模式，也確立了其各自在帝國版圖中獨特的文化地位。

　　在某種程度上說，這些書寫活動都存在著事實本身與文本敘述之間的不完全一致的問題，文本的敘述大多都從帝國的表徵意義出發，以帝國預期的價值來描述北部邊疆這一區域的史實。帝國的價值評判以先驗的方式存在於文本之中，甚至成為組織文本書寫材料的指導性意見。在清帝國時期，帝國的國家主義價值已被當時的知識精英們普遍接受，因此他們在閱讀這些邊疆文本之時，很容易與帝國的描述產生共鳴。從而使滿洲、蒙古諸部和新疆這些「他者」空間，無論是在政治版圖上還是在文化理解中，都成為了清帝國必然的組成部分。

〔註112〕魏光燾《勘定新疆記・武功記一》卷一，中國西北文獻叢書（二編），10 冊，191 頁。

餘論　北部邊疆的再疆界化

　　進入十九世紀後半期，清帝國的北部邊疆陷入了前所未有的困境。清帝國在外交上的不利局面，促使清帝國面對國際事務不得不以一個主權國家的身份出現。由此，從國際關係中衍生出的主權國家觀念，推動了清帝國對北部邊疆的整合。清帝國開始從萬國體系這一更大的世界框架中，以主權國家的身份來重新建構「中國／邊疆」的關係。

　　清帝國的主權國家意義是在歐洲諸國的壓力下和清帝國自身的不斷適應中所建構起來的。歐洲諸國希圖清帝國服從於新的世界秩序，但是並不否認它作為主權國家的地位。〔註1〕其中，最能直觀地表現這種新秩序關係的方式即是一系列國際條約的簽訂。

　　在簽訂條約的過程中，無論是歐洲諸國，還是清帝國，在概念上都沒有對「清帝國」與「中國」做細緻的區分，在許多的條文中可以輕易地發現這兩個詞都被翻譯為「China」，雖然這樣的翻譯並不完全準確。我們知道，「清帝國」與「中國」有明顯的區別，清帝國可以等同於內地十八省的「中國」，但是在天下話語的描述中，清帝國的統御空間還包括「邊疆」乃至於更為遼遠的世界，這就遠遠超出了「中國」的實際範圍。不過，在歐洲諸國看來，清帝國與中國其實是一回事。〔註2〕其中，有一點最為重要，即從這時開始，「中國」一詞頻繁地在條約簽訂過程中使用，以代表主權國家的清帝國。那麼，

〔註1〕汪暉《現代中國思想的興起（上卷）·帝國與國家》，北京：三聯書店，2008，702頁。

〔註2〕劉禾《帝國的話語政治：從近代中西衝突看現代世界秩序的形成》，北京：三聯書店，2009，104～115頁。

「中國」的概念也就邏輯地植入了萬國體系中主權（sovereignty）國家的意涵，並從此之後沿用下來，這是在之前的天下話語中從未出現過的事情。

在這種認知下，「中國」作為主權國家的範圍已經超越了傳統「中國／邊疆」的地域對峙，清帝國開始有意地在萬國體系中，標識出主權國家意義下清帝國的具體邊界（Frontier）。知識精英們也開始從主權國家這一新的表徵意義下書寫邊疆文本、討論邊疆之問題。

比如鄭觀應這位積極倡導使用國際法應對外交爭端的知識家，在他最富盛名的著作《盛世危言》中談到清帝國當下的邊防問題之時，這樣描述了新世界秩序下「中國」（清帝國）的範圍：

中國四邊，東至庫頁島，南至臺、瓊，西至噶什喀爾，北至外

興安嶺，無一不界強鄰。〔註3〕

在此，作為主權國家的「中國」已經完全將北部邊疆納入到自己的領土範圍之內，其中「無一不界強鄰」的敘述，亦可以看出建構主權國家領土範圍亦是源於新的世界局勢下域外國家之壓力所造成的。與此同時，另一位清帝國的外交家王之春（1842～1906），在《蠡測厄言》中更為詳細的描述了在萬國體系下作為主權國家的「中國」與北部邊疆的關係。

在《蠡測厄言·聯輿國》的開篇，王之春首先講述了萬國體系中，諸國彼此吞併蠶食的自然法則，進而依次分析中國應當如何應對各國列強的策略。他首先談到俄羅斯帝國，他說：

俄人狡詐強悍，歐洲之地蠶食殆盡，其邊疆直接中國東、西、

北三面，延袤幾至二萬里。〔註4〕

隨後，他又分別敘述了清帝國的東三省、庫頁島、黑龍江、綏芬河、吉林、回疆、伊犁等處與俄國形勢的利害關係。在這裡，我們注意到王之春在行文中，清帝國一次都未出現，所有涉及到清帝國的描述都被「中國」一詞所代替。北部邊疆的廣闊範圍——從滿洲一直到新疆——都被涵蓋在「中國」這一主權國家的概念下予以敘述。同時，王之春還在該書的另一篇文章《固邊圉》裏，提出了鞏固清帝國的藩屏保障國家邊防的計劃：

〔註3〕鄭觀應《盛世危言·邊防一》，《鄭觀應集（上）》，上海：上海人民出版社，1982，773頁。

〔註4〕王之春《蠡測厄言·聯輿國》，《清朝柔遠記》，北京：中華書局，1989，365頁。

固邊者不可不恤藩，以藩服即邊疆之屏障也。國朝邊藩有四：曰
安南，曰緬甸，曰暹羅，曰南掌。海藩有二：曰高麗，曰琉球。〔註5〕

對於藩屏的描述，依舊延續著傳統天下話語的影響。其中一個有趣的新
變，原本作為帝國藩屏的北部邊疆少數族裔的聯盟——「藩部」不見了，這
些地區在清帝國曾經的敘述中是中國外圍的安全屏障，現在它們已經成為了
主權中國意義下的必然組成部分。

這一時期，清帝國在實際政治操作上也加快了將北部邊疆編入主權國家
的步伐。此時，建立行省、移民實邊以保衛清帝國的北方疆土，已絕非一兩
位熱心外事、留意邊防文人的憂遠之議，諸如劉錦棠、吳大澂、恩澤、徐世
昌、黃思永、貽谷、吳錫珍、鳳全、趙爾豐、岑春煊等一大批清帝國的邊疆大
吏也都熱衷於此，並屢屢建言上書。可以說，這一治國安邦的建議已經成為
當時清帝國一般知識精英們的共識。〔註6〕

幾乎同時，清帝國先是在十九世紀七十年代逐步解除了對於北部邊疆地
區的封禁，並開始有計劃地鼓勵內地漢人向北部邊疆屯墾移民，隨後分別於
1884 年建立新疆行省、於 1907 年建立吉林省和黑龍江省，在政治管理方式
上推動北部邊疆的內地化。這一過程也就推動了清帝國權威話語和邊疆空間
樣態向主權國家的轉化，即如學者林學忠所言：

傳統中國是一個帝國，裏面只有帝王與臣民的關係，沒有確定
的邊界，也沒有固定的疆土，一切得視中央權力的強弱而定。臺灣、
新疆的建省，無疑是將傳統帝國的版圖變更為近代國際法主權國家
的領土，並以劃定疆界來樹立絕對的、明確的統治範圍。其內在理
念，是以建省設縣來講全國的統治架構一元化、同質化，實施一元
的、排他的統治。其結果，使原來的所謂中國本土（即所謂十八行
省）的地理領域得以擴大……也就是說，原本實施多元統治、內部
地域多樣化的近代以前的國家統治架構，在西方的衝擊下，演變為
近代國家的一元統治架構，而原來內部地域可與外部之間的交流亦
被中央所排除，一切活動都收歸於統一的國家權力之下。〔註7〕

〔註5〕王之春《蠡測卮言・固邊圉》，374 頁。
〔註6〕馬汝珩、馬大正《清代的邊疆政策》，110～115 頁。
〔註7〕林學忠《萬國公法到公法外交：晚清國際法的傳入、詮釋與應用》，上海古籍
出版社，2009，275 頁。

　　這一系列政治上的變動徹底改變的北部邊疆書寫的樣貌。原本只有少數知識精英必須依靠帝國事業才能夠進入北部邊疆，而封禁解除之後，任何人都可以任由來往其間。不但許多帝國的知識精英們因為公私事務、或純粹地個人愛好進入到曾經的封禁之地，甚至許多來自於英、法、俄、日諸國的旅行家、探險家、學者乃至諜報人員都湧入這一地區。這些書寫者的身份非常複雜，北部邊疆各類的書寫文本無論是從數量上還是從種類上，都開始不斷地激增，北部邊疆成為了各種邊疆書寫文本和各種意識形態的競技場。多元化書寫樣態的出現無疑是對傳統的清帝國國家主義表徵意義的徹底顛覆。

　　在清帝國的後期，帝國曾試圖通過新的書寫和一系列行政手段，有意識地在主權國家的意義下將北部邊疆內地化，並且的確也取得了一定的成果。不過，清帝國將北部邊疆納入到主權國家——「中國」的預設尚未完全實現，就終因十九世紀末民族主義興起以及隨後民族國家的建立、清帝國被推翻而終止。代之而興起的，則是民族國家話語下對北部邊疆的建構。以「中國」來描述北部邊疆的做法，也迅速被隨之興起的民族國家話語繼續沿用，「中國」成為支配著民族國家形態的關鍵詞，原本大清帝國版圖中的北部邊疆三大區域，也在隨後半個世紀之中，被整合為「中國」這一主權國家意義下民族國家的固有領土，並一直延續到今天。

參考文獻

（書名、人名分別按照音序排列）

一、資料彙編

1. 《邊疆史地文獻初編》，北京：中央編譯出版社，2011。

2. 《古籍珍本遊記叢刊》，北京：線裝書局，2003。

3. 《明代蒙古漢籍史料彙編》，呼和浩特：內蒙古大學出版社，2006～2011。

4. 《清代詩文集彙編》，上海：上海古籍出版社，2011。

5. 《中國邊境史料通編》，香港：蝠池書院出版有限公司，2009。

6. 《中國方志叢書》，臺北：成文出版社，1968。

7. 《中國西北文獻叢書》，蘭州：甘肅古籍文獻整理編譯中心，2006。

8. 《中國地方志聯合目錄》，北京：中華書局，1985。

9. 畢奧南《清代蒙古遊記選輯三十四種》，北京：東方出版社，2015。

10. 邊丁《中國邊疆行紀調查記報告書等邊務資料叢編》，香港：蝠池書院出版有限公司，2009。

11. 金毓黻《遼海叢書》，瀋陽：遼瀋書社，1985。

12. 李德龍、俞冰《歷代日記叢鈔》，北京：學苑出版社，2006。

13. 譚其驤《清人文集地理類彙編》，杭州：浙江人民出版社，1986。

14. 王錫祺《小方壺齋輿地叢鈔》，上海：著易堂，光緒十七年鉛印本

15. 鄭振鐸《玄覽堂叢書》，臺北：中正書局，1981。

二、古籍文獻

1. 《八旗滿洲氏族通譜》，文淵閣四庫全書本，455～456 冊，臺北：臺灣商

務印書館，2008。

2. 《八旗通志》，文淵閣四庫全書本，664～667 冊，臺北：臺灣商務印書館，2008。

3. 《大明一統志》，文淵閣四庫全書本，472 冊，臺北：臺灣商務印書館，2008。

4. 《大清會典》，文淵閣四庫全書本，619 冊，臺北：臺灣商務印書館，2008。

5. 《大清會典則例》，文淵閣四庫全書本，620～625 冊，臺北：臺灣商務印書館，2008。

6. 《大清一統志》，文淵閣四庫全書本，474～483 冊，臺北：臺灣商務印書館，2008。

7. 《大清詔令》，續修四庫全書本，458 冊，上海：上海古籍出版社，2002。

8. 《國朝宮史續編》，北京：北京古籍出版社，1994。

9. 《皇清職貢圖》，揚州：廣陵書社，2008。

10. 《吉林通志》，續修四庫全書本，647～648 冊，上海：上海古籍出版社，2002。

11. 《吉林志書》，長春：吉林文史出版社，1988。

12. 《嘉慶重修一統志》，續修四庫全書本，613 冊，上海：上海古籍出版社，2002。

13. 《滿洲源流考》，文淵閣四庫全書本，499 冊，臺北：臺灣商務印書館，2008。

14. 《蒙古律例·回疆則例》，北京：全國圖書館文獻縮微中心，1988。

15. 《平定回疆剿擒逆裔方略》，四庫未收書輯刊本，五輯 5～6 冊，北京：北京出版社，1997。

16. 《平定陝甘新疆回匪方略》，北京：中國書店，1985。

17. 《平定準噶爾方略》，文淵閣四庫全書本，357～359 冊，臺北：臺灣商務印書館，2008。

18. 《清漢對音字式》，光緒十六年聚珍堂本。

19. 《清實錄》，北京：中華書局，1986。

20. 《清史稿》，北京：中華書局，1977。

21. 《盛京通志》，文淵閣四庫全書本，501～503 冊，臺北：臺灣商務印書館，2008。

22. 《外藩蒙古回部王公表傳》，文淵閣四庫全書本，454 冊，臺北：臺灣商務印書館，2008。

23. 《新疆識略》，續修四庫全書本，732 冊，上海：上海古籍出版社，2002。

24. 《四庫全書總目》，北京：中華書局，1965。

25. 《西域圖志校注》，烏魯木齊：新疆人民出版社，2002。

26. 《西域同文志》，文淵閣四庫全書本，235 冊，臺北：臺灣商務印書館，2008。

27. 《續纂外藩蒙古回部王公表傳》，續修四庫全書本，537 冊，上海：上海古籍出版社，2002。

28. 《增訂清文鑑》，文淵閣四庫全書本，232～233 冊，臺北：臺灣商務印書館，2008。

29. 寶鋆《奉使三音諾彥記程草》，國家圖書館藏，咸豐九年刻本。

30. 陳法《明辨錄》，《陳定齋公各種》，國家圖書館藏，清刻本。

31. 陳澧《漢書地理志水道圖說》，四庫未收輯刊本，捌輯 4 冊，北京：北京出版社，2000。

32. 程百二《方輿勝略》，四庫禁燬書叢刊本，史部 21 冊，北京：北京出版社，1997。

33. 戴梓《耕煙草堂詩鈔》，哈爾濱：黑龍江大學出版社，2010。

34. 范昭逵《從西紀略》，叢書集成續編本，第 25 冊，上海：上海書店，1995。

35. 方觀承《懷南草》，國家圖書館藏，嘉慶十四年桐城方氏刻本。

36. 方觀承《從軍雜記》，北京：中央民族學院圖書館，1980。

37. 方拱乾《絕域紀略》，《黑龍江述略（外六種）》，哈爾濱：黑龍江人民出版社，1985。

38. 方拱乾《何陋居集·甦庵集》，哈爾濱：黑龍江大學出版社，2010。

39. 方式濟《龍沙紀略》，文淵閣四庫全書本，592 冊，臺北：臺灣商務印書館，2008。

40. 方士淦《東歸日記》，西北行記叢萃，蘭州：甘肅人民出版社，2002。

41. 方希孟《西征續錄》，西北行記叢萃，蘭州：甘肅人民出版社，2002。

42. 馮桂芬《校邠廬抗議》，續修四庫全書本，952 冊，上海：上海古籍出版社，2002。

43. 高士奇《塞北小鈔》，四庫全書存目本，史部 128 冊，濟南：齊魯書社，1996。

44. 顧祖禹《讀史方輿紀要》，北京：中華書局，2005。

45. 龔自珍《龔自珍全集》，上海：上海人民出版社，1975。

46. 何秋濤《朔方備乘》，續修四庫全書本，741 冊，上海：上海古籍出版社，2002。

47. 和瑛《易簡齋詩鈔》，國家圖書館藏，清道光三年刻本。

48. 洪亮吉《洪北江詩文集》，北京：中華書局，1989。

49. 黃省曾《西洋朝貢典錄》，北京：中華書局，2000。

50. 紀昀《閱微草堂筆記》，上海：上海古籍出版社，2005。

51. 紀昀《烏魯木齊雜詩》，鄭光祖《舟車所至》，道光二十三年青玉山房刻本。

52. 康熙《聖祖仁皇帝御製文集》，文淵閣四庫全書本，1298～1299 冊，臺北：臺灣商務印書館，2008。

53. 康熙《聖祖仁皇帝聖訓》，文淵閣四庫全書本，411 冊，臺北：臺灣商務印書館，2008。

54. 李紱《穆堂初稿》，續修四庫全書本，1421～1422 冊，上海：上海古籍出版社，2002。

55. 李鑾宣《堅白石齋詩集》，國家圖書館藏，清嘉慶二十四年刻本。

56. 李文田《朔方備乘箚記》，續修四庫全書本，742 冊，上海：上海古籍出版社，2002。

57. 梁章鉅《樞垣記略》，北京：中華書局，1984。

58. 劉鳳誥《存悔齋外集》，續修四庫全書本，1486 冊，上海：上海古籍出版社，2002。

59. 劉文鳳《東陲紀行》，哈爾濱：黑龍江人民出版社，2009。

60. 林則徐《雲左山房詩鈔》，續修四庫全書本，1512 冊，上海：上海古籍出版社，2002。

61. 羅曰褧《咸賓錄》，北京：中華書局，2000。

62. 聶士成《東遊紀程》，北京：中華書局，2007。

63. 聶士成《東三省韓俄交界道里表》，問影樓輿地叢書，光緒三十四年鉛印本。

64. 倭仁《莎車行記》，西北行記叢萃，蘭州：甘肅人民出版社，2002。

65. 潘光祖、李雲翔輯《匯輯輿圖備考全書》，四庫禁燬書叢刊本，史部 22 冊，北京：北京出版社，1997。

66. 裴景福《河海崑崙錄》，西北行記叢萃，蘭州：甘肅人民出版社，2002。

67. 七十一《西域聞見錄》，國家圖書館藏，清刻本。

68. 齊召南《水道提綱》，文淵閣四庫全書本，583 冊，臺北：臺灣商務印書館，2008。

69. 祁韻士《皇朝藩部要略》，續修四庫全書本，740 冊，上海：上海古籍出版社，2002。

70. 祁韻士《濛池行稿》，山右叢書初編，民國二十三年鉛印本。

71. 祁韻士《萬里行程紀》，山右叢書初編，民國二十三年鉛印本。

72. 祁韻士《鶴皋年譜》，山右叢書初編，民國二十三年鉛印本。

73. 祁韻士《西陲竹枝詞》，山右叢書初編，民國二十三年鉛印本。

74. 薩英額《吉林外記》，哈爾濱：黑龍江教育出版社，2014。

75. 塞爾登《綠雲堂詩集》，國家圖書館藏，乾隆刻本。

76. 蘇爾德《回疆志》，國家圖書館藏，清抄本。

77. 昭槤《嘯亭雜錄》，北京：中華書局，1980。

78. 宋大業《北征日記》，國家圖書館藏，民國三十二年鉛印本。

79. 沈垚《落颿樓文稿》，聚學軒叢書，光緒刻本。

80. 松筠等《西陲總統事略》，北京：中國書店，2010。

81. 陶葆廉《辛卯侍行記》，西北行記叢萃，蘭州：甘肅人民出版社，2002。

82. 鐵保《熙朝雅頌集》，國家圖書館藏，清嘉慶刻本。

83. 鐵保《白山詩介》，國家圖書館藏，清嘉慶刻本。

84. 圖里琛《異域錄》，文淵閣四庫全書本，594 冊，臺北：臺灣商務印書館，2008。

85. 萬福麟、張伯英等《黑龍江志稿》，民國二十一年至二十二年鉛印本。

86. 王芑孫《西陬牧唱》，雙照樓叢書，民國刻本。

87. 王曾翼《居易堂詩集》，乾隆六十年吳江王氏刻本。

88. 王之春《清朝柔遠記》，北京：中華書局，1989。

89. 魏煥《九邊考》，四庫全書存目本，史部 226 冊，濟南：齊魯書社，1996。

90. 魏源《聖武記》,長沙:嶽麓書社,2011。

91. 魏源《海國圖志》,長沙:嶽麓書社,2011。

92. 魏源《魏源集》,北京:中華書局,1976。

93. 吳大澂《吉林勘界記》,《秋笳餘韻(外十八種)》,哈爾濱:黑龍江人民出版社,2005。

94. 吳兆騫《秋笳集》,北京:中華書局,1985。

95. 吳桭臣《寧古塔紀略》,續修四庫全書本,731 冊,上海:上海古籍出版社,2002。

96. 西清《黑龍江外紀》,續修四庫全書本,731 冊,上海:上海古籍出版社,2002。

97. 蕭大亨《夷俗記》,四庫全書存目本,史部 255 冊,濟南:齊魯書社,1996。

98. 徐本《三流道里表》,續修四庫全書本,867 冊,上海:上海古籍出版社,2002。

99. 徐繼畬《瀛環志略》,上海:上海書店,2001。

100. 徐世昌等《清儒學案》,北京:中華書局,2008。

101. 徐松《西域水道記》,北京:中華書局,2005。

102. 徐宗亮《黑龍江述略》,哈爾濱:黑龍江人民出版社,1985。

103. 許論《九邊圖考》,四庫禁燬書叢刊本,史部 21 冊,北京:北京出版社,1997。

104. 姚錫光《東方兵事紀略》,續修四庫全書本,446 冊,上海:上海古籍出版社,2000。

105. 嚴從簡《殊域周諮錄》,北京:中華書局,2009。

106. 佚名《哈密至準噶爾路程》,北京:中央民族學院圖書館,1980。

107. 楊賓《柳邊紀略》,續修四庫全書本,731 冊,上海:上海古籍出版社,2002。

108. 楊賓《塞外草》,續修四庫全書本,731 冊,上海:上海古籍出版社,2002。

109. 雍正《大義覺迷錄》,四庫禁燬書叢刊本,史部 22 冊,北京:北京出版社,1997。

110. 英和《恩福堂筆記·詩鈔·年譜》,北京:北京古籍出版社,1991。

111. 永貴等《新疆回部志》，四庫未收書輯刊本，九輯 7 冊，北京：北京出版社，2000。

112. 余寀《塞程別紀》，四庫全書存目本，史部 128 冊，濟南：齊魯書社，1996。

113. 袁大化《東遊日記》，《東遊日記（外十六種）》，哈爾濱：黑龍江人民出版社，2009。

114. 袁大化《撫新記程》，西北行記叢萃，蘭州：甘肅人民出版社，2002。

115. 趙鈞彤《西征日記》，吳江吳氏輯刊本。

116. 趙翼《趙翼詩編年全集》，天津：天津古籍出版社，1996。

117. 趙翼《廿二史箚記》，北京：中華書局，1984。

118. 張光藻《北戍草》，國家圖書館藏，民國十九年鉛印本。

119. 張穆《蒙古游牧記》，續修四庫全書本，731 冊，上海：上海古籍出版社，2002。

120. 張縉彥《域外集》，哈爾濱：黑龍江人民出版社，1984。

121. 張縉彥《寧古塔山水記》，哈爾濱：黑龍江人民出版社，1984。

122. 張寅《西征紀略》，北京：中央民族學院圖書館，1980。

123. 張蔭桓《鐵畫樓詩文續鈔》，光緒二十三年刻本。

124. 鄭觀應《鄭觀應集》，上海：上海人民出版社，1982。

125. 周致中《異域志》，北京：中華書局，1981。

三、今人著作

1. 阿雷恩・鮑爾德溫等《文化研究導論》，北京：高等教育出版社，2004。

2. 艾爾曼《從理學到樸學：中華帝國晚期思想與社會變化面面觀》，南京：江蘇人民出版社，1997。

3. 巴菲爾德《危險的邊疆：游牧帝國與中國》，南京：江蘇人民出版社，2011。

4. 白鴻葉、李孝聰《康熙朝〈皇輿全覽圖〉》，北京：國家圖書館出版社，2014。

5. 保羅・康納頓《社會如何記憶》，上海：上海人民出版社，2000。

6. 布迪、莫里斯《中華帝國的法律》，南京：江蘇人民出版社，2004。

7. 濱下武志《中國近代的國際契機：朝貢貿易體系與近代亞洲經濟圈》，北京：中國社會科學出版社，2004。

8. 常金倉《窮變通久：文化史學的理論與實踐》，瀋陽：遼寧人民出版社，1998。

9. 陳序經《文化學概觀》，北京：中國人民大學出版社，2005。

10. 春花《清代滿蒙文詞典研究》，瀋陽：遼寧民族出版社，2008。

11. 丁海斌、時義《清代陪都盛京研究》，北京：中國社會科學出版社，2007。

12. 杜家驥《清朝滿蒙聯姻研究》，北京：人民出版社，2003。

13. 杜占奇《從民族國家拯救歷史：民族主義話語與中國現代史研究》，南京：江蘇人民出版社，2008。

14. 費正清、劉廣京編《劍橋中國明代史》，北京：中國社會科學出版社，2006。

15. 費正清、劉廣京編《劍橋中國晚清史》，北京：中國社會科學出版社，1985。

16. 費正清《中國：傳統與變遷》，北京：世界知識出版社，2002。

17. 馮客《近代中國之種族觀念》，南京：江蘇人民出版社，1999。

18. 福柯《權力的眼睛：福柯訪談錄》，上海：上海人民出版社，1997。

19. 葛兆光《古代中國文化講義》，上海：復旦大學出版社，2006。

20. 葛兆光《中國思想史》，上海：復旦大學出版社，2007。

21. 葛兆光《宅茲中國》，北京：中華書局，2011。

22. 顧彬等《中國古典散文：從中世紀到近代的散文、遊記、筆記和書信》，上海：華東師範大學出版社，2008。

23. 顧頡剛《中國疆域沿革史》，北京：商務印書館，1999。

24. 郭麗萍《絕域與絕學：清代中葉西北史地學研究》，北京：三聯書店，2007。

25. 何偉亞《英國的課業：19 世紀中國的帝國主義教程》，北京：社會科學文獻出版社，2007。

26. 韓明士《道與庶道：宋代以來的道教、民間信仰和神靈模式》，南京：江蘇人民出版社，2007。

27. 黃興濤《文化史的追尋——以近世中國為視域》，北京：中國人民大學出版社，2011。

28. 侯德仁《清代西北邊疆史地學》，北京：群言出版社，2006。

29. 賈建飛《清代西北史地學研究》，烏魯木齊：新疆人民出版社，2010。

30. 賈建飛《清乾嘉道時期新疆的內地移民社會》，北京：社會科學文獻出版社，2012。

31. 江橋《康熙〈御製清文鑒〉研究》，北京：燕山出版社，2009。

32. 金海等《清代蒙古志》，呼和浩特：內蒙古人民出版社，2010。

33. 孔定芳《清初移民社會》，武漢：湖北人民出版社，2009。

34. 拉鐵摩爾《中國的亞洲內陸邊疆》，南京：江蘇人民出版社，2005。

35. 羅蘭·巴爾特《寫作的零度》，北京：中國人民大學出版社，2008。

36. 羅蘭·巴特《羅蘭·巴特自述》，天津：百花文藝出版社，2006。

37. 羅蘭·巴特《文之悅》，上海：上海人民出版社，2009。

38. 羅友枝《清代宮廷社會史》，北京：中國人民大學出版社，2009。

39. 李興盛《增訂東北流人史》，哈爾濱：黑龍江人民出版社，2008。

40. 梁漱溟《中國文化要義》，上海：上海書店，1989。

41. 林學忠《從萬國公法到公法外交：晚清國際法的傳入、詮釋與應用》，上海：上海古籍出版社，2009。

42. 劉禾《帝國的話語政治：從近代中西衝突看現代世界秩序的形成》，北京：三聯書店，2009。

43. 劉鳳雲《清朝的國家認同：「新清史」研究與爭鳴》，北京：中國人民大學出版社，2010。

44. 盧明輝《清代蒙古史》，天津：天津古籍出版社，1990。

45. 柯嬌燕《孤軍：滿人一家三代與清帝國的終結》，北京：人民出版社，2016。

46. 馬汝珩、馬大正主編《清代的邊疆政策》，北京：中國社會科學出版社，1994。

47. 馬祖毅《中國翻譯簡史》，北京：中國出版集團，2004。

48. 孟森《清史講義》，北京：中華書局，2010。

49. 司徒琳主編《世界時間與東亞時間中的明清變遷》，北京：三聯書店，2009。

50. 斯圖爾特·霍爾《表徵：文化表象與意指實踐》，北京：商務印書館，2005。

51. 孫喆《康雍乾時期輿圖繪製與疆域形成研究》，北京：中國人民大學出版社，2003。

52. 佟冬主編《中國東北史》，長春：吉林文史出版社，1998。

53. 田山茂《清代蒙古社會制度》，北京：商務印書館，1987。

54. 田濤《國際法輸入與晚清中國》，濟南：濟南出版社，2001。

55. 托馬斯・庫恩《科學革命的結構》，北京：北京大學出版社，2003。

56. 汪暉《現代中國思想的興起》，北京：三聯書店，2008。

57. 王柯《民族與國家：中國多民族統一國家思想的系譜》，北京：中國社會科學出版社，2001。

58. 王佩環《清帝東巡》，瀋陽：遼寧大學出版社，1991。

59. 王庸《中國地理圖籍叢考》，上海：商務印書館，1947。

60. 星漢《清代西域詩輯注》，烏魯木齊：新疆人民出版社，1996。

61. 星漢《清代西域詩研究》，上海：上海古籍出版社，2009。

62. 余定國《中國地圖學史》，北京：北京大學出版社，2006。

63. 余太山《西域通史》，鄭州：中州古籍出版社，2003。

64. 趙園《明清之際士大夫研究》，北京：北京大學出版社，2014。

65. 趙雲田《清代治理邊陲的樞紐──理藩院》，烏魯木齊：新疆人民出版社，1995。

66. 趙雲田《北疆通史》，鄭州：中州古籍出版社，2003。

67. 張佳生《八旗十論》，瀋陽：遼寧民族出版社，2008。

68. 張永江《清代藩部研究──以政治變遷為中心》，哈爾濱：黑龍江教育出版社，2001。

後　記

　　近年來，書寫史研究在學術界方興未艾。如果不考慮細節上的區分，僅僅從大的方面來看，書寫史的理論來源至少可以勾勒出兩條明晰的知識史脈絡。其一，書寫史研究延續了語言學轉向過程中，羅蘭·巴特、德里達等人對於書寫與文本等相關問題的討論；其二，書寫史研究也汲取了新文化史、社會文化史理論的一系列視角和方法，比如注重文化符號及其表徵意義的分析、取用微觀史學的視角、關注日常生活實踐等等。同時，它也與當下西方學界的書籍史、閱讀史等研究趨向相呼應。

　　當然，書寫史理論的推進，並不僅僅是對西方學術界既有學術資源的簡單搬移或是拼接，這一理論的提出也有著中國學術界自身學術轉型的訴求。比如數十年來，各類簡牘文獻文本的先後面世及其研究成果的陸續積累，已經徹底改變了我們對於傳統文獻的許多基礎性的認識；而文化研究在國內學術界的興起，也推動著以審美性為基礎的傳統文學研究的變革——打破其固化的學科預設，使用一系列新視角、新方法重新建構起學科大廈等等，當然還有很多其他的因素。本書正是書寫史理論實踐驅動之下的嘗試之作。

　　自從跟隨黃卓越先生攻讀博士學位以來，書寫史研究一直是他帶領下的學術團隊探尋的學術領域。本書以博士論文為基礎，近些年又進行了一些修訂，以現在的面貌呈現給學術界，希望能夠為書寫史研究的具體實踐提供一些思考。

　　從學於黃卓越先生已有十餘年，這十餘年與其說是師生之情，不如說已經如同家人一般。學習和生活上各種各樣的事情，黃先生和師母都為我傾注

了很多關懷。同時，在跟隨黃先生讀書的這些年，與諸位同門博士彼此之間
也結下了深厚的友誼，並相互持助直至今日。在最後，非常感謝花木蘭文化
事業有限公司提供的寶貴出版機會，以及我的家人們一如既往的支持。

苗壯

2022 年春季於南昌